Anna Carassiti - Diego Meldi

GRANDE DIZIONARIO ILLUSTRATO PER RAGAZZI

disegni di
Stefano Scagni

EDICART

Progettazione: Odysseus, Genova, 1995
Testo originario: Anna Carassiti
Integrazioni e aggiunte: Diego Meldi
Lemmi fuori testo: Luigi Puoti
Contributi redazionali: Gianni Palitta, Stefano Roffo
Revisione: Paola Carassiti
Disegni: Stefano Scagni
Elaborazioni immagini: Nemo, Genova
Impaginazione elettronica: Nemo, Genova

© 1995 Paola Carassiti - Odysseus
© 1995 Nemo - Genova
© 1996 Gruppo EdiCART - Legnano
Tutti i diritti riservati - Printed in Italy
215/E - Gruppo EdiCART - Via Jucker, 28 - 20025 Legnano (Mi)
ISBN 88 7774 290 9

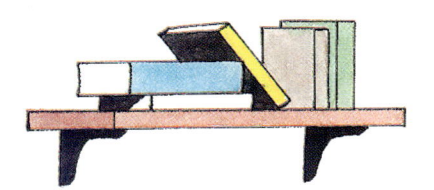

Introduzione

(per insegnanti e genitori)

Lo scopo di una buona formazione linguistica è quello di ampliare il lessico dello studente, fornendogli gli strumenti indispensabili per capire la struttura essenziale della lingua. Un vocabolario per ragazzi non deve essere un vocabolario "minore", nel quale i lemmi sono gli stessi del "maggiore", ma ridotti e limati quanto basta a renderli digeribili a un ragazzo. Il ragazzo non è un adulto imperfetto (come nella pedagogia medievale), ma un adulto in potenza che tanto più svilupperà le sue potenzialità, quanto più queste verranno capite e stimolate e incoraggiate e non "limate e ridotte".

Il lessico di uno studente si accresce solo se informazioni e dati sono dello stesso tipo di quelli che ricevono gli adulti. L'età giovanile è quella che presenta una maggiore disponibilità a percepire e rielaborare personalmente i dati acquisiti.

Anzi, paradossalmente, il vocabolario per ragazzi dovrebbe essere più "vasto" di quello per adulti e fornire una maggior quantità di notizie e curiosità linguistiche. Un ragazzo deve poter apprendere le parole senza alcun filtro riduttivo: sono le stesse che poi userà da adulto. Ma, "pensare" come un adulto non vuol dire non tener conto dell'età giovanile, bensì predisporre lo studente ad entrare nel mondo multiforme della lingua, un mondo selettivo, che non gli consentirà di restare "bambino" nel linguaggio.

Per questo motivo, oltrepassato lo stadio prescolare, il giovane deve accostarsi alle parole con mentalità "scientifica", non in modo approssimato e superficiale, ma con la coscienza che tanto sono maggiori le idee, i pensieri e le intuizioni, quanto più è vasto il lessico di cui si dispone.

Preparare lo studente a questo evento enormemente impegnativo, cioè alla consultazione di un vocabolario, è compito preminente dell'insegnante, al quale compete "l'iniziazione" linguistica.

Purtroppo, temendo di spaventare i giovani lettori, i compilatori di vocabolari per ragazzi finiscono spesso con il proporre un linguaggio semplificato, costruito su modelli fittizi di apprendimento, che non hanno altro scopo che giustificare poi il target linguistico che pretendono di applicare. Ma un vocabolo non sempre può essere spiegato semplificandone la definizione: anzi, più si abbreviano i chiarimenti di significato, più vengono meno le peculiarità che la caratterizzano e ne aumentano le possibilità di comprensione.

Poiché crediamo che lo studio della lingua, in questo caso quella italiana, sia essenziale per lo sviluppo del pensiero stesso, diventa impossibile fornire meccanismi adeguati di conoscenza senza apporti lessicali approfonditi.

Il nostro dizionario potrebbe sembrare, in base a questa impostazione, più complesso di altri, ma lo è solo in apparenza. Il testo è stato impostato in maniera analoga a quello di un dizionario "maggiore", inclusa la terminologia grammaticale, con alcune eccezioni (sono stati, per esempio, rimossi i vocaboli troppo specialistici e quelli desueti). Fuori dall'ambiente scolastico, lo studente incontra spesso parole sconosciute e non ha la possibilità di capire da solo quali debbano essere quelle più importanti, posto che ne esistano effettivamente. Per questo è essenziale far capire i singoli termini senza affidarsi ad altri, altrettanto sconosciuti, o a lunghe perifrasi. Bisogna mettere in grado ogni studente di riconoscere da solo i differenti significati delle parole, evitando così il formarsi di idee distorte sulla univocità dei termini.

Se si abituano i giovani a cristallizzare i significati, si finisce con il favorire un apprendimento superficiale e riduttivo, tendente alla staticità, che risulterà sicuramente inadeguato per ogni futura ricerca. Diventa poi evidente come, nel proseguimento degli studi, i giovani restino condizionati da questo tipo di apprendimento: preferiscono soffermarsi al primo significato e reputarlo il più appropriato. Ciò si evidenzia maggiormente nelle traduzioni, che diventano spesso piatte e banali.

Il nostro dizionario intende fornire gli strumenti adeguati per approfondire il lessico, strumenti che però non possono prescindere dall'apporto fondamentale del docente.

Abbiamo fornito un indirizzo metodologico non limitato a studi di base, poiché eravamo costantemente protesi alla formazione futura dell'allievo.

Il nostro dizionario vuole essere contemporaneamente "elementare" e "superiore", "scolastico" ma anche "generale", utile per chiunque desideri approfondire l'enigma della parola.

L'uso costante degli esempi dovrebbe rendere più facile la comprensione dei significati molteplici (polisemia).

Particolari accorgimenti grafici ampliano la semplice definizione di un lemma mettendone in luce etimologie curiose e interessanti, particolarità grammaticali poco note, usi non comuni o comunque non tradizionali, note storiche, scientifiche o semplicemente aneddotiche.

Nel vocabolario si trovano anche i più recenti neologismi e molte parole del gergo giovanile. Infine, le illustrazioni hanno solo il compito di mettere a fuoco alcuni significati e contemporaneamente di rendere più piacevole il testo.

Come usare il dizionario

Un dizionario, o vocabolario, è una raccolta ordinata dei vocaboli di una lingua, in questo caso della lingua italiana. Ogni parola, propriamente **lemma**, viene elencata seguendo l'ordine alfabetico:

A, B, C, D, E, F, G, H, I, J, K, L, M, N, O, P, Q, R, S, T, U, V, W, X, Y, Z.

Esempio: **a**bbaiare, **b**ussola, **c**ane...

Per le parole che hanno la stessa iniziale (**a**bete, **a**ccappatoio) si usa lo stesso principio: si ordinano alfabeticamente in base alla seconda lettera (a**b**ete, a**c**cappatoio), se sono ancora uguali, si guarda la terza, e così via.

La parola da spiegare (lemma) è facilmente individuabile, essendo evidenziata dal colore rosso. Inoltre è scritta in **grassetto**. Dal punto di vista tipografico il grassetto (o neretto) è un carattere più marcato, usato per dare maggiore evidenza.

In ogni parola viene segnato l'**accento** tonico per agevolare la corretta dizione. L'*accento tonico* (che non è necessario scrivere) serve per individuare il punto di elevazione della voce nella pronuncia di una determinata parola (esempio: acc**è**nto).

Non abbiamo invece distinto l'accento tonico da quello grafico in quanto, essendo quest'ultimo obbligatorio, è abbastanza semplice individuarlo perché cade sempre sull'ultima sillaba (esempi: caff**è**, perch**é**).

Alcune parole (lemmi) pur essendo identiche come suono e scrittura (esempio: **bòa**, serpente; **bòa**, galleggiante) sono indicate in tutti i dizionari come parole differenti, in quanto hanno origini diverse. Queste parole sono chiamate **omonimi** (stesso suono ma diverso significato). Si differenziano dai **sinonimi** che indicano invece parole di stesso significato ma diversa scrittura. Anche nel nostro dizionario sono separate ma facilmente individuabili da un numero in grassetto tra parentesi tonde.

Esempio: **bòa** (**1**) *sostantivo maschile invariabile*
• grosso serpente dell'America meridionale, non velenoso, ma pericoloso per la forza con cui avvolge e stritola la preda.

bòa (**2**) *sostantivo femminile*
• galleggiante ancorato al fondo.

Ogni parola è seguita dall'indicazione delle sue caratteristiche grammaticali, in carattere corsivo.

Esempio: **accendìno** *sostantivo maschile.*

Dal punto di vista tipografico il *corsivo* è un carattere inclinato verso destra, usato per evidenziare leggermente una parola.

Quando le indicazioni grammaticali sono più di una, vengono distinte da una lettera alfabetica maiuscola (**A**,**B**) in grassetto.

Esempio: **totàle** *aggettivo / sostantivo maschile*

→**LEMMA**

→**GRASSETTO**

→**ACCENTO**

→**OMONIMI**

→**CORSIVO**

→**DIFFERENZE GRAMMATICALI**

A *aggettivo*
• intero, completo.
B *sostantivo maschile*
• il risultato di un'addizione; somma.

→DIFFERENZE DI SIGNIFICATO

All'interno di ciascuna indicazione grammaticale le eventuali differenze di significato sono indicate con numeri in **grassetto**.
Esempio: **brùtto** *aggettivo*
1 che provoca disgusto.
2 che è doloroso o dannoso.
3 che è spregevole.

→SENSO FIGURATO

L'espressione (*senso figurato*) indica appunto un linguaggio figurato, cioè un significato che ha acquisito aspetti diversi da quelli originari.

→SENSO ESTENSIVO

L'espressione (*senso estensivo*) indica invece un ampliamento del significato proprio della parola. La parola **pagàre** indica: dare del denaro per acquistare qualcosa o per un servizio ricevuto. In *senso figurato* si può dire che anche chi ha commesso un errore ne paga in qualche modo, se non proprio in denaro, le conseguenze.

Per aiutare lo studente a superare alcune evidenti difficoltà abbiamo evidenziato:

→PLURALI

- i plurali che presentano possibili dubbi.
Esempio: **pàlco** 📖 plurale: *pàlchi*.

→FEMMINILI

- alcuni femminili.
Esempio: **càne** 📖 femminile singolare: *càgna*.

→INDICATIVO PRESENTE

- la 1ª persona dell'indicativo presente dei verbi citati.
Esempio: **abbellìre**
📖 indicativo presente 1ª persona singolare: io *abbellìsco*.

→MODI E TEMPI

- modi e tempi con particolari problematiche.
Esempio: **parére** 📖 indicativo presente 1ª persona singolare: io *pàio*; passato remoto: io *pàrvi*; futuro: io *parrò*.

→SINONIMI E CONTRARI

- i sinonimi e contrari.
Esempi: **regàlo** ◆***Sinonimo***: dono.
bràvo ◆***Contrari***: incapace, inetto.

→MODI DI DIRE

- i modi di dire della lingua italiana (in particolare quelli provenienti dal linguaggio familiare), i proverbi più famosi, i detti celebri.

→ETIMOLOGIA

- le particolarità grammaticali, talvolta l'etimologia (vale a dire l'origine della parola), le curiosità linguistiche.
Esempio: **burattìno** *sostantivo maschile*
• fantoccio di legno o di stoffa, senza gambe, manovrato dal basso dalla mano del burattinaio.
ATTENZIONE: la marionetta è un fantoccio intero mosso dall'alto per mezzo di fili.

→NOTIZIE STORICHE
- notizie storiche, scientifiche, geografiche, letterarie.

→ERRORI
- gli errori di grafia o di pronuncia.
Esempio: **baùle** è scorretta la pronuncia *bàule*.

→PAROLE STRANIERE
- le parole straniere ormai entrate nell'uso. Di queste viene fornita la pronuncia, l'origine linguistica e talvolta l'etimologia.
Esempio: **jeans** [pronuncia: *gìns*] *sostantivo maschile invariabile*
☞ parola inglese, da *blue-jeans* (calzoni di tela blu).

Guida grafica alla consultazione

abbandonàre *verbo transitivo* ⟵ —————— QUALIFICA GRAMMATICALE
☞ dal francese *abandonner*, da *à bandon* (in potere di). ⟵ ——————— ☞ derivazione
1 lasciare per sempre, distaccarsi per molto tempo. ⟵   il numero arabo (1,2) in grassetto
2 cessare di fare qualcosa; trascurare.   indica i diversi significati
📖 indicativo presente 1ª persona singolare: io *abbandóno*. ⟵   dei verbi si fornisce sempre la 1ª
    persona dell'indicativo presente

abbàsso *avverbio / interiezione*
A *avverbio* ⟵ ——————————— la lettera alfabetica maiuscola
• giù, in giù.   (A,B) indica le differenti
B *interiezione*   qualifiche grammaticali

abbazìa *sostantivo femminile*
• edificio o più edifici, residenza di una comunità di monaci.
✍ si chiama **abate** il superiore di una *abbazia*, **badessa** la ⟵   ✍ curiosità storiche,
superiora.   scientifiche, letterarie
    accento grafico

abilità *sostantivo femminile invariabile*
◆**Sinonimi**: esperienza, bravura. ◆**Contrario**: incapacità. ⟵ ————— sinonimi e contrari

acròbata *sostantivo maschile* e *femminile*
• chi compie esercizi d'equilibrio e di abilità. ⟵ ——————— SIGNIFICATO
👁 ATTENZIONE: se l'acrobata è un uomo si dice **un** ⟵   il simbolo 👁 indica che bisogna
acrobata, se è una donna **un'acrobata**.   prestare particolare attenzione
    accento tonico

amìco *sostantivo maschile*
→PROVERBIO: chi trova un amico trova un tesoro. ⟵ ——————— proverbi

àncora (**1**) *sostantivo femminile* ⟵ —————— il numero arabo tra parentesi tonde
    (1) (2) indica omofoni e omografi
ancóra (**2**) *avverbio*
    VOCABOLO
eccezionàle *aggettivo*   o LEMMA
● è **errore grave**: *eccezzionale*. ⟵ ——————————— ● errore grave

màgro *aggettivo*
• (senso figurato) mediocre, scarso. ⟵ ——————— significato figurato
→MODO DI DIRE: magro come una acciuga (persona ma- ⟵ ———— modi di dire
grissima).
    il simbolo 📖 indica la presenza di
    particolarità grammaticali
pàcco *sostantivo maschile*
📖 plurale: *pàcchi*. ⟵ ————————————— indicazione del plurale

Abbreviazioni e simboli

A, **B**, **C**	segnala le differenze grammaticali
/	separa le differenti qualifiche grammaticali
•	segnala i significati unici
1, **2**, **3**	segnala le differenze di significato
(1), **(2)**	indica gli omonimi o gli omografi
ecc.	eccetera
(senso figurato)	linguaggio figurato
(senso estensivo)	ampliamento di significato
(gergale)	parole di gergo
✦*Contrario*	contrario
✦*Sinonimo*	sinonimo
📖	segnala le particolarità grammaticali
☞	segnala l'etimologia
💣	grave errore: parola errata o da evitare
🚩	segnala l'esempio o gli esempi
∾	indica che bisogna prestare particolare attenzione
✎	segnala le curiosità storiche, scientifiche, geografiche, letterarie
→	segnala i modi di dire, i proverbi, i detti celebri. Inoltre, segnala il significato ampliato di un lemma o di un esempio (citati fuori testo).

a A *sostantivo femminile o maschile invariabile*
• prima lettera dell'alfabeto italiano; vocale; *esempi*: le carote contengono molta *vitamina A*; la Juventus gioca in *serie A*; negli annunci economici si usa spesso la sigla *A.A.A.* per evidenziare una inserzione.
📖 la lettera **a** possiede soltanto il suono aperto.

a *preposizione propria semplice*
• stabilisce molte relazioni; *esempi*: regalare un libro *a* una amica; abitare *a* Milano; *a* nove anni; studiare *a* memoria; andare *a* piedi; un palazzo *a* sei piani; vendere *a* poco prezzo.
📖 si chiamano **preposizioni articolate** quelle che si formano unendo la lettera **a** con gli articoli determinativi singolari, maschili (*il*, *lo*) e femminili (*la*), o plurali maschili (*i*, *gli*) e femminili (*le*): **al**, **allo**; **alla**; **ai**, **agli**; **alle**; *esempi*: andare *al* cinema; alzarsi *all*'alba.

a- *prefisso*
• ha valore negativo: indica mancanza, indifferenza e simili; *esempi*: *apolitico* (= che non si interessa di politica); *analcolico* (= che non contiene alcol).

abbaiàre *verbo intransitivo*
• emettere il verso caratteristico del cane, latrare; *esempio*: il mio cane *abbaia* quando vede degli estranei.
📖 indicativo presente 1ª persona singolare: io *abbàio*. Vuole l'ausiliare *avere*.

abbandonàre *verbo transitivo*
☞ deriva dal francese *abandonner*, da *à bandon* (in potere di), a sua volta dal germanico *band* (giurisdizione).
1 lasciare per sempre, distaccarsi per molto tempo; *esempi*: quella villa è *abbandonata* da moltissimo tempo; non *abbandonare* gli animali.

A NEGLI ALTRI ALFABETI

egizio	cuneiforme
fenicio	greco
arabo	ebraico
sanscrito	russo

abbaiare

abbassàre 2

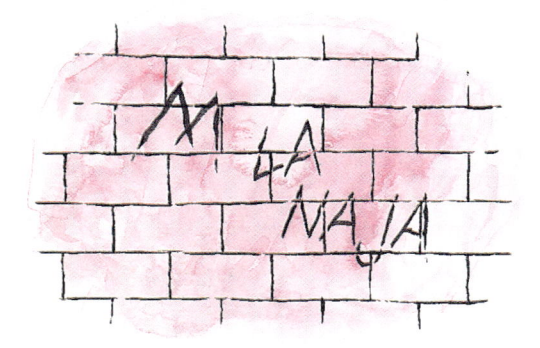

abbasso

☞ **ABBAZIA DI MONTECASSINO (Frosinone)**

L'Abbazia di Montecassino fu fondata nel 529 d.C. da **Benedetto da Norcia**, promotore del monachesimo occidentale.
Nel corso della storia è stata distrutta più volte e sempre riedificata.
Dopo i bombardamenti degli alleati nel 1944 è stata nuovamente ricostruita. Conserva una ricca biblioteca con incunaboli e codici miniati.

abbracciare

2 cessare di fare qualcosa; trascurare.
📖 indicativo presente 1ª persona singolare: io *abbandóno*.

abbassàre *verbo transitivo*
1 spostare dall'alto verso il basso, far discendere.
◆*Sinonimo*: calare. ◆*Contrario*: alzare.
2 rendere più basso, diminuire; *esempio*: il libraio *ha abbassato* i prezzi dei dizionari.
📖 indicativo presente 1ª persona singolare: io *abbàsso*.

abbàsso *avverbio / interiezione*
A *avverbio*
• giù, in giù.
B *interiezione*
• esprime minaccia, ostilità, disapprovazione; *esempi*: *abbasso* il tiranno! *abbasso* la Roma (scherzoso).
◆*Contrario*: evviva!

abbazìa *sostantivo femminile*
• edificio o più edifici residenza di una comunità di monaci o monache; *esempi*: una delle *abbazie* più famose è quella di Montecassino.
☞ si chiama **abate** il superiore di una *abbazia*, **badessa** la superiora.

abbellìre *verbo transitivo*
• rendere bello.
📖 indicativo presente 1ª persona singolare: io *abbellìsco*.

abbigliaménto *sostantivo maschile*
• l'insieme dei vestiti, vestiario, indumento; *esempio*: nel negozio di *abbigliamento* c'erano dei bellissimi jeans.

abbracciàre *verbo transitivo*
1 stringere qualcuno tra le braccia; *esempio*: Francesca *abbraccia* teneramente Paolo.
2 (senso figurato) comprendere, contenere; *esempio*: l'Asia *abbraccia* molti Stati.
3 scegliere, accettare, intraprendere; *esempi*: mio zio *ha abbracciato* la carriera diplomatica; *ho abbracciato* la tua causa.
📖 indicativo presente 1ª persona singolare: io *abbràccio*.

abbreviazióne *sostantivo femminile*
• parola o gruppo di parole scritte accorciate; *esempi*: *ecc.* è l'*abbreviazione* di eccetera; *tel.* di telefono; *ing.* di ingegnere; *dott.* di dottore; *prof.* di professore, ecc.
☞ ATTENZIONE: non bisogna confondere le abbreviazioni con

le sigle, che sono le iniziali delle parole che formano il nome di una associazione, di un partito, ecc.; *esempi*: *C.R.I.* è la sigla della Croce Rossa Italiana; *a.C.* è la sigla di avanti Cristo.

abéte *sostantivo maschile*
• albero delle Pinacee ad alto fusto, sempreverde, con rami quasi orizzontali.
✎ l'**abete** si distingue dal **pino** per il tipo di foglie: quelle del pino sono molto più allungate e raggruppate a mazzetti di due o più elementi.

abilità *sostantivo femminile invariabile*
• capacità di compiere qualcosa in modo soddisfacente; *esempio*: Paola guida con grande *abilità*.
◆**Sinonimi**: esperienza, bravura. ◆**Contrario**: incapacità.

abìsso *sostantivo maschile*
☞ deriva da una parola greca che significa *senza fondo*.
1 grande profondità; *esempi*: gli *abissi* del mare; sull'orlo dell'*abisso*.
2 (senso figurato) smisurata differenza; *esempio*: tra i due disegni c'era un *abisso*.

abitazióne *sostantivo femminile*
• casa, appartamento in cui si vive.

abitùdine *sostantivo femminile*
☞ deriva da una parola latina che significa *condizione*.
• inclinazione, tendenza ad agire nello stesso modo; consuetudine; *esempio*: non prendere cattive *abitudini*.

abete con pigna

TIPI DI ABITAZIONE

igloo

tepee

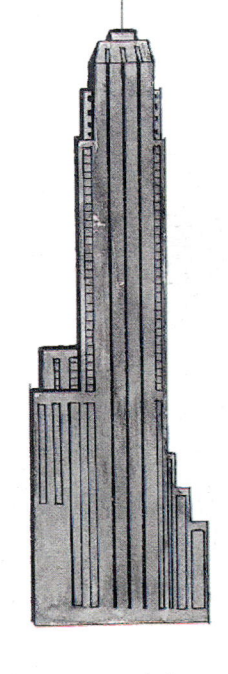

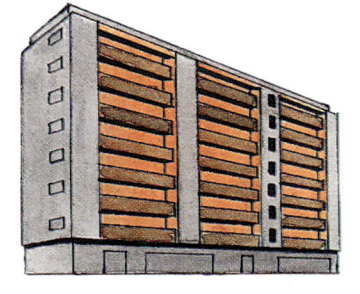

palazzo

baita

grattacielo

accadére

accadére *verbo intransitivo*
• succedere, capitare, per lo più per caso; *esempio*: talvolta *accadono* strane situazioni.
♦*Sinonimi*: capitare, avvenire.
📖 si coniuga come il verbo *cadere*.
Vuole l'ausiliare *essere*.

accampaménto *sostantivo maschile*
• insieme di tende o alloggi provvisori per turisti, militari, nomadi; *esempio*: piantare l'*accampamento*.

accappatóio *sostantivo maschile*
• indumento di spugna che si indossa per asciugarsi dopo il bagno.
📖 plurale: *accappatói*.

accarezzàre *verbo transitivo*
1 fare carezze; *esempio*: Giovanni *accarezza* il cane.
2 sfiorare delicatamente; *esempio*: il vento le *accarezza* i capelli.
3 (senso figurato) desiderare, vagheggiare; *esempio*: da molto tempo *accarezzava* l'idea di una bicicletta.
📖 indicativo presente 1ª persona singolare: io *accarézzo*.

acceleratóre *sostantivo maschile*
• congegno del motore per regolare la velocità; *esempio*: non premere troppo il pedale dell'*acceleratore*.

accèndere *verbo transitivo*
1 dare fuoco a qualcosa perché bruci o illumini o riscaldi; *esempio*: non *accendere* fuochi nei boschi.
2 mettere in funzione un apparecchio elettrico; *esempio*: *accendi* la luce per favore!
📖 il passato remoto è: io *accési*, tu *accendésti*, egli *accése*, noi *accéndemmo*, voi *accendéste*, essi *accésero*. Il participio passato è: *accéso*.

accendìno *sostantivo maschile*
• macchinetta per accendere sigarette o sigari.
✎ è un neologismo ormai entrato nell'uso al posto di *accendisìgari*.

accènto *sostantivo maschile*
1 rafforzamento del tono di voce nella pronuncia di una sillaba o di una parola.
2 segno grafico posto sulla vocale su cui cade il tono della voce; *esempio*: nella parola *papà*, l'accento cade sulla *a*.
☞ATTENZIONE: l'accento può essere **grave** come **à** nella

---

accampamento

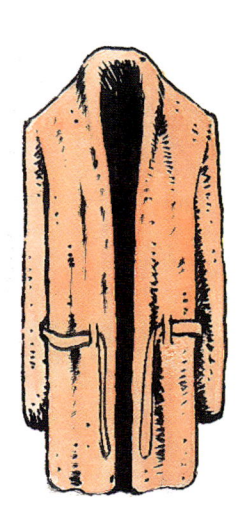

accappatoio

📖 PAROLE CHE VANNO SEMPRE CON L'ACCENTO

è	verbo (essere)
ché	congiunzione (= perché)
dà	verbo (dare)
dì	giorno
là	avverbio
lì	avverbio
né	congiunzione
sé	pronome
sì	avverbio
tè	bevanda

parola *città*, o **acuto** come **é** nella parola *perché*. L'accento grave indica che la vocale ha un suono aperto; quello acuto che ha un suono chiuso. Tutte le parole hanno l'accento, ma si scrive solo quando cade sull'ultima sillaba (caffè, poiché, virtù) o, se si vuole, su parole identiche nella scrittura, ma con significato diverso (àncora, ancóra).

accettàre *verbo transitivo*
1 accogliere, ricevere; *esempio*: *ho accettato* i suoi auguri.
◆*Contrario*: rifiutare.
2 gradire, approvare; *esempio:* lo zio *accettò* l'idea di una partita a scacchi.
📖 indicativo presente 1ª persona singolare: io *accètto*.

acciàio *sostantivo maschile*
☞ deriva da una parola latina che significa *filo della lama*.
• lega di ferro e carbonio, resistente ed elastica; *esempio*: gli attrezzi di *acciaio* durano a lungo.
📖 plurale: *acciài*.

accògliere *verbo transitivo*
1 ricevere; *esempio*: mi ha *accolto* con tutti gli onori.
2 (senso figurato) accettare; *esempio*: la mia proposta venne *accolta* bene.
📖 indicativo presente 1ª persona singolare: io *accòlgo*. Si coniuga come *cògliere*.

accompagnàre *verbo transitivo*
1 andare con qualcuno per fargli compagnia o da guida; *esempio*: ti *accompagnerò* a scuola in macchina.
2 (senso figurato) seguire; *esempi*: il mio ricordo ti *accompagnerà* sempre; lo *accompagnò* con lo sguardo.
📖 indicativo presente 1ª persona singolare: io *accompàgno*.

acconciatùra *sostantivo femminile*
• tipo di pettinatura; *esempio*: Alessandra ha una brutta *acconciatura*.
◆*Sinonimo*: pettinatura.

accòrdo *sostantivo maschile*
1 intesa, concordia di idee, opinioni, sentimenti; *esempio*: Paolo e Francesca sono in perfetto *accordo*.
2 patto, trattato.
3 unione simultanea di più suoni di differente altezza.

àcido *aggettivo / sostantivo maschile*
A *aggettivo*
• che ha sapore aspro; *esempi*: latte *acido*; crema *acida*.

📖 **PAROLE CHE VANNO SEMPRE SENZA L'ACCENTO**

e	congiunzione
che	pronome e congiunzione
da	preposizione
di	preposizione
la	articolo e nota musicale
li	pronome
ne	pronome e avverbio
se	congiunzione
si	pronome e nota musicale
te	pronome

accompagnare

acconciatura

àcino

B *sostantivo maschile*
• sostanza chimica corrosiva.

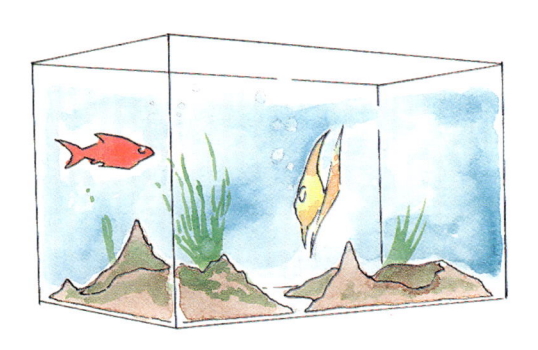

àcino *sostantivo maschile*
• chicco dell'uva.

àcqua *sostantivo femminile*
• liquido trasparente, inodore, incolore, insapore, composto di ossigeno e idrogeno; *esempio*: l'*acqua* del mare è salata, l'*acqua* dei fiumi e dei laghi è dolce.
✍ l'**acqua minerale** è ricca di sostanze curative; l'**acqua santa** è benedetta dal sacerdote per uso religioso.
→MODO DI DIRE: fare un buco nell'acqua (non ottenere alcun risultato).

acquàrio (**1**) *sostantivo maschile*
• vaschetta che ricrea l'ambiente naturale dei pesci.

Acquàrio (**2**) *sostantivo maschile*
• segno dello Zodiaco, l'undicesimo, che comprende il periodo fra il 21 gennaio e il 18 febbraio.

acquedótto *sostantivo maschile*
• complesso di tubazioni per trasportare l'acqua potabile nelle case o da un luogo all'altro; *esempio*: gli *acquedotti* romani erano formati da canali sospesi su alte arcate.
📖 plurale: *acquedótti*.

acròbata *sostantivo maschile* e *femminile*
☞ deriva da una parola greca che significa *che cammina in punta di piedi*.
• chi compie esercizi d'equilibrio e di abilità.
ATTENZIONE: se l'acrobata è un uomo si scrive **un acrobata**, se è una donna **un'acrobata**.

acùstico *aggettivo*
• tutto ciò che riguarda il suono o l'udito; *esempio*: apparecchio *acustico*.
📖 plurale maschile: *acùstici*.

acùto *aggettivo*
1 appuntito, a punta.
2 (senso figurato) penetrante; *esempio*: una vista *acuta*.
3 accento su **e** ed **o** che indica suono aperto o chiuso.
✍ **angolo acuto** è quello minore dell'**angolo retto**.

adàtto *aggettivo*
• che ha tutti i caratteri necessari a qualcosa; *esempio*:

acquario

Acquario (segno zodiacale)

un acrobata

queste scarpe non sono *adatte* per fare lunghe camminate.
◆**Sinonimi**: appropriato, opportuno.

addestràre *verbo transitivo*
• esercitare, rendere abile; *esempio*: *ho addestrato* il mio cane a inseguire i ladri.
📖 indicativo presente 1ª persona singolare: io *addèstro*.

addizióne *sostantivo femminile*
• una delle operazioni fondamentali dell'aritmetica che consiste nell'aggiungere dei numeri ad altri numeri; *esempio*: 2 + 3 = 5 è una *addizione*.

addormentàrsi *verbo intransitivo pronominale*
• mettersi a dormire; *esempio*: *si è addormentato* davanti alla TV.
📖 indicativo presente 1ª persona singolare: io *mi addorménto*.

addòsso *avverbio / interiezione*
A *avverbio*
• sopra di sé, sulle spalle, sulla persona.
B *interiezione*
• grido di incitamento per aggredire qualcuno; *esempio*: *addosso* al ladro!

aderènte *aggettivo*
• che sta vicino; *esempio*: una maglia troppo *aderente*.
📖 *aderente* è anche participio presente del verbo *aderire*.

aderìre *verbo intransitivo*
1 combaciare; *esempio*: i due pezzi *aderiscono* perfettamente.
2 (senso figurato) parteggiare, seguire; *esempio*: mio padre *ha aderito* ad un movimento politico.
📖 indicativo presente 1ª persona singolare: io *aderìsco*. Vuole l'ausiliare *avere*.

adèsso *avverbio*
1 ora, in questo momento; *esempio*: *adesso* sto leggendo.
2 poco fa; *esempio*: vengo *adesso* dal parco.

adoperàre *verbo transitivo*
• usare; *esempio*: *ho adoperato* lo strumento adatto.
📖 indicativo presente 1ª persona singolare: io *adòpero*.

adùlto *aggettivo / sostantivo maschile*
A *aggettivo*

addormentarsi

ADDOSSO
→MODI DI DIRE

Piangersi addosso: atteggiarsi sempre a vittima, esagerando le proprie disgrazie.
Farsela addosso: provare un grande spavento.
Dare addosso: assalire, incolpare qualcuno.
Piovere addosso: arrivare improvviso, inaspettato (in generale per eventi fortunati).

aderente

aeroplàno

aeroplano

✍ AEROPLANO

Il francese **Clément Ader** riuscì per primo a far decollare un aeroplano, fornito di motore a vapore, il 9 ottobre 1890.
Ma questa priorità è stata a lungo contestata.
Altri infatti ritengono che il primo vero volo con un aeroplano a motore sia stato compiuto negli Stati Uniti dai **fratelli Wright** nel 1903.

affascinante

• che ha raggiunto il pieno sviluppo.
B *sostantivo maschile*
• persona matura; *esempio*: quel bambino si comporta da *adulto*.

aeroplàno *sostantivo maschile*
• velivolo a motore che si solleva e si muove nell'aria.
✍ **decollare** indica che l'aereo si solleva in volo; **cabrare** indica l'azione di alzare la prora e variare la traiettoria; **derapare** lo spostarsi di lato per azione di un forte vento.
📖 *aèreo* è la forma abbreviata di aeroplano.

aeropòrto *sostantivo maschile*
• vasta superficie piana attrezzata per il decollo e l'atterraggio degli aerei.

affàre *sostantivo maschile*
1 cosa da fare, incombenza; *esempio*: avevo da sbrigare un *affare* molto importante e improrogabile.
2 operazione commerciale o finanziaria.

affascinànte *aggettivo*
• che piace, attraente; *esempio*: il mio maestro di musica è una persona *affascinante*.

affermazióne *sostantivo femminile*
1 parole con cui si dichiarano le proprie opinioni; *esempio*: spero che le tue *affermazioni* siano sincere.
♦**Sinonimo**: asserzione. ♦**Contrario**: negazione.
2 successo; *esempio*: la mia squadra ha ottenuto un'ottima *affermazione*.

afferràre *verbo transitivo*
1 tenere con forza; *esempio*: *afferralo* per i capelli!
2 capire, comprendere; *esempio*: hai *afferrato* il concetto?
📖 indicativo presente 1ª persona singolare: io *affèrro*.

affètto *sostantivo maschile*
• sentimento d'amore o di amicizia; *esempio*: provo un grandissimo *affetto* per i miei genitori.

affidàre *verbo transitivo*
• consegnare a persona di fiducia qualcosa o qualcuno.
📖 indicativo presente 1ª persona singolare: io *affido*.

affìtto *sostantivo maschile*
• contratto per cui qualcuno concede, dietro pagamento, il diritto all'uso di una casa, di un locale o altro; *esempio*: ha

preso in *affitto* un appartamento sul mare.

affluènte *sostantivo maschile*
• corso d'acqua secondario che si versa in uno più grande; *esempio*: il Po ha molti *affluenti*.
📖 è anche participio presente di *affluire* (= scorrere verso).

affondàre *verbo transitivo / verbo intransitivo*
A *verbo transitivo*
1 mandare a fondo; *esempio*: il sottomarino *affondò* la nave nemica.
2 far penetrare a fondo; *esempio*: alcune piante *affondano* le radici anche nei terreni sabbiosi.
B *verbo intransitivo*
• andare giù, andare a fondo.
📖 indicativo presente 1ª persona singolare: io *affóndo*.

affrontàre *verbo transitivo*
1 andare incontro con coraggio; *esempio*: ha *affrontato* ogni tipo di pericolo.
2 assalire, andare incontro con ostilità; *esempio*: *affronteremo* il nemico con l'astuzia.
3 discutere, trattare; *esempio*: con il suo discorso *affrontò* il problema.
📖 indicativo presente 1ª persona singolare: io *affrónto*.

agènda *sostantivo femminile*
☞ deriva da una parola latina che significa *cose da farsi*.
• quaderno con calendario su cui segnare appuntamenti, indirizzi e appunti vari.

agenzìa *sostantivo femminile*
• impresa che fornisce determinati servizi; *esempi*: *agenzia* di viaggi; *agenzia* di investigazione; *agenzia* immobiliare.

aggettìvo *sostantivo maschile*
• parola che si aggiunge a un sostantivo per indicarne una qualità, una quantità, una determinazione di tempo o spazio, un possesso; *esempio*: nella frase "Camillo è quel signore elegante e distinto" quel, elegante e distinto sono *aggettivi*.

aggiustàre *verbo transitivo*
• rimettere in funzione; *esempio*: ho *aggiustato* la radio.
◆**Sinonimi**: riparare, accomodare.
📖 indicativo presente 1ª persona singolare: io *aggiùsto*.

agguàto *sostantivo maschile*
• trappola, inganno che si tende a qualcuno per coglierlo di

affondare

agenda

📖 **GLI AGGETTIVI**

si dividono normalmente in due categorie:

1. aggettivi qualificativi
sono quegli aggettivi che indicano una qualità, un carattere, un modo di essere; *esempi*: *brutto, bello, basso*.

2. aggettivi determinativi
sono quelli che aggiungono al nome una determinazione di tempo, spazio, possesso, quantità; *esempi*: *questo* libro, *quella* moto, il *mio* cane, *molti* dischi.

àgile

sorpresa; *esempio*: gli Indiani tesero ai coloni un *agguato*.
◆*Sinonimi*: imboscata, insidia.

àgile *aggettivo*
• che si muove con facilità e sveltezza.
◆*Sinonimi*: svelto, lesto. ◆*Contrari*: lento, goffo.

agìre *verbo intransitivo*
1 fare; *esempio*: *agisci* subito e bene!
2 funzionare (di macchina, sostanza, medicina); *esempio*: il veleno della vipera *agisce* in pochi minuti.
📖 indicativo presente 1ª persona singolare: io *agìsco*; 2ª persona singolare: tu *agìsci*.
Vuole l'ausiliare *avere*.

agitàre *verbo transitivo*
1 muovere su e giù, sbattere; *esempio*: *agitate* bene il flacone prima dell'uso.
2 (senso figurato) turbare; *esempio*: il pensiero dell'esame lo *agitava*.
📖 indicativo presente 1ª persona singolare: io *àgito*.

àglio *sostantivo maschile*
• pianta delle Liliacee: il bulbo, a spicchi, è commestibile.
✎ l'aglio è usato anche a scopo terapeutico. Nelle credenze popolari è ritenuto in grado di scacciare gli spiriti maligni e anche per tenere lontani i vampiri.

àgo *sostantivo maschile*
1 strumento sottile, di acciaio, appuntito e con un foro a una estremità per inserirvi il filo per cucire.
2 qualunque strumento a forma di piccola asta; *esempi*: l'*ago* della bussola; l'*ago* della bilancia; l'*ago* della siringa.
3 pungiglione di api e vespe.
📖 plurale: *àghi*.

agrùme *sostantivo maschile*
☞ deriva da una parola latina che significa *aspro*.
1 albero delle Rutacee con frutti succosi e dal sapore aspro;
2 frutto di tale pianta; *esempio*: arance, mandarini e limoni sono *agrumi*.
📖 si usa generalmente al plurale.

airóne *sostantivo maschile*
• uccello acquatico con becco lungo e diritto, collo a forma di S, zampe sottili.
✎ l'**Airone cinerino** ha le piume grige, l'**Airone bianco** ha zampe scure e becco giallo.

aglio

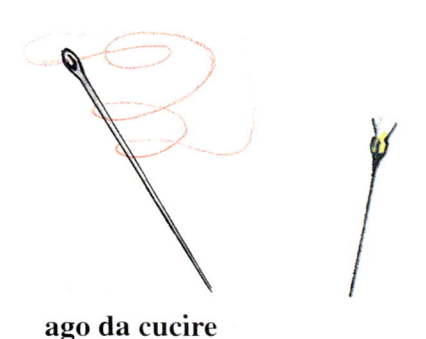

ago da cucire

ago da siringa

airone

aiuòla *sostantivo femminile*
• parte di terreno, di solito recintata, coltivata a fiori o piante; *esempio*: non calpestare le *aiuole*!

aiutàre *verbo transitivo*
• soccorrere, favorire.
indicativo presente 1ª persona singolare: io *aiùto*.
→PROVERBIO: chi si aiuta, Dio lo aiuta.

àla *sostantivo femminile*
1 organo del volo degli uccelli e di alcuni insetti.
2 parte dell'aereo che ne sorregge il peso durante il volo.
3 nel calcio, attaccante di prima linea.

albèrgo *sostantivo maschile*
☞ deriva da una parola dell'antico tedesco che significava *alloggio per soldati*.
• edificio in cui vive, dietro pagamento, provvisoriamente chi viaggia; *esempio*: ho dormito in un *albergo* di lusso.

àlbero *sostantivo maschile*
• pianta con il tronco legnoso e provvista di rami; *esempio*: un *albero* è composto dalle radici, dal tronco, dai rami e dalla chioma.

alfabèto *sostantivo maschile*
☞ deriva dalle prime due lettere, **álfa** (a) e **béta** (b) dell'alfabeto greco.
• sistema di simboli grafici (lettere) che rappresentano i suoni di una lingua; *esempio*: l'*alfabeto* italiano ha 26 lettere (comprese le lettere straniere j, k, w, x, y).
✎ l'**alfabeto italiano** deriva da quello **latino** che a sua volta aveva attinto dal →**greco** con la mediazione però dell'**etrusco** (ad esempio la lettera **q** è di origine etrusca e non greca). Gli Etruschi infine attinsero i loro segni dall'**alfabeto fenicio** che risulta quindi l'antenato comune a tutti e quattro.

àlga *sostantivo femminile*
• nome generico di piante che vivono in acqua.

aliànte *sostantivo maschile*
• velivolo senza motore che, portato in quota, vola sfruttando le correnti atmosferiche.

alimentazióne *sostantivo femminile*
1 nutrimento; *esempio*: per godere di buona salute occorre un'*alimentazione* ricca di verdure.
2 dispositivo che fornisce energia o carburante a un motore.

aiuola

ala

✎ L'ALFABETO GRECO

α	alfa	a
β	beta	b
γ	gamma	g (dura)
δ	delta	d
ε	epsilon	e (breve)
ζ	zeta	z
η	eta	e (lunga)
ϑ	theta	th
ι	iota	i
κ	kappa	k
λ	lambda	l
μ	mi	m
ν	ni	n
ξ	ksi	ks
ο	omicron	o (breve)
π	pi	p
ρ	rho	r
σ	sigma	s
τ	tau	t
υ	ipsilon	u
φ	phi	ph
χ	khi	ch
ψ	psi	ps
ω	omega	o (lunga)

allargàre

alligatore

alveare

AMICO
→MODI DI DIRE

Amici per la pelle: amici inseparabili, che darebbero la vita l'uno per l'altro.
Amici come prima: quando un rapporto o una trattativa sono chiusi in modo negativo, senza però compromettere le relazioni personali.

allargàre *verbo transitivo*
• fare più largo, estendere.
📖 indicativo presente 1ª persona singolare: io *allàrgo*.

alligatóre *sostantivo maschile*
• rettile diffuso in America e Cina settentrionale.

allontanàre *verbo transitivo / verbo intransitivo pronominale*
A *verbo transitivo*
• mandare via; *esempio*: l'*ho allontanato* in modo cortese.
B *verbo intransitivo pronominale*
• andare lontano, partire.
📖 indicativo presente 1ª persona singolare: io *allontàno*.

alluvióne *sostantivo femminile*
• straripamento di fiumi e allagamento delle zone circostanti.

àlto *aggettivo*
• di statura elevata.
◆**Contrario**: basso.
📖 comparativo di maggioranza: *più alto* o *superiore*; superlativo: *altissimo* o *supremo*.

alveàre *sostantivo maschile*.
• il nido delle api; *esempio*: non avvicinarti agli *alveari*.

amàre *verbo transitivo*
1 provare grande affetto; *esempio*: i genitori *amano* i figli.
2 desiderare; *esempio*: Maria *ama* il silenzio.
📖 indicativo presente 1ª persona singolare: io *àmo*.

amàro *aggettivo*
• che ha sapore aspro, non dolce; *esempio*: caffè *amaro*.
◆**Contrario**:dolce.

ambulànza *sostantivo femminile*
☞ deriva da una parola latina che significa *muoversi*.
• veicolo per il trasporto dei malati.
✎ in origine indicava un ospedale mobile da campo.

amìco *sostantivo maschile*
• chi è legato a qualcuno da sentimenti di simpatia, affetto, amore; *esempio*: è bello avere molti *amici*.
→PROVERBIO: chi trova un amico trova un tesoro.

àncora (**1**) *sostantivo femminile*
• strumento in ferro con bracci uncinati che mantiene le imbarcazioni ormeggiate al fondo.

ancóra (**2**) *avverbio*
1 fino ad ora; *esempio*: sta *ancora* dormendo.
2 di nuovo; *esempio*: tenteremo *ancora*.

ànatra *sostantivo femminile*
• uccello acquatico con i piedi palmati, becco largo e piatto.

Anfibi *sostantivo maschile plurale*
☞ deriva da una parola greca che significa *doppia vita* (in acqua e sulla terra).
• animali che vivono nell'acqua (nello stadio giovanile) e sulla terra (da adulti); *esempio*: la rana, il rospo e la salamandra sono *anfibi*.

àngelo *sostantivo maschile*
☞ deriva da una parola greca che significa *messaggero*.
• creatura divina, messaggero di Dio.

animàle *sostantivo maschile*
• ogni essere vivente capace di muoversi e di avere sensibilità; *esempio*: il cane e l'uomo sono *animali*.

àpe *sostantivo femminile*
• insetto che produce cera e miele; si nutre di nettare.

apòstrofo *sostantivo maschile*
• segno grafico che indica la caduta d'una vocale o sillaba; *esempio*: l'aquila, un'arma, l'orto hanno tutti l'*apostrofo*.
📖 l'apostrofo è obbligatorio in alcuni casi: con *bello* e *quello*; *santo* davanti a nome che inizia con vocale; *lo* e *la* e le preposizioni articolate *dello*, *della*, ecc., con *c* e le voci del verbo *essere* che iniziano con *e*. Negli altri casi è facoltativo.

àquila *sostantivo femminile*
• grande uccello rapace con possenti artigli e becco robusto.

àrco *sostantivo maschile*
1 arma in legno e corda per lanciare le frecce.
2 in architettura struttura di sostegno curva.

ària *sostantivo femminile*
• insieme di elementi gassosi indispensabili alla vita; *esempio*: l'*aria* è costituita essenzialmente di ossigeno e azoto.

ariète *sostantivo maschile*
1 il maschio della pecora.
◆*Sinonimo*: montone.
2 antica macchina da guerra.

angelo

ape

aquila

Ariete (segno zodiacale)

aritmètica 14

armatura

atomo

automobile

📖 AVERE

L'**ausiliare** *avere* si usa:
1 per formare i tempi composti di tutti i verbi transitivi (Anna *ha mangiato* gli gnocchi).
2 per formare i tempi composti di alcuni intransitivi (Sergio *ha dormito* sul divano).

3 primo segno dello Zodiaco, dal 21 marzo al 20 aprile.

aritmètica *sostantivo femminile*
☞ deriva da una parola greca che significa *numero*.
• parte della matematica che studia i numeri e le operazioni.

Arlecchìno *sostantivo maschile*
• maschera di Bergamo con un vestito di diversi colori.
✎ era l'abito dei buffoni e delle maschere comiche.

armatùra *sostantivo femminile*
• abito in metallo che proteggeva gli antichi guerrieri.

àrte *sostantivo femminile*
• capacità di creare opere belle; 📖*esempio*: pittura, musica, scultura, letturatura, poesia sono espressioni dell'*arte*.

artìcolo *sostantivo maschile*
• particella che precede il nome e lo determina.
📖 l'articolo può essere **determinativo** (*il, lo, la, i, gli, le*) oppure **indeterminativo** (*un, uno, una*).

Artiodàttili *sostantivo maschile plurale*
• ordine di Mammiferi erbivori muniti di zoccoli.

astronàve *sostantivo femminile*
• veicolo spaziale.

àtomo *sostantivo maschile*
• piccolissima parte di materia composta da un nucleo centrale attorno a cui ruotano particelle dette elettroni.

automòbile *sostantivo femminile*
• veicolo a motore, generalmente a quattro ruote.

autostràda *sostantivo femminile*
• strada con più corsie riservata agli autoveicoli.

autùnno *sostantivo maschile*
• stagione dell'anno che va dal 23 settembre al 21 dicembre.

avére *verbo transitivo*
1 possedere.
2 provare, sentire; 📖*esempio*: *avevo* fame.
📖 indicativo presente 1ª persona singolare: io *ho*.

azióne *sostantivo femminile*
• attività, opera; 📖*esempio*: è un'*azione* meritevole.

b B *sostantivo femminile o maschile invariabile*
• seconda lettera dell'alfabeto italiano; consonante.
📖 la lettera **B** (maiuscola) denota una squadra sportiva di valore intermedio o un gruppo di vitamine.

bacchétta *sostantivo femminile*
• bastoncino dritto e sottile; *esempio*: *bacchetta* magica.

baciàre *verbo transitivo*
• sfiorare con le labbra il volto di qualcuno.
📖 indicativo presente 1ª persona singolare: io *bàcio*.

bàco *sostantivo maschile*
• qualsiasi insetto che passi attraverso i tre stadi del bruco, della crisalide e della farfalla.
📖 plurale: *bàchi*.
ATTENZIONE: **baco da seta** è un lepidottero le cui larve si avvolgono in un bozzolo da cui si ricava la seta.

bàffo *sostantivo maschile*
• peli del labbro superiore dell'uomo e di alcuni animali; *esempio*: i *baffi* del gatto si chiamano vibrisse.
→ MODO DI DIRE: leccarsi i baffi (gradire un cibo particolarmente buono).

bagàglio *sostantivo maschile*
• insieme di valigie e borse da viaggio.
→ MODO DI DIRE: fare i bagagli (andarsene).

bagnàre *verbo transitivo*
• cospargere di acqua; *esempio*: in estate occorre *bagnare* le piante tutti i giorni.
◆**Sinonimo**: innaffiare. ◆**Contrario**: asciugare.
📖 indicativo presente 1ª persona singolare: io *bàgno*.

B NEGLI ALTRI ALFABETI

egizio	cuneiforme
fenicio	greco
arabo	ebraico
sanscrito	russo

baco da seta (farfalla)

bàita

baita

balena

IL PESO DELLE BALENE

Balenottera azzurra:	130 t
Balenottera comune:	75 t
Balenottera boreale:	60 t
Balena dei baschi:	50 t
Megattera:	30 t

bambola

bàita *sostantivo femminile*
• casetta in legno o pietra usata come rifugio in montagna.

balbettàre *verbo intransitivo / verbo transitivo*
A *verbo intransitivo*
• parlare con difficoltà per un difetto di pronuncia.
B *verbo transitivo*
• parlare in modo confuso e spezzato.
📖 indicativo presente 1ª persona singolare: io *balbétto*. Vuole l'ausiliare *avere*.

baléna *sostantivo femminile*
• grosso mammifero cetaceo che vive in mari freddi.

balèstra *sostantivo femminile*
• antica arma da guerra che lanciava frecce.

ballàre *verbo intransitivo*
• muoversi ritmicamente seguendo la musica.
📖 indicativo presente 1ª persona singolare: io *bàllo*. Vuole l'ausiliare *avere*.

bambìno *sostantivo maschile*
• l'essere umano fino a 8 anni di età.

bàmbola *sostantivo femminile*
• giocattolo a forma di bambina; 📖*esempio*: Barbie è il nome di una famosa *bambola* diffusa in tutto il mondo.

banàna *sostantivo femminile*
• frutto dolce del Banano, pianta tropicale.

bànca *sostantivo femminile*
• istituto dove si depositano i risparmi; 📖*esempio*: ogni *banca* emette i suoi libretti di assegni.
📖 plurale: *bànche*.

bànco *sostantivo maschile*
1 tavolo per studenti; tavolo per scrivere.
2 tavolo da lavoro; 📖*esempio*: il banco del calzolaio.
📖 plurale: *bànchi*.
→MODI DI DIRE: scaldare il banco (andare a scuola senza alcun profitto); sotto banco (di nascosto).

bandièra *sostantivo femminile*
• stoffa variamente colorata che simboleggia una nazione, una città, un partito, una squadra sportiva, ecc.
☞ la **bandiera a mezz'asta** indica lutto; la **bandiera bianca**

indica resa, quella **gialla** su una nave indica la presenza di una malattia contagiosa; la **bandiera rossa** è propria dei movimenti socialisti, quella **nera** degli anarchici.

bar *sostantivo maschile invariabile*
☞ parola inglese che in origine indicava la *sbarra* che separava i clienti dal banco delle vendite.
• locale dove si consumano bibite, caffè, panini, ecc.

bàrba *sostantivo femminile*
• i peli che crescono sulle guance e sul mento degli uomini adulti; *esempio*: la *barba* bianca è simbolo di saggezza.
→PROVERBIO: la barba non fa il filosofo.

bàrca *sostantivo femminile*
• imbarcazione a vela o a motore o a remi.
📖 plurale: *bàrche*.

barzellétta *sostantivo femminile*
• storiella raccontata per far ridere.

bàse *sostantivo femminile*
1 sostegno, fondamento; *esempio*: la *base* del monumento.
2 (senso figurato) motivazione; *esempio*: la sincerità è la *base* dell'amicizia.
3 il lato o la faccia su cui poggia una figura geometrica.
4 (senso estensivo) elemento fondamentale di qualcosa; *esempio*: ho assaggiato un dolce a *base* di latte e uova.

bàsso *aggettivo*
1 poco elevato; *esempio*: essere di *bassa* statura.
◆*Contrario*: alto.
2 poco profondo (detto di mare, fiume o lago).
3 grave; *esempio*: voce *bassa*, tono *basso*.
📖 comparativo di maggioranza: *più basso* o *inferiore*; superlativo: *bassissimo* o *infimo*.

bàsta *interiezione*
• esclamazione per far cessare o interrompere qualcosa.
📖 è la forma impersonale del verbo *bastàre*.

bastonàre *verbo transitivo*
• colpire con un bastone.
📖 indicativo presente 1ª persona singolare: io *bastóno*.

battàglia *sostantivo femminile*
• scontro armato fra eserciti nemici; *esempio*: la grande *battaglia* navale di Lepanto.

barca

✍ LE GRANDI BATTAGLIE DELLA STORIA

SALAMINA:	480 a.C.
TERMOPILI:	480 a.C.
ISSO:	333 a.C
CANNE:	216 a.C.
ZAMA:	202 a.C.
FILIPPI:	42 a.C.
TEUTOBURGO:	9 d.C.
POITIERS:	732 d.C.
HASTINGS:	1066 d.C.
LEGNANO:	1176 d.C.
BOUVINES:	1214 d.C.
AZINCOURT:	1415 d.C.
SAN QUINTINO:	1557 d.C.
LEPANTO:	1571 d.C.
VALMY:	1792 d.C.
MARENGO:	1800 d.C.
AUSTERLITZ:	1805 d.C.
LIPSIA:	1813 d.C.
WATERLOO:	1815 d.C.
PITTSBURG:	1862 d.C.
RICHMOND:	1864 d.C.
SEDAN:	1870 d.C.
ADUA:	1896 d.C.
TSUSHIMA:	1905 d.C.
MARNA:	1914 d.C.
VERDUN:	1916 d.C.
CAPORETTO:	1917 d.C.
VITTORIO VENETO:	1918 d.C.
DUNKERQUE:	1940 d.C.
PEARL HARBOUR:	1941 d.C.
EL ALAMEIN:	1942 d.C.
STALINGRADO:	1943 d.C.
OKINAWA:	1945 d.C.

batterio

batterio

✍ FORME DI BATTERI

Di forma sferica: micrococchi (singoli), diplococchi (doppi), streptococchi (a catena), stafilococchi (a grappolo); **a bastoncino**: bacilli; **a virgola**: vibrioni; **a spirale**: spirilli, spirochete.
Il medico tedesco **Robert Koch** individuò nel 1876 il bacillo del carbonchio, nel 1882 il bacillo della tubercolosi (detto *bacillo di Koch*), nel 1884 il vibrione del colera.

TIPI DI BECCO

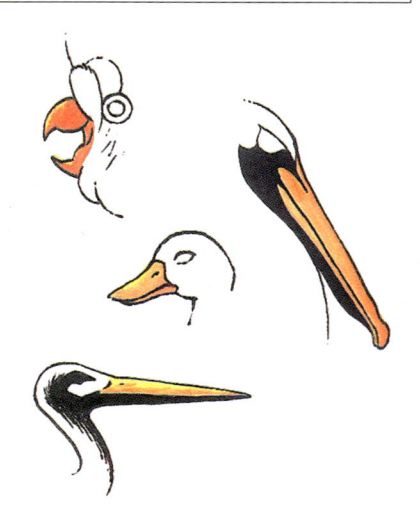

bersaglio

battèrio *sostantivo maschile*
☞ deriva da una parola greca che significa *bastoncino*.
• microrganismo di origine vegetale; *esempio*: il *batterio* a forma di bastoncino è detto bacillo; quello ovoidale cocco.

baùle *sostantivo maschile*
• cassa da viaggio con coperchio e maniglie.
● è **grave errore** la pronuncia *bàule*.

bécco *sostantivo maschile*
• parte cornea della bocca degli uccelli; *esempio*: il *becco* degli uccelli da rapina è chiamato anche rostro.
📖 plurale: *bécchi*.

befàna *sostantivo femminile*
• vecchia delle fiabe che porta doni ai bambini, il 6 gennaio.
✍ il 6 gennaio è la festa dell'Epifania (= apparizione), giorno in cui Gesù fu mostrato ai Re Magi.

bèllo *aggettivo*
1 che procura piacere; *esempi*: *bella* ragazza, *bell'*idea, *bell'*uomo, *bel* gatto, *bei* cani, *begli* alberi.
2 grande, consistente; *esempio*: è una *bella* impresa.

bène (**1**) *avverbio*
1 in modo conveniente; *esempio*: ti sei comportato *bene*.
2 con successo, con soddisfazione.
3 unito ad alcuni verbi acquista vari significati; *esempi*: tu dici *bene* (parli giustamente); vedere *bene* (avere buona vista).

bène (**2**) *sostantivo maschile*
1 tutto ciò che si desidera.
2 vantaggio, utile; *esempio*: agire a fin di *bene*.

benzìna *sostantivo femminile*
• sostanza infiammabile, ricavata dal petrolio, usata come carburante; *esempio*: la *benzina* è anche un solvente.

bére *verbo transitivo*
• ingerire bevande per dissetarsi.
📖 indicativo presente 1ª persona singolare: io *bévo*; imperfetto: io *bevévo*; passato remoto: io *bévvi*; futuro: io *berrò*; congiuntivo presente: che io *béva*; imperfetto: che io *bevéssi*; condizionale presente: io *berrèi*; imperativo: *bévi*.
→MODO DI DIRE: bere come una spugna (essere forti bevitori).

bersàglio *sostantivo maschile*
• punto che si vuole colpire; *esempio*: i soldati si

esercitavano sparando contro *bersagli* di cartone.

bicicletta *sostantivo femminile*
• veicolo a due ruote con manubrio e pedali.
📖 comunemente si dice anche *bici*.

bidello *sostantivo maschile*
☞ deriva da una antica parola francese che vuol dire *poliziotto*.
• persona addetta alle pulizie e alla custodia delle scuole.

biga *sostantivo femminile*
☞ deriva da una locuzione latina che significa *cavalle a doppio giogo*.
• carro a due ruote, tirato da due cavalli, usato nell'antichità per le corse.
📖 plurale: *bighe*.

bilancia *sostantivo femminile*
1 strumento usato per pesare cose o persone.
2 segno dello Zodiaco: va dal 24 settembre al 23 ottobre.
📖 plurale: *bilance*.

bile *sostantivo femminile*
• secrezione del fegato che aiuta la digestione.
◆**Sinonimo**: fiele.

biliardo *sostantivo maschile*
• gioco che si svolge con palline e un tavolo con sei buche.
📖 si può dire anche *bigliardo*.

binario *sostantivo maschile*
• le due rotaie di ferro su cui transitano i treni o i tram.

binocolo *sostantivo maschile*
• strumento ottico a lenti che serve per vedere gli oggetti lontani molto ingranditi.
☞ATTENZIONE: il **binocolo** è a doppia canna per guardare contemporaneamente con i due occhi (dal latino *bini*, due per volta e *oculus*, occhio); il **cannocchiale** è a una canna sola.

biografia *sostantivo femminile*
☞ deriva da una parola greca che significa *scrivere la vita*.
• storia della vita di un personaggio storico illustre.

biologia *sostantivo femminile*
☞ deriva da una parola greca che significa *studio della vita*.
• scienza che studia tutti gli organismi viventi.
📖 plurale: *biologie*.

✎ BICICLETTA

La prima bicicletta a pedali è stata costruita in Francia nel 1855 da Ernest Michaux, che aveva perfezionato il velocipede di MacMillan del 1838.

Bilancia (segno zodiacale)

biliardo

✎ BIOGRAFIE FAMOSE

PLUTARCO	Le vite parallele
VASARI	Vite
VOLTAIRE	Vita di Carlo XII
CARLYLE	Eroi
RENAN	Vita di Gesù

biro

bisturi

🔍 **BISESTILE**

Si chiama **bisesto** il giorno che ogni quattro anni si aggiunge al mese di febbraio.
Da bisesto deriva poi *bisestile*.

☞ **BISTURI**

La parola deriva dal francese *bistouri* (= pugnale), che a sua volta sembra derivare dal nome latino della città di Pistoia (*Pistoria*), famosa per la fabbricazione di armi da taglio.

biònico *aggettivo*
• nella fantascienza è detto di una macchina con aspetto umano; *esempio*: l'uomo *bionico* è un automa che simula perfettamente il comportamento umano.

bìpede *aggettivo*
• che ha due piedi o due zampe; *esempio*: gli uccelli sono *bipedi* come gli uomini.

bìro *sostantivo femminile invariabile*
• nome comune delle normali penne a sfera.
🔍 il nome deriva dall'inventore, l'ungherese Biró.

bisestìle *aggettivo*
• si dice di un anno di 366 giorni, che ricorre ogni quattro anni; *esempio*: negli anni *bisestili* febbraio ha 29 giorni.

bisógno *sostantivo maschile*
• mancanza di ciò che è necessario o utile.
→PROVERBIO: il bisogno aguzza l'ingegno.

bisónte *sostantivo maschile*
• grosso bovino nordamericano degli Artiodattili, con pelo lungo e scuro.

bisticciàre *verbo intransitivo*
• litigare a parole in modo stizzoso.
📖 indicativo presente 1ª persona singolare: io *bistìccio*. Vuole l'ausiliare *avere*.

bìsturi *sostantivo maschile invariabile*
• piccola lama tagliente usata dal chirurgo per operare.

bìvio *sostantivo maschile*
• punto in cui una strada si divide in due.
◆*Sinonimo*: biforcazione.
📖 plurale: *bìvi*.

bizzàrro *aggettivo*
• che è originale, curioso, strano.
◆*Sinonimo*: stravagante.

blindàto *aggettivo*
• che è rinforzato e protetto con rivestimenti di metallo; *esempi*: treno *blindato*; porte *blindate*.

bloccàre *verbo transitivo*
1 impedire ogni passaggio; *esempio*: una grossa frana

aveva bloccato la strada principale.
2 fissare qualcosa; *esempio*: lo *bloccherò* con due viti.
📖 indicativo presente 1ª persona singolare: io *blòcco*.

bòa (**1**) *sostantivo maschile invariabile*
• grosso serpente dell'America meridionale, non velenoso, ma pericoloso per la forza con cui avvolge e stritola la preda.
📖 plurale: i *bòa*.

bòa (**2**) *sostantivo femminile*
• galleggiante ad uso di segnalazione ancorato al fondo.
📖 plurale: le *bòe*.

bócca *sostantivo femminile*
• apertura nella parte inferiore del volto dell'uomo e del muso degli animali: serve per mangiare, emettere suoni.
📖 plurale: *bócche*.

bòccia *sostantivo femminile*
• palla di legno o di altro materiale usata in alcuni giochi.
📖 plurale: *bòcce*.

boccóne *sostantivo maschile*
• quantità di cibo che si mette in bocca in una sola volta.
→MODI DI DIRE: mandar giù un boccone amaro (dover accettare qualcosa di spiacevole senza potersi ribellare); con il boccone in gola (molto in fretta).

boomerang [pronuncia: *bùmerang*] *sostantivo maschile invariabile*
☞ parola inglese da una voce australiana.
• arma australiana costituita da un pezzo di legno ricurvo che si lancia e ritorna al lanciatore se non colpisce il bersaglio.

bórdo *sostantivo maschile*
1 orlo, margine; *esempio*: il *bordo* della strada.
2 ciascun fianco della nave.
3 spazio interno della nave o di altro mezzo di trasporto; *esempi*: a *bordo* di un aereo; a *bordo* di una nave.

bórsa (**1**) *sostantivo femminile*
☞ deriva da una parola latina che significa *pelle*.
• contenitore in pelle o altro materiale e di forma varia.

Bórsa (**2**) *sostantivo femminile*
☞ dal nome dei mercanti *van der Burse*
• istituto autorizzato ove si trattano affari commerciali; *esempio*: il babbo segue le quotazioni della *Borsa*.

boa

boa

☞ **BOA**
(serpente)

Metrodoro d'Atene, un naturalista greco del II secolo a.C., afferma che il nome *boa* sarebbe derivato dall'ingordigia di questo serpente per il latte bovino (dal greco *bous* = bue).

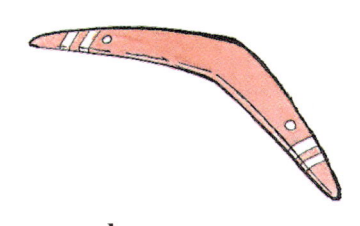

boomerang

bòsco

☞ BOTANICA

Deriva dalla parola greca *botáne* che vuol dire *erba*.
Teofrasto (300 a.C.) fu il primo che scrisse un trattato nel quale descrisse più di 500 piante e il loro uso terapeutico.

botte

boxe

braccio

bòsco *sostantivo maschile*
• vasto terreno coperto da alberi e cespugli; *esempio*: non accendere fuochi nei *boschi* e non danneggiare le piante.
📖 plurale: *bòschi*.

botànica *sostantivo femminile*
• scienza che studia i vegetali e i loro caratteri.

bótte *sostantivo femminile*
• grosso contenitore formato da strisce di legno unite da cerchi di ferro.
📖 plurale: *bótti*.

bottéga *sostantivo femminile*
1 locale di solito aperto sulla strada per esporre la merce.
2 laboratorio in cui l'artigiano esercita il suo mestiere.
📖 plurale: *bottéghe*.

bottìglia *sostantivo femminile*
• recipiente di vetro o di plastica per liquidi.

bottóne *sostantivo maschile*
• dischetto che serve ad allacciare due parti di un indumento.
→MODO DI DIRE: attaccare un bottone (intrattenere qualcuno con un discorso lungo e noioso).

bovìni *sostantivo maschile plurale*
• animali ruminanti di grossa taglia e muniti di corna; *esempio*: il bue, il toro, la mucca, il bisonte sono *bovini*.

boxe [pronuncia: *bòx*] *sostantivo femminile*
• pugilato.

bòzza *sostantivo femminile*
• schizzo, abbozzo, prima forma di un lavoro; *esempio*: ho letto la *bozza* del suo racconto.

bòzzolo *sostantivo maschile*
• involucro del baco da seta.

bracciàle *sostantivo maschile*
• ornamento che si porta al braccio.

bràccio *sostantivo maschile*
1 parte del corpo tra la spalla e la mano.
📖 in questo significato il plurale è femminile: *le bràccia*.
2 parte sporgente di un oggetto.
📖 il plurale è sempre maschile: *i bràcci* (della lampada,

della gru, dell'ancora, della bilancia, della croce, ecc.).

bràno *sostantivo maschile*
• parte di un'opera letteraria o musicale; *esempi*: un *brano* dell'Eneide; un *brano* di Rossini.

bràvo *aggettivo*
1 che esegue bene il suo lavoro.
◆**Sinonimi:** abile, capace. ◆**Contrari**: incapace, inetto.
2 che si comporta in modo saggio e onesto.

brève *aggettivo*
1 che dura poco; *esempio*: un *breve* temporale.
2 (senso estensivo) corto, stringato, conciso.

brevétto *sostantivo maschile*
1 riconoscimento ufficiale della paternità di un'invenzione e del diritto di sfruttarla.
2 documento che abilita qualcuno a svolgere un'attività; *esempio*: *brevetto* di pilota.

brìglia *sostantivo femminile*
• ognuna delle due redini per guidare il cavallo.
plurale: *brìglie*.

brillàre *verbo intransitivo*
☞ deriva da una parola latina che indica il *berillo*, un minerale verde brillante.
• risplendere, luccicare, splendere.
indicativo presente 1ª persona singolare: io *brìllo*.
Vuole l'ausiliare *avere*.

brìvido *sostantivo maschile*
• tremore causato da febbre, freddo, emozione.

bròcca *sostantivo femminile*
• recipiente per liquidi con manico e beccuccio.
plurale: *bròcche*.

brùco *sostantivo maschile*
• larva di insetto che si nutre di piante.
plurale: *brùchi*.

brùtto *aggettivo*
1 che provoca disgusto; *esempio*: hanno una *brutta* voce.
2 che è doloroso o dannoso; *esempio*: un *brutto* vizio.
3 che è spregevole; *esempio*: una *brutta* azione; è il lato più *brutto* del tuo carattere.

✎ BRAVO (sostantivo maschile)

Nell'Italia del Seicento indicava un bandito che si rifugiava presso qualche nobile e gli forniva i suoi servizi in cambio di protezione. Celebri i bravi di Don Rodrigo nei *Promessi sposi* di Alessandro Manzoni.

✎ BRIGLIA

La briglia più antica risale al 3.000 a.C. era un pezzo di corda con un cappio passato attorno alla mascella inferiore del cavallo. La briglia di tipo moderno con il morso articolato in ferro risale al 1.400 a.C.

brocca

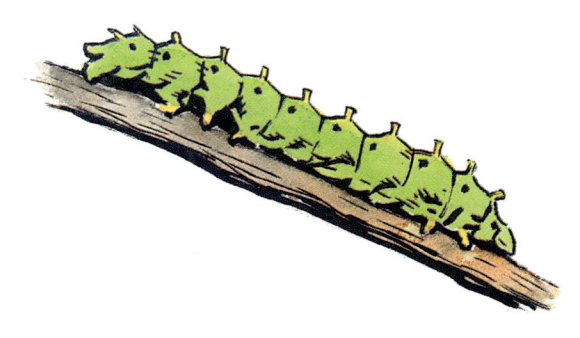

bruco

burattino

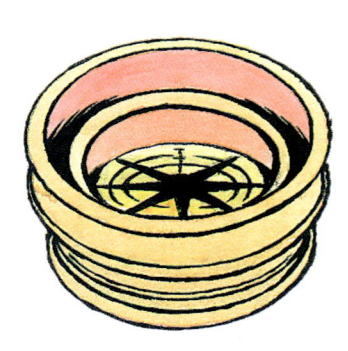

bussola

✎ BUSSOLA

I Cinesi, fin dal 1.000 a.C., conoscevano le proprietà della magnetite (minerale). In occidente però soltanto intorno al 1.100 d.C. vennero sfruttate le proprietà dell'ago calamitato. Si usava un vasetto di legno (bossolo) pieno d'acqua sulla quale galleggiava una cannuccia con un piccolo ago calamitato. La leggenda vuole che l'inventore sia stato l'amalfitano **Flavio Gioia** nel 1309.

---

bùffo *aggettivo*
☞ deriva da una parola latina che significa *rospo*.
• che fa ridere; che è strano o curioso.

bugìa *sostantivo femminile*
• affermazione falsa, detta per ingannare.
📖 plurale: *bugìe*.

bùio *aggettivo*
☞ deriva da una parola latina che significa *rosso cupo*.
• scuro, senza luce, privo di illuminazione.
📖 plurale: *bùi*.

buòno *aggettivo*
1 che si comporta in modo onesto e giusto.
2 che segue il bene; ☞*esempi*: *buona* azione; *buona* volontà.
📖 comparativo di maggioranza: *più buono* o *migliore*; superlativo: *buonissimo*, *ottimo*, *il più buono*.
Davanti a parole che iniziano con vocale o consonante si tronca in *buon*; il maschile non si apostrofa mai, il femminile *buona* si può apostrofare davanti a nomi che iniziano con vocale (*buon'amica* o *buona amica*).

burattìno *sostantivo maschile*
• fantoccio di legno o di stoffa, senza gambe, manovrato dal basso dalla mano del burattinaio.
☞ATTENZIONE: la **marionetta** è un fantoccio intero mosso dall'alto per mezzo di fili.

bùrro *sostantivo maschile*
• alimento che si ottiene dalla lavorazione delle sostanze grasse del latte; usato come condimento.

bus *sostantivo maschile invariabile*
• veicolo pubblico per il trasporto di persone.
📖 è l'accorciativo di *autobus*.

bussàre *verbo intransitivo*
• picchiare, battere (a una porta) per farsi aprire.
📖 indicativo presente 1ª persona singolare: io *bùsso*.

bùssola *sostantivo femminile*
☞ deriva da una parola greca che significa *scatola di bosso*.
• strumento con un ago magnetico mobile che indica sempre il nord; serve per l'orientamento.

bùsta *sostantivo femminile*
• involucro di carta per spedire lettere o documenti.

c C *sostantivo femminile o maschile invariabile*
• terza lettera dell'alfabeto italiano; consonante.
📖 ha suono dolce se precede le vocali *e* ed *i*, come nella parole *cena* e *cielo*, ha suono duro davanti alle altre vocali (*a, o, u*) come nelle parole *casa, colombo, culla*.

cabìna *sostantivo femminile*
1 piccola stanza di una nave.
2 abitacolo che può servire a svariati usi; *esempi*: *cabina telefonica; cabina elettorale; cabina dell'ascensore; cabina della funivia; cabina elettrica*.
📖 *gabina* è dialettale.

cacào *sostantivo maschile*
☞ deriva da una parola azteca (*cacahuatl*) che significa *grano di cacao*.
• pianta tropicale dai cui semi a mandorla si estrae una sostanza con cui si prepara la cioccolata.
📖 è solo singolare.

cactus *sostantivo maschile invariabile*
☞ è un termine latino.
• pianta tropicale con foglie spinose e fiori colorati.

cadére *verbo intransitivo*
1 andare giù; *esempi*: *cade* la neve; *caddi* nell'acqua.
2 staccarsi; *esempio*: i frutti maturi *cadono* a terra.
3 morire in battaglia; *esempio*: nel 1876 Custer *cadde* combattendo a Little Big Horn.
📖 indicativo presente 1ª persona singolare: io *càdo*; passato remoto: io *càddi*; futuro: io *cadrò*; congiuntivo presente: che io *càda*; condizionale presente: io *cadrèi*; participio passato: *cadùto*.
Vuole l'ausiliare *essere*.

C

C NEGLI ALTRI ALFABETI

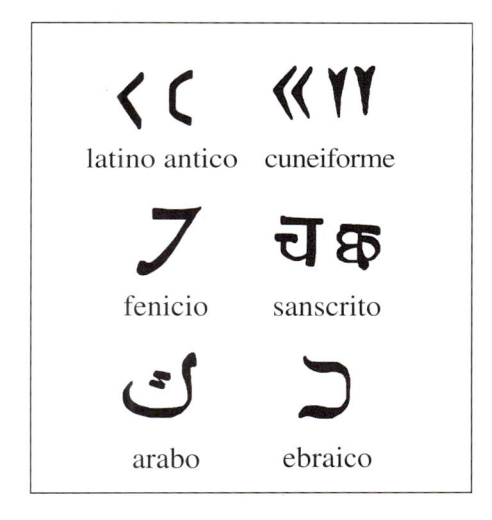

⟨⟨	⟪⟫
latino antico	cuneiforme
⌐	चक
fenicio	sanscrito
ك	⊃
arabo	ebraico

cactus

cabina telefonica

caffè

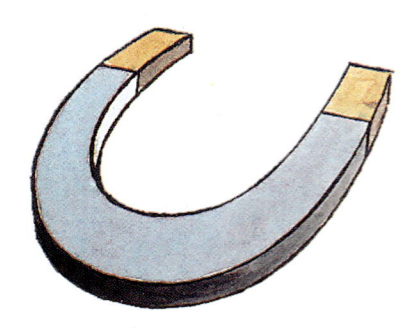

calamita

✎ **CALCIO**
(1° campionato italiano)

Il **Genoa** fu la prima squadra a vincere il campionato italiano di calcio nel **1898**.

✎ **CALCIO**
(albo d'oro dei mondiali)

1930	Uruguay
1934	Italia
1938	Italia
1950	Uruguay
1954	Germania
1958	Brasile
1962	Brasile
1966	Inghilterra
1970	Brasile
1974	Germania
1978	Argentina
1982	Italia
1986	Argentina
1990	Germania
1994	Brasile

caffè *sostantivo maschile invariabile*
☞ deriva da una parola di origine turca.
• pianta tropicale originaria dell'Etiopia; dai semi dei suoi frutti, tostati e macinati, si ottiene una bevanda aromatica.

calamàio *sostantivo maschile*
☞ deriva da una parola latina che significa *penna*.
• recipiente per l'inchiostro in cui intingere il pennino.
✎ si usava prima dell'invenzione della penna biro.
📖 plurale: *calamài*.

calamìta *sostantivo femminile invariabile*
• minerale che attira il ferro.
◆*Sinonimo*: magnete.

calàre *verbo transitivo / verbo intransitivo*
A *verbo transitivo*
• far scendere lentamente dall'alto; *esempio: hanno calato un secchio nel pozzo.*
B *verbo intransitivo*
1 scendere; *esempio: il sipario calò sulla scena.*
2 tramontare; *esempio: al calar della sera.*
3 diminuire di prezzo.
📖 indicativo presente 1ª persona singolare: io *càlo*.

càlcio (**1**) *sostantivo maschile*
1 colpo dato con il piede.
2 gioco del pallone a squadre.
✎ nel gioco del calcio si hanno vari tipi di calci dati al pallone: **calcio di inizio**, **calcio di rinvio**, **calcio d'angolo**, **calcio di punizione**, **calcio di rigore**.

càlcio (**2**) *sostantivo maschile*
• elemento chimico diffuso in natura come sale; indispensabile alla vita; *esempio: il simbolo del calcio è Ca.*

calcolàre *verbo transitivo*
1 stabilire con calcoli; *esempio: calcolare la velocità.*
2 (senso figurato) considerare, valutare; *esempio: non ho calcolato gli imprevisti.*
📖 indicativo presente 1ª persona singolare: io *càlcolo*.

càlcolo *sostantivo maschile*
☞ deriva da una parola latina che significa *sassolino*.
1 operazione, conto; *esempi: calcolo algebrico, calcolo infinitesimale, calcolo delle probabilità.*
2 (senso estensivo) previsione; *esempio: secondo i miei calcoli dovrebbe arrivare fra due ore.*

✎ nell'antica Roma i bambini imparavano a contare usando sassolini (*calculi*).

càldo *aggettivo / sostantivo maschile*
A *aggettivo*
1 che ha temperatura elevata, che trasmette calore; *esempi*: vento *caldo*; acqua *calda*.
2 (senso figurato) molto affettuoso, irruente.
B *sostantivo maschile*
• temperatura elevata.
→MODO DI DIRE: non fare né caldo né freddo (lasciare del tutto indifferente).

calendàrio *sostantivo maschile*
• libretto in cui l'anno è suddiviso in giorni, in settimane e in mesi.
✎ in origine indicava il libro di credito in cui si registravano gli interessi maturati al primo di ogni mese.

calligrafìa *sostantivo femminile*
☞ deriva da una parola greca che significa *bella scrittura*.
• tipo di scrittura.
ATTENZIONE: **calligrafia** vuol dire bella scrittura: non ha senso dire con bella calligrafia, né con brutta calligrafia, anche se ormai le due espressioni sono entrate nell'uso.

calóre *sostantivo maschile*
1 energia di un corpo data dal movimento delle sue molecole.
2 (senso figurato) vivacità; *esempio*: una *calda* amicizia.
◆**Contrario**: freddezza.

càlza *sostantivo femminile*
• indumento che copre il piede e parte della gamba.
📖 diminutivo: *calzino*.

calzóne *sostantivo maschile*
• indumento che riveste separatamente le gambe.
◆**Sinonimo**: pantaloni.
📖 si usa al plurale: *calzóni*.

camaleónte *sostantivo maschile*
☞ deriva da una parola greca che significa *leone che striscia a terra*.
• rettile dei Sauri simile alla lucertola che cambia il colore della pelle per mimetizzarsi.

cambiàre *verbo transitivo / verbo intransitivo*
A *verbo transitivo*

calendario

✎ **CALENDARIO**
(giuliano e gregoriano)

Nel 46 a.C. **Giulio Cesare** riformò il calendario romano aggiungendo tre mesi all'anno in corso, perché non coincideva più con l'anno solare. L'anno venne fissato in 365 giorni più un giorno ogni quattro anni.
Nel XVI secolo però il *calendario giuliano* era in ritardo di dieci giorni. Allora il papa **Gregorio XIII** soppresse 10 giorni dell'anno in corso (1582) e decise che da allora in poi gli anni di inizio secolo sarebbero stati bisestili solo se divisibili per 400; *esempio*: 1600, 2000.

camaleonte

càmera

CAMICIA
→MODI DI DIRE

Nascere con la camicia: essere molto fortunati.
Ridursi in maniche di camicia: perdere quasi tutto.
Perdere anche la camicia: perdere proprio tutto.
Sudare sette camicie: faticare molto per ottenere qualcosa.

cammello

campana

1 sostituire una cosa con un'altra.
2 trasformare; *esempio*: la Rivoluzione Industriale ha *cambiato* totalmente la qualità della vita.
B *verbo intransitivo*
• mutare; passare da una situazione a un'altra.
 indicativo presente 1ª persona singolare: io *càmbio*.

càmera *sostantivo femminile*
1 stanza, vano, locale.
2 assemblea; organismo collegiale; *esempi*: *Camera* dei deputati; *Camera* del lavoro, *Camera* di commercio.
 propriamente è camera solo quella da letto, le altre sono stanze. Il termine è anche usato per espressioni particolari come **musica da camera** (da eseguirsi con pochi strumenti) o in senso tecnico per indicare determinate funzioni (**camera di decompressione**, **camera di scoppio**).

camìcia *sostantivo femminile*
• indumento con colletto e maniche lunghe o corte, che riveste la parte superiore del corpo.
 plurale: *camìcie* o *camìce*, ma è preferibile il primo termine, per evitare confusione con *càmice*, sostantivo maschile (= veste bianca per dottori, infermieri, ecc.).

cammèllo *sostantivo maschile*
• mammifero ruminante con due gobbe sul dorso.
ATTENZIONE: il **dromedario** ha una sola gobba.

camminàre *verbo intransitivo*
1 andare, muoversi a piedi.
2 funzionare (di meccanismi); *esempio*: l'orologio a pendolo non *cammina* più.
 indicativo presente 1ª persona singolare: io *cammìno*. Vuole l'ausiliare *avere*.

campàgna *sostantivo femminile*
1 vasta superficie di terreno fuori dell'abitato.
2 insieme organizzato di operazioni militari; *esempi*: la *campagna* d'Italia; la *campagna* d'Egitto.
3 serie di operazioni unitarie dirette a uno scopo preciso; *esempi*: *campagna* pubblicitaria; *campagna* elettorale.

campàna *sostantivo femminile*
• strumento, in genere di bronzo, a forma di vaso capovolto che emette suoni squillanti.
 posta sui campanili della chiesa, la campana annuncia ai fedeli le varie funzioni religiose (suonare le campane a martello, a festa, a morto).

campanìle *sostantivo maschile*
• torre accanto alla chiesa che contiene le campane.

campióne *sostantivo maschile*
1 il vincitore di una gara.
2 piccola quantità di una merce per stabilirne le qualità; *esempi*: un *campione* di vino; un *campione* di stoffa.

càmpo *sostantivo maschile*
1 tratto di terreno coltivato.
2 ampio spazio per vari usi; *esempi*: *campo* da gioco; *campi* elisi; *campo* di concentramento; *campo* di profughi.

canàle *sostantivo maschile*
1 corso d'acqua, scavato artificialmente, per irrigazione, navigazione, scolo delle acque, ecc.
2 tratto di mare tra due rive; *esempi*: *canale* della Manica; *canale* di Otranto.
3 banda di frequenza di una stazione televisiva o radiofonica.

canarìno *sostantivo maschile*
• uccello canoro da appartamento, di colore giallo o verde.
✍ deve il suo nome alla zona di origine da cui proviene, le isole Canarie nell'Atlantico.

Càncro (1) *sostantivo maschile*
• quarto segno dello Zodiaco, dal 22 giugno al 22 luglio.

càncro (2) *sostantivo maschile*
• male incurabile, tumore.
◆**Sinonimo**: carcinoma.
✍ la malattia ha ramificazioni simili alle zampe di un granchio (in latino *cancer*).

candéla *sostantivo femminile*
☞ deriva da una parola latina che significa *essere bianco*.
• cilindro di cera con uno stoppino: si accende per fare luce.
→MODO DI DIRE: non valere la candela (non meritare alcuno spreco di energia).

càne *sostantivo maschile*
• mammifero carnivoro dei →Canidi, domestico, intelligente e fedele, con innumerevoli varietà e razze; *esempi*: *cane* da caccia, da compagnia, da pastore, da guardia, ecc.; un *cane* di razza setter, bassotto, levriero, fantasia, ecc.
📖 femminile singolare: *càgna*.
→MODO DI DIRE: cane sciolto (elemento politico che agisce senza legami di partito).

CAMPO
→MODI DI DIRE

Aver campo libero: poter fare quello che si vuole.
Prender campo: affermarsi
Cedere il campo: ritirarsi.
Mettere in campo: preparare.

canarino

Cancro (segno zodiacale)

✍ **CANIDI**

La famiglia dei Canidi comprende 37 specie.
Vi appartengono il Lupo, lo Sciacallo, il Coyote, il Dingo, la Volpe comune, la Volpe polare, il Fennec, l'Otocione.

cannone

CANNONE

L'invenzione del cannone che utilizza la polvere da sparo rimane anonima.
Viene citato l'assedio di Metz (1324) ma la sola data certa è quella del 1346 quando il re d'Inghilterra Edoardo III usò i cannoni a Crécy.

CAPIRE
→MODO DI DIRE

Non capire un'acca: non capire nulla.
In italiano, la lettera *acca* non ha una pronuncia a sé stante ed è per questo che viene detta anche consonante muta.

CAPO
→MODI DI DIRE

Da capo a piedi: si dice di qualcosa che va rifatto interamente.
Lavata di capo: rimprovero.
Il detto è collegato all'idea che lavando la testa sia possibile lavare anche il pensiero, il ragionamento, ecc.
Capitare tra capo e collo: si dice di un imprevisto che costringe a cambiare programma.
In capo al mondo: in un posto lontanissimo.

cannóne *sostantivo maschile*
1 grosso pezzo di artiglieria; *esempi*: *cannone* da campagna, *cannone* antiaereo, *cannone* controcarro.
2 (senso figurato) persona bravissima in qualche cosa; *esempio*: Marco è un *cannone* in geografia.

cantàre *verbo intransitivo / verbo transitivo*
A *verbo intransitivo*
• modulare la voce secondo un ritmo musicale.
 indicativo presente 1ª persona singolare: io *cànto*.
Vuole l'ausiliare *avere*.
B *verbo transitivo*
1 esprimere col canto.
2 narrare in versi; *esempio*: l'Iliade inizia con il verso: "*Cantami* o diva...".

càos *sostantivo maschile invariabile*
☞ deriva da una parola greca che significa *baratro*.
• grande disordine.
 nella mitologia sull'origine dell'universo il caos era la materia informe, prima che il mondo venisse ordinato.

capìre *verbo transitivo*
• comprendere, intendere, penetrare con la mente.
 indicativo presente: io *capìsco*, tu *capìsci*, egli *capìsce*, noi *capiàmo*, voi *capìte*, essi *capìscono*.
La forma impersonale *si capisce*, acquista il significato di *naturalmente*, *ovviamente*.

capitàle *sostantivo maschile / sostantivo femminile / aggettivo*
A *sostantivo maschile*
• somma di denaro; *esempio*: ho un grosso *capitale*.
B *sostantivo femminile*
• città principale di una nazione.
C *aggettivo*
1 di grande importanza; *esempio*: una questione *capitale*.
2 mortale; *esempio*: condanna *capitale*.

càpo *sostantivo maschile*
1 testa; *esempio*: a *capo* chino.
2 chi comanda; *esempio*: Carla è il *capo* del reparto.
 plurale maschile: *càpi*. Non c'è il femminile. **Capo-**, preposto a un sostantivo, forma numerosi composti: la regola generale per il plurale è che se prevale il secondo termine, il plurale si forma come per un nome semplice (*capolavori*), se i due nomi si mantengono distinti, diventa plurale il primo se il secondo è nome di cosa o collettivo (*capifamiglia*), diventano plurali tutti e due o solo il secondo se questo è un nome

di persona (*capireparti* o *caporeparti*); il plurale femminile è invariabile (*le capofamiglia*, *le caporeparti* o *le caporeparto*). L'uso di *capo* posposto a un sostantivo (*ingegnere capo*) è un francesismo, da evitare.

cappèllo *sostantivo maschile*
• copricapo di varie forme e materiali; *esempi*: *cappello* di paglia, *cappello* a tuba, *cappello* a cilindro.

cappòtto *sostantivo maschile*
• indumento molto pesante che si indossa sopra gli abiti.

càpra *sostantivo femminile*
• mammifero ruminante domestico con corna e barbetta.

capricòrno *sostantivo maschile*
1 mammifero ruminante degli Artiodattili simile alla capra; vive nell'Asia sudorientale.
2 decimo segno dello Zodiaco, dal 22 dicembre al 20 gennaio.

caramèlla *sostantivo femminile*
• pasticca dolce di zucchero e aromi.

caràttere *sostantivo maschile*
☞ deriva da una parola greca che significa *impronta*.
1 modo di fare e di essere di una persona.
◆*Sinonimi*: indole, temperamento, personalità.
2 qualità tipica di un genere; *esempi*: i *caratteri* dei romanzi storici; i *caratteri* delle piante.
3 lettera dell'alfabeto; *esempi*: *carattere* corsivo; *carattere* maiuscolo; *carattere* cirillico, *caratteri* ebraici.

caravèlla *sostantivo femminile*
• nave a vela, snella e veloce, usata nel XV e XVI secolo.

carburànte *sostantivo maschile*
• combustibile per i motori a scoppio.

càrcere *sostantivo maschile*
• luogo in cui i colpevoli scontano la pena.
◆*Sinonimi*: prigione, gattabuia (scherzoso).
📖 al plurale diventa femminile: *le càrceri*.

carciòfo *sostantivo maschile*
• pianta delle Composite con capolini e foglie commestibili.

carestìa *sostantivo femminile*
• periodo in cui mancano i viveri a una intera popolazione.

cappotto

capra

caravella

caricàre

Carnivori

✍ CARNIVORI (sostantivo)

L'ordine dei Carnivori comprende 10 famiglie suddivise in 101 generi, che comprendono circa 250 specie.
FELIDI: leone, tigre, gatto, lince, leopardo, puma, ghepardo
CANIDI: lupo, volpe, sciacallo
URSIDI: orso
IENIDI: iena
PROCIONIDI: procione, panda
VIVERRIDI: mangusta, genetta
MUSTELIDI: tasso, ermellino, martora, faina, donnola, puzzola
FOCIDI: foca, elefante marino
OTARIE: leone marino
ODOBENIDI: tricheco

carrozza

caricàre *verbo transitivo*
1 porre qualcosa su un mezzo di trasporto.
2 predisporre un'arma da fuoco a sparare inserendovi i proiettili.
3 mettere in funzione un meccanismo; *esempio*: *caricare l'orologio*.
4 assalire il nemico; *esempio*: *la carica della cavalleria*.
📖 indicativo presente 1ª persona singolare: io *càrico*.

carlìnga *sostantivo femminile*
• parte dell'aereo che contiene il motore o l'equipaggio.
•**Sinonimo**: fusoliera.

carnìvoro *aggettivo*
• che si nutre di carne; *esempio*: *il gatto, la tigre, il leone, il cane, la iena sono animali* →*carnivori*.

càro *aggettivo*
1 molto amato; *esempio*: *sei un caro amico*.
2 di prezzo elevato, costoso; *esempio*: *è un oggetto troppo caro per le mie tasche*.

carrièra *sostantivo femminile*
• (senso figurato) professione.
☞ATTENZIONE: il senso primario del termine è *la più veloce andatura del cavallo*.

càrro *sostantivo maschile*
• veicolo munito di ruote per il trasporto di merci.
→MODO DI DIRE: essere l'ultima ruota del carro (di persona che non ha alcuna importanza).

carròzza *sostantivo femminile*
1 veicolo a traino animale per il trasporto di persone.
2 vagone ferroviario; *esempio*: *carrozza ristorante*.

càrta *sostantivo femminile*
• materiale ottenuto dalla lavorazione di fibre vegetali contenenti cellulosa e ridotto in fogli sottili; *esempio*: vi sono vari tipi di *carta*: velina, pesta, carbone, filigranata.

cartolìna *sostantivo femminile*
• cartoncino illustrato da spedire per posta.

càsa *sostantivo femminile*
• edificio in cui si abita; dimora, abitazione.
✍ la parola latina *casa* indicava una semplice capanna; per l'abitazione si usava *domus* che è rimasto nell'italiano

duomo per indicare la *casa del Signore*.

càsco *sostantivo maschile*
• copricapo di vari materiali che si usa per proteggere la testa; *esempio*: se viaggi in moto devi indossare il *casco*.
📖 plurale: *càschi*.

càso *sostantivo maschile*
☞ deriva da una parola latina che significa *caduta*.
1 avvenimento imprevisto; *esempio*: incontrarsi per *caso*.
2 vicenda, fatto; *esempio*: il tuo è un *caso* difficile.

càssa *sostantivo femminile*
1 recipiente di legno o altro materiale.
2 sportello o banco dove si effettuano i pagamenti.
3 nome di alcune cavità destinate a usi particolari; *esempi*: *cassa* toracica; *cassa* dell'orologio; *cassa* di risonanza.

cassafòrte *sostantivo femminile*
• mobile metallico con serrature di sicurezza per la custodia di denaro e oggetti preziosi.
📖 plurale: *cassefòrti*.

castèllo *sostantivo maschile*
• costruzione fortificata con mura, torri, fossati.

castòro *sostantivo maschile*
• mammifero roditore con zampe posteriori palmate.

caténa *sostantivo femminile*
1 serie di anelli inseriti l'uno nell'altro.
2 successione ordinata di cose o persone; *esempi*: *catena* di monti; *catena* di alberghi; *catena* di soccorso.

cattìvo *aggettivo*
1 malvagio, disonesto; *esempio*: un *cattivo* individuo.
2 sgradito; *esempio*: una *cattiva* notizia.
◆ *Contrario*: buono.
📖 comparativo di maggioranza: *più cattivo* o *peggiore*; superlativo: *cattivissimo* o *pessimo*.

cattòlico *aggettivo*
• universale; *esempio*: Chiesa *cattolica* romana.
✎ il termine è passato a indicare la Chiesa romana perché aperta a tutti gli uomini, universale.

cavàllo *sostantivo maschile*
☞ deriva dal latino popolare *caballus* (cavallo da lavoro).

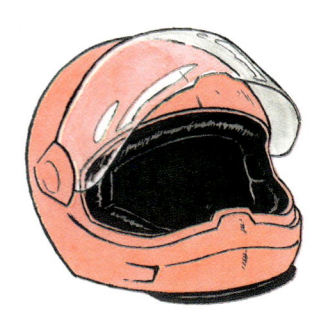

casco

castoro

✎ CAVALLO
(colore)

Secondo il colore del mantello:
baio (fulvo); **bianco**; **grigio** (bianco e nero); **isabella** (avana); **pezzato** (nero o marrone con chiazze bianche); **morello** (nero); **sauro** (fulvo); **pomellato** (nero o marrone o grigio con piccole macchie bianche); **roano** (bianco, nero e fulvo); **ubero** (bianco e fulvo).

CAVALLO
→ MODI DI DIRE

Essere a cavallo: uscire da una situazione critica.
Cavallo di Frisia: ostacolo (specie di cavalletto con filo spinato usato per la prima volta in Frisia dagli Spagnoli, verso la fine del 1500).

càvo

• mammifero erbivoro domestico degli Equini, con folta criniera sul collo, lunga coda e zoccolo nel piede.

càvo (**1**) *aggettivo / sostantivo maschile*
A *aggettivo*
• scavato all'interno, concavo; *esempio*: un tronco *cavo*.
B *sostantivo maschile*
• parte concava di qualcosa; *esempio*: il *cavo* della mano.

càvo (**2**) *sostantivo maschile*
1 corda robusta e resistente.
2 conduttore di energia elettrica, telefonico, ecc.

cèdere *verbo intransitivo / verbo transitivo*
A *verbo intransitivo*
1 arrendersi, ritirarsi; *esempio*: *cedette* al primo assalto.
2 sprofondare, non reggere a un urto (detto di pilastri, ecc.).
B *verbo transitivo*
• lasciare a disposizione di qualcuno; *esempi*: *cedere* il posto; *cedere* il passo.
indicativo presente 1ª persona singolare: io *cèdo*; passato remoto: io *cedéi* o *cedètti*; participio passato: *cedùto*.
Vuole l'ausiliare *avere*.

cèllula *sostantivo femminile*
• elemento fondamentale di ogni organismo vivente, è costituita da una membrana esterna e da un protoplasma (piccola massa di sostanza vivente) che contiene il citoplasma e il nucleo.

cellulàre *sostantivo maschile*
1 furgone per il trasporto dei detenuti.
2 radiotelefono portatile (familiarmente **telefonino**).

centràle *aggettivo / sostantivo femminile*
A *aggettivo*
1 che è al centro, in mezzo.
2 importante, principale; *esempio*: il tema *centrale* del romanzo è l'amicizia.
B *sostantivo femminile*
• centro di raccolta di quanto serve a determinati servizi; *esempi*: *centrale* del latte; *centrale* elettrica.

centràre *verbo transitivo*
1 colpire un bersaglio nel centro.
2 fissare nel centro; *esempio*: *centrare* l'asse della ruota.
indicativo presente 1ª persona singolare: io *cèntro*.
Vuole l'ausiliare *avere*.

cavallo

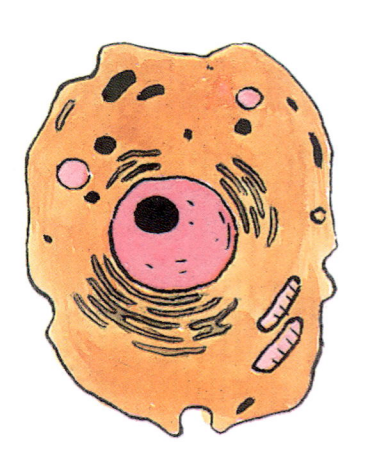

cellula

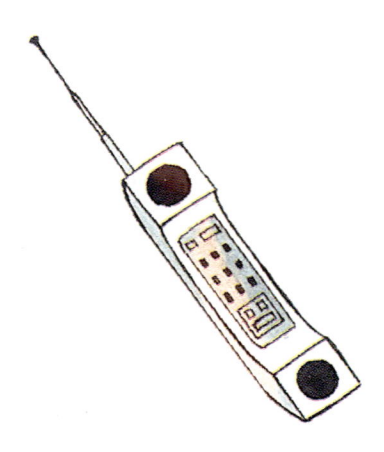

cellulare (telefonino)

cèntro *sostantivo maschile*
1 punto che sta nel mezzo; *esempio*: il *centro* della città.
2 zona che si distingue per qualche attività; *esempi*: *centro* industriale; *centro* turistico; *centro* sportivo.
3 istituto pubblico per determinati servizi; *esempi*: *centro* di solidarietà; *centro* di rieducazione; *centro* di raccolta.

céra *sostantivo femminile*
• sostanza prodotta dalle api.

cercàre *verbo transitivo / verbo intransitivo*
A *verbo transitivo*
• agire per trovare qualcosa; *esempio*: *cerco* un lavoro.
B *verbo intransitivo*
• sforzarsi, adoperarsi; *esempio*: *cerca* di suonare meglio.
📖 indicativo presente 1ª persona singolare: io *cérco*.

cervèllo *sostantivo maschile*
1 organo centrale del sistema nervoso.
2 (senso figurato) intelligenza, ragione.
3 (senso figurato) persona che comanda e dirige, mente direttiva; *esempi*: Luca è il *cervello* dell'organizzazione; Giovanna è il *cervello* dell'azienda.
📖 plurale maschile: i *cervèlli*. Il plurale femminile *le cervèlla*, si usa in alcune locuzioni come *farsi saltare le cervella* per dire spararsi un colpo di arma da fuoco.

Cetàcei *sostantivo maschile plurale*
☞ deriva da una parola greca che significa *mostro marino*.
• ordine di mammiferi marini, con aspetto di pesci ma che respirano con i polmoni; *esempio*: la balena, il capodoglio, il delfino, l'orca sono *Cetacei*.

che (1) *pronome relativo invariabile / pronome interrogativo singolare*
A *pronome relativo invariabile*
• il quale, la quale, i quali, le quali.
📖 si usa soltanto come soggetto o come complemento oggetto; negli altri casi si usano altri pronomi relativi (il quale, ecc.); con valore neutro significa *la qual cosa*; da evitarsi l'uso, benché diffuso, di far precedere il pronome dall'articolo: ad esempio è errato dire *ti ho rattristato, del che ti chiedo scusa*, ma è corretto dire *e te ne chiedo scusa*.
B *pronome interrogativo singolare*
• quale cosa, cosa (linguaggio familiare).
📖 si usa nelle interrogative dirette e indirette.
⚠ è errato l'uso di *che* con un aggettivo qualificativo: non si dice *che strano*, ma *com'è strano*.

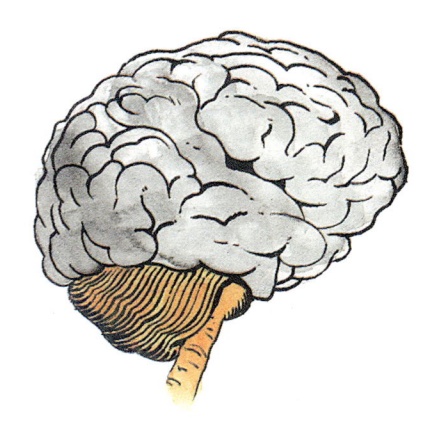

cervello

CERVELLO
→MODI DI DIRE

Uscire di cervello: impazzire.
Avere cervello quanto una formica: essere poco intelligenti.
Cervello di gallina: mancanza di intelligenza.
Farsi saltare le cervella: suicidarsi sparandosi alla testa.

Cetacei

chiave

chiave inglese

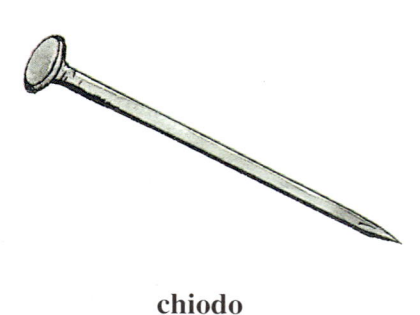

chiodo

CHIODO
→MODI DI DIRE

Appendere al chiodo: quando è venuto il tempo di abbandonare.
Il detto risale all'usanza degli antichi gladiatori di appendere, una volta liberati, le loro armi alle porte del tempio del dio Ercole.
Non batter chiodo: non riuscire, mancare un risultato.
Roba da chiodi: (esclamazione) indica cosa di nessun valore o anche cosa incredibile.
Chiodo fisso: fissazione, mania.
Chiodo scaccia chiodo: un pensiero ne scaccia un altro.

che (**2**) *congiunzione*
• si usa per introdurre le proposizioni subordinate; *esempi*: è chiaro *che* tutti ti temono (valore dichiarativo); ordinò *che* tutti stessero zitti (introduce un comando).

ché (**3**) *congiunzione*
• aferesi di perché.

chi *pronome relativo / pronome interrogativo / pronome indefinito*
A *pronome relativo*
• colui che; qualcuno; *esempi*: *chi* vuole partecipare alzi la mano (colui che); c'è *chi* ritiene che non sia un quadro autentico (qualcuno).
B *pronome interrogativo*
• quale, quali persone; *esempio*: a *chi* lo dici!
 come pronome interrogativo ha anche valore plurale.
C *pronome indefinito*
• chi... chi.
 è solo singolare e si usa sempre ripetuto (c'è *chi* mi dice una cosa e *chi* un'altra).

chiamàre *verbo transitivo*
1 rivolgersi a qualcuno affinché venga o risponda; *esempio*: ti *ho chiamato* per telefono.
2 denominare; *esempio*: lo *chiameremo* Carlo.
 indicativo presente 1ª persona singolare: io *chiàmo*.

chiàve *sostantivo femminile*
1 strumento di metallo per aprire o chiudere serrature.
2 (senso figurato) soluzione; *esempio*: la *chiave* del rebus.
3 attrezzo meccanico per bulloni; *esempio*: *chiave* inglese.
→MODI DI DIRE: chiavi in mano (si dice di servizi che arrivano sino al prodotto finito); tenere sotto chiave (custodire accuratamente).

chièdere *verbo transitivo*
• domandare per ottenere qualcosa; *esempio*: se ho sbagliato, ti *chiedo* scusa.
 indicativo presente 1ª persona singolare: io *chièdo*.
In generale, si **domanda** per sapere e si **chiede** per ottenere.

chìmica *sostantivo femminile*
• scienza delle proprietà e trasformazioni delle sostanze.

chiòdo *sostantivo maschile*
• asticella di acciaio, appuntita da una parte e con una capocchia dall'altra; serve per unire pezzi staccati.

chiùdere *verbo transitivo*
1 serrare con una serratura; *esempio*: *chiudi* a chiave.
2 ostruire il passaggio; tappare una apertura.
3 bloccare un flusso; *esempio*: *chiudi* il gas.
4 rinchiudere, imprigionare in luogo sicuro.
◆**Contrario**: aprire.
📖 indicativo presente 1ª persona singolare: io *chiùdo*; passato remoto: io *chiùsi*; participio passato: *chiùso*.

cièlo *sostantivo maschile*
• spazio che avvolge la terra e in cui splendono le stelle.

cìgno *sostantivo maschile*
• uccello acquatico degli Anseriformi, con piume bianche e collo lungo e flessuoso.

ciliègia *sostantivo femminile*
• il frutto rosso e carnoso dell'albero del ciliegio.
📖 plurale: *ciliègie* o *ciliège*.

cìnema *sostantivo maschile invariabile*
☞ deriva da una parola greca che significa *registrazione del movimento*.
1 tutti i servizi necessari per la preparazione di un film.
2 sala dove si proiettano i film.
📖 è la forma accorciata di cinematografo.

cinghiàle *sostantivo maschile*
• mammifero selvatico degli Artiodattili simile al maiale, ma con pelo ruvido e i denti canini che spuntano dalla bocca.

cioccolàto *sostantivo maschile*
• dolce a base di cacao e zucchero.
✎ATTENZIONE: *la cioccolata* è invece la bevanda preparata con cacao bollito nel latte.

circondàre *verbo transitivo*
• accerchiare, chiudere tutto attorno.
📖 indicativo presente 1ª persona singolare: io *circóndo*.

circonferènza *sostantivo femminile*
• linea curva i cui punti sono equidistanti dal centro; definisce un cerchio.

circumnavigazióne *sostantivo femminile*
• viaggio per mare, soprattutto di esplorazione, attorno a un'isola, o attorno al mondo.
◆**Sinonimo**: periplo.

CIELO
→MODI DI DIRE

Al settimo cielo: al massimo della felicità.
Piovere dal cielo: detto di avvenimento o persona che giunge inaspettatamente al momento giusto per risolvere un determinato problema.

ciliegia

cinghiale

**CINEMA
(22 marzo 1895)**

Il cinematografo fu realizzato a tappe a partire dal 1827 quando l'inglese Paris inventò il *taumatropio* (disco di cartone con due immagini diverse). Ma il cinematografo simile a quello che noi conosciamo nacque nel 1895 quando i fratelli **Lumière** riuscirono a perfezionare le invenzioni di tutti i loro predecessori.

città

civetta

✍ **CLASSIFICAZIONE DEL REGNO ANIMALE**

PROTOZOI — METAZOI

METAZOI: INVERTEBRATI, CORDATI

CORDATI: TUNICATI, VERTEBRATI

VERTEBRATI: PESCI, ANFIBI, RETTILI, UCCELLI, MAMMIFERI

✍ **ESEMPIO DI CLASSIFICAZIONE DEL REGNO ANIMALE**

TIPO: Cordati
SOTTOTIPO: Vertebrati
CLASSE: Mammiferi
ORDINE: Carnivori
FAMIGLIA: Mustelidi
GENERE: *Martes*
SPECIE: Faina (*Martes foina*)

città *sostantivo femminile*
• grosso centro abitato ed economicamente importante; *esempio*: gli abitanti della *città* di Treviso si chiamano trevigiani o trevisani.

cittadìno *sostantivo maschile / aggettivo*
A *sostantivo maschile*
• abitante di una città o di una nazione; *esempi*: *cittadini* veneziani; *cittadino* italiano.
B *aggettivo*
• della città; *esempio*: le mura *cittadine*.

civétta *sostantivo femminile*
• uccello notturno rapace degli Strigiformi, con occhi gialli.
✎ molte le locuzioni con questo termine: **occhi di civetta** (grandi e tondi); **naso a civetta** (ricurvo e a punta); **nave civetta** (nave da guerra camuffata da nave mercantile).

civìle *aggettivo / sostantivo maschile*
A *aggettivo*
1 che riguarda il cittadino in quanto membro di una nazione; *esempi*: le libertà *civili*; i diritti *civili*.
2 che riguarda il privato cittadino.
📖 in questo senso si contrappone a religioso, ecclesiastico, militare (*matrimonio civile*, *abiti civili*).
3 che ha raggiunto un certo grado di sviluppo culturale.
📖 in questo senso si contrappone a selvaggio, barbaro.
B *sostantivo maschile*
• privato cittadino; *esempio*: molti *civili* aiutarono i vigili del fuoco a domare le fiamme.

civiltà *sostantivo femminile*
1 progresso sia materiale sia culturale di un popolo.
2 l'insieme degli aspetti della vita culturale e materiale di un popolo; *esempio*: la *civiltà* classica greco-romana.
3 gentilezza, educazione.

clàsse *sostantivo femminile*
1 insieme sistematico di animali o vegetali o minerali; *esempi*: *classe* dei Mammiferi; *classe* delle Felci.
2 gruppo di persone di condizione sociale simile.
3 categoria dei posti in aereo, treno, ecc. a seconda dei prezzi.
4 stile, qualità; *esempio*: è un pugile di *classe*.

classificazióne *sostantivo femminile*
1 suddivisione in classi secondo caratteri comuni; *esempio*: la *classificazione* degli animali.
2 valutazione mediante voti o giudizi.

clessìdra *sostantivo femminile*
☞ deriva da una parola greca che significa *che ruba l'acqua*.
• orologio a sabbia o ad acqua.

clìma *sostantivo maschile*
• l'insieme delle condizioni atmosferiche di una determinata zona; *esempi*: *clima* marittimo, *clima* continentale.
 plurale: *clìmi*.

còcliere *verbo transitivo*
1 staccare da una pianta o dal terreno.
2 prendere, afferrare; *esempio*: *ho colto* l'occasione.
3 (senso figurato) capire, intendere, comprendere.
 è un verbo irregolare: indicativo presente io *còlgo*, tu *cògli*, egli *còglie*, noi *cogliàmo*, voi *cogliéte*, essi *còlgono*; imperfetto: io *cogliévo*; passato remoto: io *còlsi*, tu *cogliésti*, egli *còlse*, noi *cogliémmo*, voi *cogliéste*, essi *còlsero*; futuro: io *coglierò*; congiuntivo presente: che io *còlga*, che tu *còlga*, che egli *còlga*, che noi *cogliàmo*, che voi *cogliàte*, che essi *còlgano*; congiuntivo imperfetto: che io *cogliéssi*; condizionale presente: io *coglieréi*; imperativo: *cògli* tu, *còlga* egli, *cogliàmo* noi, *cogliéte* voi, *còlgano* essi.
Vuole l'ausiliare *avere*.

collegàre *verbo transitivo*
• unire; *esempio*: la nuova strada *collegherà* i due paesi.
 indicativo presente 1ª persona singolare: io *collégo*.

colónna *sostantivo femminile*
1 elemento architettonico verticale di sostegno, costituito da un fusto e da un capitello; *esempio*: le *colonne* del portico.
2 serie di elementi disposti l'uno sull'altro; *esempi*: una *colonna* di libri; la *colonna* vertebrale si suddivide in cervicale, dorsale, lombare, sacrale, coccigea.
3 nei giornali o nei libri divisione verticale della pagina.
4 (senso figurato) sostegno morale; *esempio*: quel ragazzo è la *colonna* della famiglia.

coloràre *verbo transitivo*
• dare colore, tingere.
◆ **Sinonimo**: dipingere.
 indicativo presente 1ª persona singolare: io *colóro*.

coltivàre *verbo transitivo*
1 lavorare la terra e le piante per ottenerne frutti.
2 prestare impegno in una attività o studio; *esempio*: *coltivare* con passione l'astronomia.
 indicativo presente 1ª persona singolare: io *coltìvo*.

CLASSIFICAZIONE DEL REGNO VEGETALE

1 **Schizofite** (batteri, cianoficee)
2 **Tallofite** (alghe, funghi, licheni)
3 **Briofite** (muschi, epatiche)
4 **Pteridofite** (felci)
5 **Spermatofite**
   • **gimnosperme** (conifere)
   • **angiosperme** (dicotiledoni, monocotiledoni)

clessidra

colonna

comandàre

COMANDARE
→DETTO CELEBRE

Non credo al proverbio che, per saper comandare, bisogna saper obbedire.

Napoleone

COMPUTER

Il primo calcolatore elettronico della storia entrò in funzione nel febbraio 1946. Si chiamava **ENIAC** (Electronic Numerical Integrator And Calculator) ed era stato progettato dagli americani **J. Presper Eckert** e **John W. Mauchly**. Impiegava 18.000 tubi elettronici, pesava oltre 30 t e occupava una superficie di 180 m². Ma quello che è riconosciuto come il vero prototipo dei moderni elaboratori elettronici fu progettato dall'americano **John von Neumann** sempre nel 1946. Si chiamava **EDVAC** (Electronic Discrete Variable Automatic Computer) ed era in grado di memorizzare non solo i dati su cui lavorare ma anche le istruzioni per il proprio funzionamento.

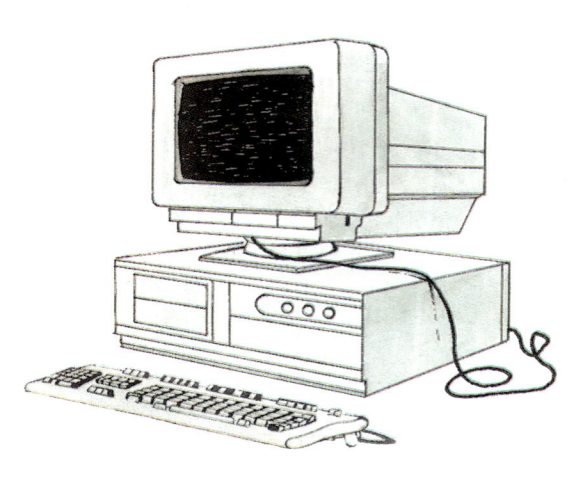

computer

---

comandàre *verbo transitivo*
• chiedere con autorità, imporre, dirigere.
📖 indicativo presente 1ª persona singolare: io *comàndo*.
La cosa ordinata è introdotta dalla congiunzione *che* seguita dal *congiuntivo* (comandò che uscissimo) o dalla preposizione *di* seguita dall'*infinito* (comandò di uscire).

cóme *avverbio / congiunzione*
A *avverbio*
• nel modo che; *esempio*: non fare *come* me.
☛ nelle comparazioni dove il secondo termine è un pronome personale (io, tu, egli, ecc.) questo va sempre nel caso oggettivo: è **grave errore** dire *come io*, ma si dice *come me, come te*.
B *congiunzione*
1 in quel modo (con valore comparativo); *esempio*: farò *come* dici tu.
2 non appena che (con valore temporale); *esempio*: *come* avrò finito il compito, ti telefonerò.

compàgno *sostantivo maschile*
• chi fa qualcosa insieme ad altri; *esempi*: *compagno* di gioco; *compagno* di viaggio; *compagno* di scuola.
📖 femminile singolare: *compàgna*.

cómpito *sostantivo maschile*
1 incarico, dovere; *esempio*: hai il *compito* di resistere.
2 esercizi scolastici soprattutto scritti.

compleànno *sostantivo maschile*
• giorno in cui si compiono gli anni.

compórre *verbo transitivo*
1 mettere insieme più parti per creare un pezzo unico.
2 realizzare, formare; *esempio*: Ilaria *compone* poesie.
📖 indicativo presente 1ª persona singolare: io *compóngo*.
Si coniuga come *pórre*.

compràre *verbo transitivo*
• acquistare qualcosa pagandone il prezzo.
📖 indicativo presente 1ª persona singolare: io *cómpro*.
Esiste anche la forma *comperàre* (io *cómpero*).

computer [pronuncia: *compiùter*] *sostantivo maschile invariabile*
☞ è una parola inglese che significa *calcolatore*; deriva però da una parola latina che significa *contare*.
• elaboratore elettronico.

concètto *sostantivo maschile*
1 idea, pensiero che la mente intende, forma o comprende; *esempio*: il *concetto* di libertà.
2 giudizio, opinione; *esempio*: ho un buon *concetto* di lui.

conchìglia *sostantivo femminile*
• guscio protettivo di alcuni molluschi; *esempio*: la chiocciola ha una *conchiglia* elicoidale.

conclusióne *sostantivo femminile*
• fine, compimento, esito, termine.

condótta *sostantivo femminile*
1 comportamento; *esempio*: la sua *condotta* non è corretta.
2 insieme di tubi per il flusso delle acque.

condùrre *verbo transitivo / verbo intransitivo*
A *verbo transitivo*
1 accompagnare qualcuno guidandolo.
2 far passare (detto di liquidi o di gas).
B *verbo intransitivo*
• portare (detto di vie); *esempio*: il sentiero *conduce* al lago.
📖 indicativo presente 1ª persona singolare: io *condùco*.

conìglio *sostantivo maschile*
• mammifero roditore domestico con lunghe orecchie.

conóscere *verbo transitivo*
1 apprendere; *esempio*: *conosci* la geometria?
2 avere esperienza; *esempio*: *conosco* bene la città.
📖 indicativo presente 1ª persona singolare: io *conósco*.

conquìsta *sostantivo femminile*
1 occupazione di una zona in seguito a un'azione militare.
2 progresso, scoperta; *esempio*: le *conquiste* della tecnica.

consigliàre *verbo transitivo*
• suggerire qualcosa a una persona per il suo bene.
📖 indicativo presente 1ª persona singolare: io *consìglio*.

contàre *verbo transitivo*
1 numerare, dire i numeri in serie progressiva; fare il conto, calcolare; *esempi*: *conta* fino a dieci; imparare a *contare*.
2 avere importanza; *esempio*: non *contano* nulla!
📖 indicativo presente 1ª persona singolare: io *cónto*.

continènte *sostantivo maschile*
☞ deriva da una parola latina che significa *terra continua*,

coniglio

CONIGLIO
→MODO DI DIRE

Essere un coniglio: mancare di coraggio, aver paura di tutto.

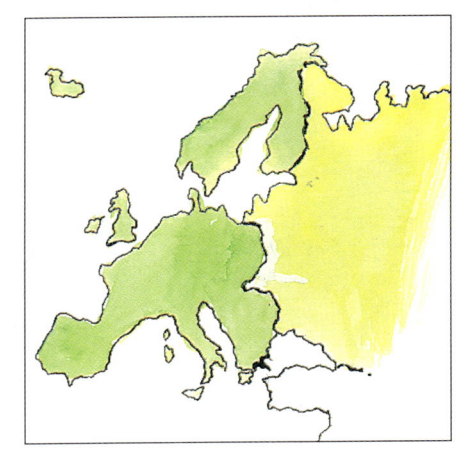

continente (Europa)

🗺 SUPERFICIE DEI CONTINENTI

EUROPA	10.396.745 km²
ASIA	44.957.457 km²
AFRICA	30.312.506 km²
AMERICA	
NORD	24.216.135 km²
SUD	17.842.757 km²
OCEANIA	8.939.562 km²
ANTARTIDE	13.176.727 km²

contràrio

> 📖 **CONTRARI**
>
> Si chiamano contrari due termini che hanno significato opposto tra loro.
>
> bello-brutto
> buono-cattivo
> utile-inutile
> caldo-freddo

TIPI DI CORNA

cornice

non interrotta dal mare.
• vasta estensione di terre emerse; 📖*esempio*: la deriva dei *continenti* è l'ipotesi di Wegener (1912) secondo la quale i *continenti* si sarebbero formati dalla frantumazione di un unico primitivo *continente* chiamato Pangea.

contràrio *aggettivo / sostantivo maschile*
A *aggettivo*
• opposto, antitetico; 📖*esempio*: ho opinioni *contrarie* alle tue.
B *sostantivo maschile*
• la cosa opposta; 📖*esempio*: Sandro fa sempre l'esatto *contrario* di quello che dice.

controllàre *verbo transitivo*
1 esaminare con cura; 📖*esempio*: *controllare* una firma.
2 sorvegliare, vigilare (anche in senso figurato); 📖*esempio*: *controlla* le tue parole!
📖 indicativo presente 1ª persona singolare: io *contròllo*.

còppia *sostantivo femminile*
• gruppo di due persone, animali o cose.
📖 **paio** è un sinonimo di coppia, ma nell'uso c'è una differenza: i due elementi della **coppia** possono essere diversi e unirsi per uno scopo comune (*coppia di cavalli, coppia di giocatori*); quelli del *paio* sono uguali e uniti per natura o per identico uso (*paio di guanti*).

cornìce *sostantivo femminile*
• telaio in legno o metallo per quadri, specchi, ecc.

còrno *sostantivo maschile*
1 ognuna delle due sporgenze ossee sulla testa di alcuni animali.
2 segno di scongiuro fatto con le dita (plurale femminile).
📖 ha due plurali: **le còrna** (femminile) se si riferisce a quelle degli animali o se ha valore collettivo; **i corni** (maschile) negli altri casi (*i corni del dilemma, del monte*).

coróna *sostantivo femminile*
1 ornamento del capo costituito generalmente di fiori o fronde; 📖*esempi*: *corona* di alloro; *corona* di spine.
2 cerchio di metallo prezioso, simbolo di potere; 📖*esempio*: la *corona* ferrea era il simbolo degli antichi re d'Italia.

cornucòpia *sostantivo femminile*
• vaso a forma di corno, coperto di fiori, pieno di frutta, simbolo dell'abbondanza.

còrpo *sostantivo maschile*
1 parte fisica degli organismi viventi.
2 materia che occupa uno spazio; *esempio*: le stelle e i pianeti sono *corpi* celesti.
3 insieme di persone che costituiscono un gruppo; *esempio*: il *corpo* insegnante; il *corpo* diplomatico.

córrere *verbo intransitivo*
• andare velocemente; precipitarsi.
📖 indicativo presente 1ª persona singolare: io *córro*; passato remoto: io *córsi*; participio passato: *córso*.
Vuole l'ausiliare *essere* quando si sottintende una meta; l'ausiliare *avere* quando esprime l'azione in sé o quando indica il partecipare ad una corsa; *esempi*: *sono corso* a casa; *ho corso* per dieci minuti; *ho corso* i cento metri.

cortéccia *sostantivo femminile*
• rivestimento esterno del tronco e dei rami dell'albero; ha funzione protettiva.
📖 plurale: *cortécce*.

còsa *sostantivo femminile*
• qualsiasi oggetto inanimato.
📖 è la parola che ha il significato più generico di tutte: può indicare non solo un oggetto materiale, ma anche un fatto, una situazione reale o immaginaria, un'azione, ecc.

cosciènza *sostantivo femminile*
1 conoscenza; *esempio*: ho *coscienza* delle mie possibilità.
2 senso del dovere, onestà; *esempio*: agisci sempre secondo la tua *coscienza*.

còsmo *sostantivo maschile*
☞ deriva da una parola greca che significa *ordine*.
• tutto l'universo come un insieme ordinato.
📖 è solo singolare.

costellazióne *sostantivo femminile*
• gruppo di stelle fisse raggruppate fra loro che sembrano disegnare figure; *esempio*: *costellazione* di Orione.

costùme *sostantivo maschile*
1 abitudine, usanza; *esempio*: i *costumi* dei tempi antichi.
2 abito che si indossa in particolari circostanze; *esempi*: *costume* da bagno, *costume* da carnevale.

cow-boy [pronuncia: *càu-bòi*] *sostantivo maschile invariabile*

IL CORPO UMANO

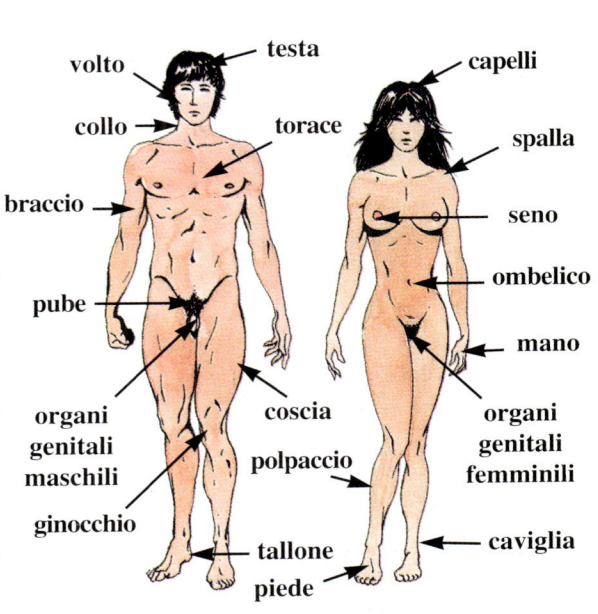

volto, testa, capelli, collo, torace, spalla, braccio, seno, ombelico, pube, mano, organi genitali maschili, coscia, organi genitali femminili, polpaccio, ginocchio, tallone, caviglia, piede

corteccia

costume da bagno (bikini)

creàre

cow-boy

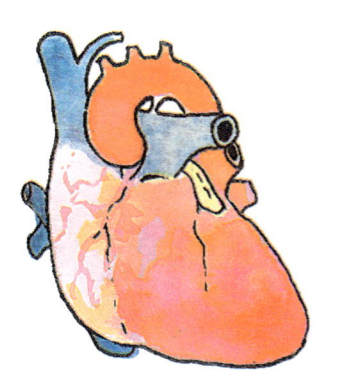

☞ è una parola inglese che significa *ragazzo che guarda le mucche*.
• guardiano americano di mandrie.

creàre *verbo transitivo*
1 fare, inventare; fondare; nominare; *esempi*: *creare* un nuovo ballo; *creare* un partito; *creare* una squadra.
2 trarre dal nulla (riferito a Dio); *esempio*: Dio *creò* il cielo e la terra.
3 causare; *esempio: hai creato* confusione.
📖 indicativo presente 1ª persona singolare: io *crèo*.

crisàlide *sostantivo femminile*
☞ deriva da una parola greca che significa *oro*.
• stadio intermedio nello sviluppo delle farfalle.
✎ l'insetto è chiuso in un **bozzolo** protettivo da lui costruito.

cristàllo *sostantivo maschile*
• qualità pregiata di vetro pesante e trasparente.

cronòmetro *sostantivo maschile*
• orologio ad alta precisione.

cultùra *sostantivo femminile*
1 il complesso delle conoscenze possedute da una persona.
2 l'insieme delle tradizioni di un popolo; civiltà.
📖 il termine **cultura** si riferisce all'educazione della mente, così come **coltura** all'allevamento e alla cura dei campi. In realtà è uno stesso termine che deriva da un'unico verbo latino che significa *coltivare*.

cuòre *sostantivo maschile*
1 organo centrale degli animali e dell'uomo che presiede alla circolazione del sangue.
2 (senso figurato) coraggio.

curàre *verbo transitivo*
1 somministrare medicine o praticare altri trattamenti per guarire; *esempio*: è dovere del medico *curare* gli ammalati.
2 occuparsi con attenzione.
📖 indicativo presente 1ª persona singolare: io *cùro*.

custodìre *verbo transitivo*
1 sorvegliare qualcosa affinché non subisca danni.
2 provvedere a qualcuno; impedirne la fuga.
📖 indicativo presente 1ª persona singolare: io *custodìsco*; 2ª persona singolare: tu *custodìsci*.
● è errato *costudìre*.

---

cuore

CUORE
→MODI DI DIRE

A cuore aperto: sinceramente.
A cuor leggero: senza preoccuparsi, oppure, con leggerezza.
Avere a cuore: interessarsi molto a qualcosa.
Avere in cuore: provare intimamente.
Col cuore in gola: ansiosamente.
Toccare il cuore: commuovere.
Senza cuore: persona insensibile.
Cuore d'oro: persona generosa.
Cuor di leone: persona coraggiosa o leale.

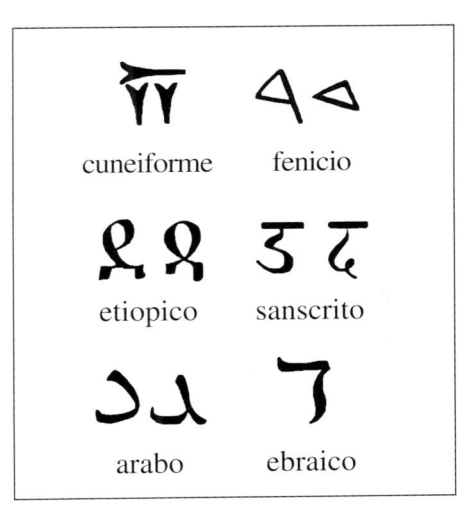

d D *sostantivo femminile o maschile invariabile*
• quarta lettera dell'alfabeto italiano; consonante.
✎ nelle datazioni **d.**C. vuol dire dopo Cristo, A.**D.** Annus Domini (anno del Signore).

dàdo *sostantivo maschile*
1 cubetto con le facce numerate da uno a sei; *esempio*: il gioco dei *dadi* ha origini antichissime.
2 qualunque oggetto a forma di cubo.
→MODO DI DIRE: il dado è tratto (ormai la decisione è presa).

dàma (**1**) *sostantivo femminile*
☞ deriva da una parola latina che significa *signora*
1 donna nobile.
2 donna che si dedica alla beneficenza.

dàma (**2**) *sostantivo femminile*
☞ deriva dal francese e significa *pedina doppia*.
• gioco con dodici pedine per parte su una scacchiera a quadri bianca e nera.

dàre *verbo transitivo*
1 donare, offrire; *esempio*: guarda che cosa ti *do*!
2 consegnare; *esempio*: il corriere mi *ha dato* un pacco.
3 concedere; *esempio*: ti *darò* il permesso.
4 prescrivere; *esempio*: *dare* un tranquillante.
📖 indicativo presente 1ª persona singolare: io *do*; nella 3ª persona singolare bisogna scrivere sempre l'accento: egli *dà*; passato remoto: io *dièdi* o *dètti*; congiuntivo presente: che io *dìa*; imperfetto: io *déssi*.
⚫ è **grave errore** *dàssi* invece di *déssi*.

dàta *sostantivo femminile*
• indicazione del tempo (giorno, mese, anno); *esempio*: la

D NEGLI ALTRI ALFABETI

cuneiforme	fenicio
etiopico	sanscrito
arabo	ebraico

dama

data si scrive così: il giorno in cifre, il mese in lettere, l'anno in cifre (28 febbraio 1901).

débole *aggettivo*
1 che ha poca forza fisica.
2 che non ha volontà, indeciso.
3 che non ha potenza; fioco; *esempio*: un suono *debole*.

decadènza *sostantivo femminile*
• declino, rovina; *esempio*: la *decadenza* di Roma.
• ◆*Sinonimo*: tramonto. ◆*Contrario*: rafforzamento.

decàlogo *sostantivo maschile*
☞ deriva da due parole greche che significano *dieci* e *discorso*.
• i dieci comandamenti che Dio diede a Mosè.
📖 plurale: *decàloghi*.

decìdere *verbo transitivo*
1 stabilire, fissare; *esempio*: *ho deciso* la data.
2 definire una risoluzione; *esempio*: *decidere* una questione.
📖 indicativo presente 1ª persona singolare: io *decìdo*; passato remoto: io *decìsi*; tu *decidésti*, egli *decìse*, noi *decidémmo*, voi *decidéste*, essi *decìsero*; participio passato: *decìso*.

decollàre *verbo intransitivo*
☞ deriva dal verbo francese *décoller* (scollare).
• levarsi in volo, partire; *esempio*: gli aerei *decollano*.
📖 indicativo presente 1ª persona singolare: io *decòllo*.
Vuole l'ausiliare *avere*.
✎ATTENZIONE: **decollàre** nel senso di *decapitare* è un altro verbo: deriva dal latino *de* (privazione) e *collum* (collo).

decoràre *verbo transitivo*
1 ornare, abbellire; *esempio*: *decorate* la vetrina con fiori.
2 conferire una onorificenza; *esempio*: il generale lo *decorò*.
📖 indicativo presente 1ª persona singolare: io *decòro*.

dèdalo *sostantivo maschile*
• insieme di vie che si incrociano e dove è difficile mantenere l'orientamento; *esempio*: mi sono perso nel *dedalo* di viuzze del centro storico.
◆*Sinonimo*: labirinto.

dedicàre *verbo transitivo*
1 intitolare qualcosa in segno di onore; *esempio*: *dedicheranno* quella piazza ai caduti per la libertà.

✎ **IL DECALOGO**
(*Esodo* 20)

1 Io sono il Signore, tuo Dio...

2 Non pronuncerai invano il nome del Signore, tuo Dio...

3 Ricordati del giorno di sabato per santificarlo...

4 Onora tuo padre e tua madre...

5 Non uccidere.

6 Non commettere adulterio.

7 Non rubare.

8 Non pronunciare falsa testimonianza contro il tuo prossimo.

9 Non desiderare la casa del tuo prossimo.

10 Non desiderare la moglie del tuo prossimo, né il suo schiavo, né la sua schiava, né il suo bue, né il suo asino, né alcuna cosa che appartenga al tuo prossimo.

I **DIECI COMANDAMENTI** che noi conosciamo sono una versione ridotta del testo biblico.

DEDALO
→MITOLOGIA

Famoso architetto ateniese che visse a Creta alla corte del re Minosse. Costruì il labirinto nel quale venne rinchiuso il Minotauro. Caduto in disgrazia fu dal re imprigionato insieme al figlio Icaro, nel labirinto che egli stesso aveva costruito. Riuscì a fuggire fabbricando per sé e per il figlio ali con penne saldate mediante cera. Durante il viaggio Icaro, avvicinatosi troppo al sole, perse le ali e precipitò. Dedalo invece atterrò in Sicilia.

2 impiegare il proprio tempo in una occupazione; *esempio*: Antonio *dedica* il tempo libero a suonare il violino.
📖 indicativo presente 1ª persona singolare: io *dèdico*.

deduzióne *sostantivo femminile*
• conseguenza logica di un ragionamento; *esempio*: date le premesse, la *deduzione* è una sola.

definìre *verbo transitivo*
1 descrivere con precisione la natura di una cosa; *esempio*: *definisci* meglio il sentiero da percorrere.
2 concludere; *esempio*: *definì* rapidamente la vertenza.
📖 indicativo presente 1ª persona singolare: io *definìsco*.

definizióne *sostantivo femminile*
• spiegazione; *esempio*: il dizionario dà la *definizione* di ogni parola.

dégno *aggettivo*
1 meritevole; *esempio*: Ugo è *degno* del massimo rispetto.
2 adeguato; *esempio*: non sono *degni* dell'incarico.

degradàre *verbo transitivo*
1 privare dei gradi militari per una qualche grave colpa.
2 (senso figurato) umiliare; *esempio*: la sua condotta lo *degrada* agli occhi di tutti.

delfino *sostantivo maschile*
• mammifero marino pisciforme.

delicàto *aggettivo*
1 debole, gracile di costituzione.
2 che si deve trattare con prudenza; *esempio*: è un fiore splendido ma assai *delicato*.
3 soffice, morbido, gradevole; *esempio*: cibo *dèlicato*.

delimitàre *verbo transitivo*
• tracciare il limite, il confine.
📖 indicativo presente 1ª persona singolare: io *delìmito*.

delìrio *sostantivo maschile*
☞ deriva dalla parola latina *delirium*, che significa *uscire dal solco*.
1 stato di grave confusione mentale; *esempio*: il →delirium tremens è il *delirio* tipico degli alcolizzati.
2 entusiasmo dovuto a una forte passione; *esempio*: dopo la partita lo stadio era in *delirio*.
📖 plurale: *delìri*.

delfino

📖 DELFINO

Nome comune del *Delphinus delphis*, cetaceo, lungo circa 2 m, appartenente alla famiglia dei Delfinidi. Presente in quasi tutti i mari temperati e caldi, è assai comune nel Mediterraneo.

📖 DELFINO
(sostantivo maschile)

Era il titolo con cui veniva designato, dal secolo XIV al XIX, l'erede al trono di Francia.
Il nome (*dauphin*) deriva dal titolo dei signori della regione del Delfinato (Francia sudorientale).
L'ultimo a portare il titolo di *delfino* fu il figlio di Carlo X, **Louis Antoine, duca di Angoulême** (1715-1844).

📖 DELIRIUM TREMENS

È il delirio caratteristico degli alcolizzati cronici, con stato di confusione mentale, allucinazioni e tremori. Nelle fasi acute si sentono circondati da insetti o da topi.

dèlta *sostantivo maschile invariabile*
• pianura alluvionale di forma triangolare che si forma alla foce di un fiume; *esempi*: il *delta* del Nilo, il *delta* del Po.
✎ **delta** è la quarta lettera dell'alfabeto greco che in maiuscolo ha la forma di un triangolo (Δ).

democrazìa *sostantivo femminile*
☞ deriva da una parola greca che significa *comando del popolo*.
• governo che riconosce come sovrano il popolo.
✎ la **democrazia** può essere **diretta** quando il popolo esercita il potere direttamente o **indiretta** quando il potere è esercitato dai rappresentanti eletti dal popolo stesso.

demònio *sostantivo maschile*
• spirito maligno, simbolo del male.
◆**Sinonimo**: diavolo.
📖 plurale: *demòni*.
✐ATTENZIONE: **demònio** e **dèmone** derivano da una stessa parola greca che vuol dire dio (*dàimon*), ma con il tempo hanno assunto significato opposto: il demonio è malvagio, il demone è buono, uno spirito positivo. Il plurale è identico, ma cambia l'accento: dèmoni.

denàro *sostantivo maschile*
1 soldi, quattrini; *esempio*: Giancarlo pensa solo ad accumulare *denaro*.
2 uno dei semi delle carte da gioco (plurale: *denari*).
📖 si può dire anche *danàro*.

dènte *sostantivo maschile*
• ciascuna delle formazioni presenti nella bocca e che servono alla masticazione.
✎ si chiamano **denti decidui** quelli destinati a cadere nell'infanzia e sono in tutto 20; i **denti permanenti** dell'adulto sono invece 32.

denunciàre *verbo transitivo*
1 dichiarare pubblicamente all'autorità; *esempio*: ho denunciato la mancanza di servizi di trasporto.
2 rendere noto; *esempio*: *denuncerò* il fatto alla stampa.
📖 indicativo presente 1ª persona singolare: io *denùncio*.
Si usa anche la forma *denunziàre*.

depositàre *verbo transitivo / verbo intransitivo pronominale*
A *verbo transitivo*
• affidare in consegna; *esempio*: ho depositato i bagagli.
B *verbo intransitivo pronominale*

demonio

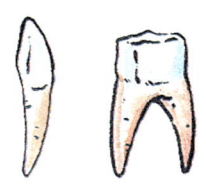

denti (canino e molare)

✎ **DENTI RECORD**

I denti più lunghi appartengono all'**elefante africano** (*Loxodonta africana*), le cui zanne possono raggiungere i 3 metri e mezzo e pesare oltre 100 kg.
Il mammifero che ha il maggior numero di denti (250) è un cetaceo: lo **stenodelfo** (*Stenodelphis blainvillei*).
Il mammifero marino che possiede il dente più lungo è il **narvalo** (*Monodon monoceros*). Il suo corno si sviluppa a spirale per quasi 3 m.
Il maschio del **tricheco** (*Odobenus rosmarus*) possiede zanne che raggiungono 1 m di lunghezza e 6 kg di peso.
I canini inferiori del maschio dell'**ippopotamo** (*Hippopotamus amphibius*) possono misurare 1 m di lunghezza e pesare 4 kg.
Il coccodrillo che ha il maggior numero di denti (102) è il **gaviale del Gange** (*Gavialis gangeticus*).

• raccogliersi sul fondo (detto di liquidi).
📖 indicativo presente 1ª persona singolare: io *depòsito*.

deputàto sostantivo maschile
• chi è eletto dal popolo perché lo rappresenti in Parlamento; ☞*esempio*: la Camera dei *Deputati* si compone di 630 membri.

derby [pronuncia: *dèrbi*] sostantivo maschile invariabile
☞ deriva dal nome di un lord inglese che per primo istituì nel 1780 una gara con cavalli di tre anni.
1 gara di cavalli al galoppo.
2 partita di calcio tra due squadre rivali della stessa città.

derivàre verbo intransitivo
1 scaturire; ☞*esempio*: da dove *deriva* il Nilo?
2 (senso figurato) provenire, avere origine.
📖 indicativo presente 1ª persona singolare: io *derìvo*. Vuole l'ausiliare *essere*.

descrìvere verbo transitivo
• raccontare con tutti i particolari.
📖 indicativo presente 1ª persona singolare: io *descrìvo*. Si coniuga come *scrivere*.

desèrto sostantivo maschile
• vasto territorio arido e privo di vegetazione; ☞*esempi*: il *deserto* del Sahara; il *deserto* del Gobi.

desideràre verbo transitivo
• volere qualcosa di cui si sente la mancanza; ☞*esempio*: *desideravo* vincere il torneo di scacchi.
📖 indicativo presente 1ª persona singolare: io *desìdero*.

destìno sostantivo maschile
• il corso immutabile degli eventi; ☞*esempio*: è inutile resistere al *destino*.
◆**Sinonimi** : fato, sorte, caso, fortuna.
→MODO DI DIRE: una ironia del destino (fatto improvviso che capovolge una situazione preparata accuratamente).

detective [pronuncia: *detèctiv*] sostantivo maschile invariabile
☞ è parola inglese derivata dal latino (*detergere*, scoprire).
• investigatore privato.

determinàre verbo transitivo
1 stabilire i confini di qualcosa sia in senso concreto sia

deserto

🕮 I DESERTI

Sahara	7.800.000 km²
Libico	1.770.000 km²
Australiano	1.520.000 km²
Gobi	1.500.000 km²
Kalahari	750.000 km²
Rub al Khali	700.000 km²
Iraniano	400.000 km²
Takla Makan	400.000 km²
Chihuahuan	360.000 km²
Arabico	300.000 km²
Karakum	300.000 km²
Nafud	150.000 km²
Atacama	132.000 km²
Valle della Morte	8.500 km²

🕮 ANIMALI DEL DESERTO

Nei deserti sassosi nordamericani vive il **crotalo diamantino** (*Crotalus atrox*), lungo circa 2 m. Sulla coda ha un sonaglio che scuote quando è in procinto di mordere con i lunghi canini. Il suo veleno è mortale per i piccoli animali.
Nel deserto del Sahara vivono il **fennec** (*Vulpes zerda*), un mammifero con enormi orecchie (15 cm), il **gatto delle sabbie** (*Felis margarita*), con i piedi guarniti di una folta pelliccia, lo **scorpione del deserto** (*Androctonus australis*), lungo più di 8 cm, in grado di uccidere un animale molto più grosso di lui in soli 7 minuti.
Nel deserto australiano vive il **moloch** (*Moloch horridus*), una lucertola mostruosa, lunga più di 15 cm.

dettàre

📖 **PAROLE DIALETTALI**

GENOVESE: cavo, prua, mugugnare, abbaino, pesto, lavagna, rivierasco.
PIEMONTESE: gianduia, fontina, bocciare, passamontagna, fonduta.
LOMBARDO: grana, risotto, panettone, stracchino, mascarpone, ossobuco, grappa, metronotte, lavandino, barbone, robiola, balera, teppa, sberla.
FRIULANO: imbranato.
VENETO e **TRENTINO**: giocattolo, fifa, naia, ciao, lido, vestaglia, gondola, ghetto, traghetto, laguna, baita, contrabbando, zattera, palombaro.
EMILIANO: tagliatelle, tortellini, cotechino, zampone.
ROMANO: fettuccine, fanatico, bidone, benzinaro, borgata, dritto.
NAPOLETANO: mozzarella, pizza, fesso, iettatore, scippo, cosca.
SICILIANO: tarocco, mafia, cassata, netturbino, intrallazzo.
SARDO: tanca, orbace, nuraghe.

DIAMANTE
→MODO DI DIRE

Essere la punta di diamante: essere il punto più forte, l'elemento vincente.

diamante

✏️ **DIETA**
(regola di vita)

Nell'antica medicina greca la *dieta* del malato consisteva essenzialmente di tisane o infusi di orzo.

---

astratto; 📖*esempio*: *determina* gli argomenti da esaminare.
2 prendere una decisione.
3 provocare, causare; 📖*esempio*: i suoi pettegolezzi *hanno determinato* la fine di una amicizia.
📖 indicativo presente 1ª persona singolare: io *detèrmino*.

dettàre *verbo transitivo*
1 scandire parola per parola ciò che si deve scrivere.
2 suggerire; 📖*esempio*: la paura gli *dettò* quelle parole.
📖 indicativo presente 1ª persona singolare: io *détto*.

diàgnosi *sostantivo femminile invariabile*
☞ deriva da una parola greca che significa *distinguere*.
• valutazione di una malattia esaminandone i sintomi.

diagonàle *sostantivo femminile*
• linea che unisce due vertici opposti.

dialètto *sostantivo maschile*
• lingua propria di una regione con differenze rispetto alla lingua nazionale; 📖*esempi*: il sardo non è un *dialetto*, ma una vera lingua; il toscano non è un *dialetto* perché si identifica con la lingua italiana.
✏️ in alcune zone dell'Italia (**isole alloglotte**) si usa una lingua che non è un dialetto né la lingua nazionale: ad esempio, ad Alghero si parla il catalano.

diamànte *sostantivo maschile*
• pietra preziosa durissima e trasparente.

diàrio *sostantivo maschile*
• quaderno in cui si annotano giorno per giorno gli eventi importanti, i ricordi, i compiti, le lezioni, ecc.
🔍 ATTENZIONE: il **diario scolastico** è quello in cui gli alunni annotano i compiti; il **diario di classe** è il registro su cui gli insegnanti segnano le lezioni e gli argomenti trattati; il **diario d'esame** è il calendario delle prove d'esame.

didascalìa *sostantivo femminile*
• breve nota informativa che si scrive accanto a una illustrazione, a un disegno o ad una foto, per spiegarli.

dièta *sostantivo femminile*
☞ deriva da una parola greca che significa *regola di vita*.
• regola alimentare; 📖*esempio*: Anna e Paola seguono una rigida *dieta* vegetariana.
🔍 ATTENZIONE: anche se ormai è entrato nell'uso, è improprio il senso di dieta come digiuno.

difèndere *verbo transitivo*
1 proteggere; *esempio*: gli aculei *difendono* il riccio.
2 sostenere, prendere le parti; *esempio*: Carlo *ha difeso* con forza la tua posizione.
📖 indicativo presente 1ª persona singolare: io *difèndo*; passato remoto: io *difési*; participio passato: *diféso*.

difètto *sostantivo maschile*
1 mancanza, insufficienza; *esempio*: Franco ha un lieve *difetto* di pronuncia.
2 vizio, cattiva abitudine; *esempio*: il suo unico *difetto* è di essere troppo meticoloso.

differènza *sostantivo femminile*
1 diversità, qualità che rende diversi.
2 il risultato di una sottrazione; *esempio*: la *differenza* di nove meno quattro è cinque.

difficile *aggettivo*
1 che richiede fatica; *esempio*: è una salita *difficile*.
2 oscuro (detto di uno scritto); *esempio*: un *difficile* brano.
◆*Contrario*: facile.

dìga *sostantivo femminile*
• costruzione artificiale per lo sbarramento di corsi d'acqua.

digestióne *sostantivo femminile*
• insieme dei processi di trasformazione degli alimenti in sostanze assimilabili dall'organismo.

dilùvio *sostantivo maschile*
• pioggia intensa e che cade a lungo; *esempio*: nella Bibbia è descritto il *Diluvio* universale.
📖 plurale: *dilùvi*.

dimenticàre *verbo transitivo*
1 non ricordare più qualcosa; non avere più in mente.
2 lasciare per distrazione.
📖 indicativo presente 1ª persona singolare: io *diméntico*.
✎ATTENZIONE: **scordare** è sinonimo di **dimenticare**, anche se il primo propriamente significa *uscire dal cuore* e il secondo *uscire dalla mente*.

dimostràre *verbo transitivo*
1 confermare con prove, provare; *esempio*: se puoi, *dimostrami* che hai ragione.
2 far capire, spiegare; *esempio*: mi *dimostrerà* come funziona un computer.

DIFFICILE
◆*Sinonimi*

1 gravoso, duro, arduo, disagevole, malagevole, grave.
2 complesso, complicato, astruso, enigmatico, ingarbugliato, inesplicabile, ostico, scabroso, spinoso.

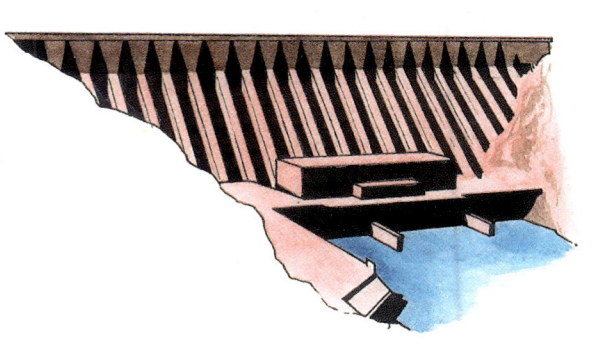

diga

📖 LE MAGGIORI DIGHE DEL MONDO

1 Rogun (Russia)	325 m
2 Nurek (Russia)	310 m
3 Grande Dixence (Svizzera)	284 m
4 Inguri (Georgia)	272 m
5 Chicoasén (Messico)	261 m
6 Tehri (India)	261 m
7 Kishau (India)	253 m
8 Ertan (Cina)	245 m
9 Sayano-Shushensk (Russia)	245 m
10 Guavio (Colombia)	243 m

📖 DILUVIO

Un altro famoso *diluvio* si trova nella mitologia greca. Si salvarono solo **Deucalione** e la moglie **Pirra**, che ripopolarono la Terra gettando al suolo delle pietre, da cui scaturirono uomini e donne.

dinamìte

✐ DINAMITE

Esplosivo ottenuto per la prima volta dal chimico svedese **Alfred Nobel** nel 1866, mescolando la nitroglicerina con farina fossile. Esplode solo tramite innesco con detonatori.

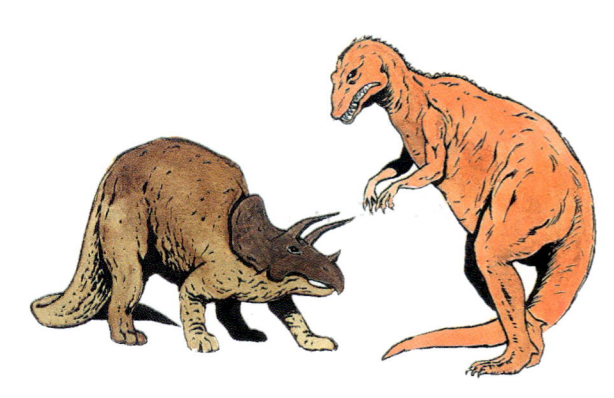

dinosauri
(Triceratopo e Tirannosauro)

✐ DINOSAURI

Il nome *dinosauria* (= lucertole terribili) fu inventato dall'anatomista inglese Richard Owen nel 1841.
Sono divisi, secondo la struttura del loro bacino, in due ordini:
Saurischi (bacino di lucertola).
Ornitischi (bacino di uccello).
I Saurischi possono essere suddivisi in due sottordini: Teropodi (carnivori) e Sauropodomorfi (erbivori).
Gli Ornitischi sono tutti erbivori.

DIO
→MODI DI DIRE

Dio sa come: in maniera inspiegabile.
Se Dio vuole: finalmente.
Essere un senza Dio: essere ateo.

---

indicativo presente 1ª persona singolare: io *dimóstro*.

dinamìte *sostantivo femminile*
☞ deriva da una parola greca che significa *forza*.
• esplosivo molto potente formato di nitroglicerina.
✐ le diede questo nome il suo inventore **Alfred Nobel** nel 1866. Fu lui che istituì il premio annuale (**premio Nobel**) che poi prese il suo nome, lasciando parte delle sue ricchezze a una fondazione che distribuisse 5 premi a chi si fosse distinto nelle scienze, nella letteratura, nella pace.

dinosàuro *sostantivo maschile*
☞ deriva da due parole greche, terribile (*deinés*) e lucertola (*sáuros*).
• grosso rettile preistorico vissuto durante l'era mesozoica.

Dìo *sostantivo maschile*
• il Creatore e il Padre di tutte le cose e di tutti gli esseri.
📖 si usa con l'iniziale maiuscola. La minuscola si usa quando si intende una divinità pagana e in questo caso si ha anche il plurale *dèi* e il femminile *dèa*.

dipìngere *verbo transitivo*
• ritrarre figure su tela o parete o tavola.
◆**Sinonimo**: pitturare.
📖 indicativo presente 1ª persona singolare: io *dipìngo*; passato remoto: io *dipìnsi*; participio passato: *dipìnto*.

diplòma *sostantivo maschile*
☞ deriva da una parola greca che significa *rendere doppio*; propriamente, *foglio piegato in due*.
• documento che attesta un titolo di studio o una abilitazione professionale; *esempio*: *diploma* di scuola media.

diplomazìa *sostantivo femminile*
1 complesso di persone e di organi di uno Stato per tenere rapporti con altri Stati; *esempio*: gli ambasciatori fanno parte della *diplomazia*.
2 abilità, tatto nei rapporti con gli altri; *esempio*: devi trattare il tuo capo con molta *diplomazia*.

dìre *verbo transitivo*
1 enunciare, esprimere il proprio pensiero con le parole.
2 recitare; *esempio*: *dire* la preghiera della sera.
3 (senso figurato) significare, esprimere.
📖 indicativo presente 1ª persona singolare: io *dìco*; imperfetto: io *dicévo*; passato remoto: io *dìssi*; futuro: io *dirò*; congiuntivo presente: che io *dìca*; congiuntivo imperfetto:

che io *dicéssi*; imperativo: *di'* o *dì* (vuole l'accento o l'apostrofo); participio passato: *détto*.

dirigìbile *sostantivo maschile*
• velivolo a forma di grosso pallone allungato riempito di gas leggero, con motore e strumenti per la guida.

dirìtto (1) *aggettivo*
1 in linea retta; *esempio*: una strada *diritta*.
2 che sta in piedi; *esempio*: stai *diritto* su un piede solo!
📖 la forma sincopata **drìtto** è più usata, eccetto che nel significato figurato *retto*, *onesto*; è invece prevalente nel senso figurato di *furbo*, *scaltro*.

dirìtto (2) *sostantivo maschile*
1 facoltà di chiedere, di agire, ecc. consentita dalla legge; *esempio*: è un mio *diritto* quello di difendermi.
2 l'insieme delle leggi che regolano i rapporti sociali; *esempi*: *diritto* privato; *diritto* pubblico; *diritto* penale.

discéndere *verbo intransitivo*
1 venir giù, calare; *esempi*: sono *disceso* dalla moto; Federico I *discese* in Italia la prima volta nel 1154.
2 (senso figurato) avere origine; *esempio*: Rebecca e Giuliano *discendono* da una stessa famiglia.
📖 indicativo presente 1ª persona singolare: io *discéndo*. Vuole l'ausiliare *essere*. Si coniuga come *scéndere*. Nel significato 1 è identico a *scendere*, ma più familiare.

disciplìna *sostantivo femminile*
1 materia di studio; *esempio*: le *discipline* scientifiche.
2 l'insieme delle regole di comportamento di una comunità; *esempio*: la *disciplina* scolastica.

dìsco *sostantivo maschile*
1 oggetto piatto e rotondo; *esempi*: *disco* volante; *disco* musicale; *disco* orario; *disco* magnetico.
2 piastra circolare usata in atletica; *esempio*: il discobolo è un lanciatore del *disco*.
📖 plurale: *dìschi*. Il diminutivo **dischétto** è entrato oggi nell'uso per indicare un disco magnetico utilizzato in informatica per la memorizzazione e la lettura dei dati.

discórso *sostantivo maschile*
1 il conversare con altri; *esempio*: i tuoi *discorsi* non sono chiari e non mi interessano affatto.
2 il parlare al pubblico; *esempio*: i *discorsi* di Demostene.
♦ **Sinonimo**: orazione.

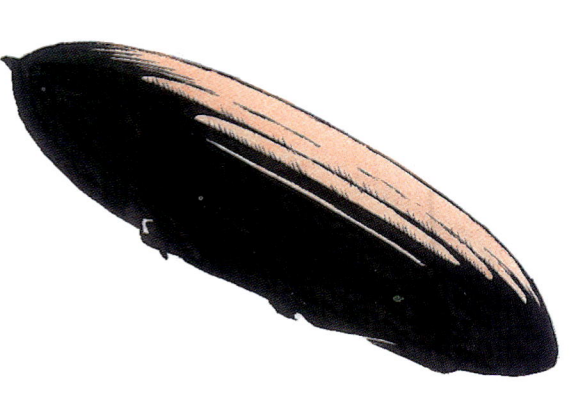

dirigibile

📖 1° DIRIGIBILE
(24 settembre 1852)

Il dirigibile costruito dal francese **Henri Giffard** fu il primo pallone aerostatico, fornito di propulsione meccanica, a levarsi in volo.
I più famosi furono lo *Zeppelin* (1900), il *Norge* (1926), l'*Italia* (1928), l'*Hindenburg* (1936).

disco musicale

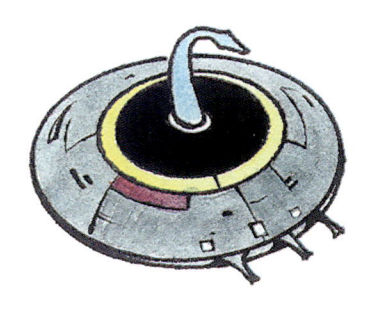

disco volante

disegnàre

✍ DISTANZA

La distanza media tra la Terra e il Sole è di 149.509.000 km; la distanza media tra la Terra e la Luna è di 384.400 km.
La distanza aerea tra Roma e Londra è di 1.440 km, tra Roma e Chicago è di 7.763 km.

DISTANZA
→ MODI DI DIRE

Tenere a distanza: non dare confidenza.
Prendere le distanze: allontanarsi da situazioni o persone che potrebbero causare problemi.

dito

DITO
→ MODI DI DIRE

Non muovere un dito: non fare assolutamente niente.
Mordersi le dita: pentirsi.

---

disegnàre *verbo transitivo*
• raffigurare con segni e linee.
📖 indicativo presente 1ª persona singolare: io *diségno*.
I verbi che terminano in *-gnare* si coniugano in modo regolare (conservano cioè la *i*): 📖*esempio*: *disegniamo*.

disgràzia *sostantivo femminile*
• avvenimento spiacevole, doloroso.
◆*Sinonimi*: sciagura, sventura, iella (familiare), sfortuna.

disinfettàre *verbo transitivo*
• pulire con sostanze adatte ad eliminare i microbi; 📖*esempio*: devi *disinfettare* anche le piccole ferite.
📖 indicativo presente 1ª persona singolare: io *disinfétto*.

disoccupazióne *sostantivo femminile*
• scarsità o mancanza di posti di lavoro.

dispètto *sostantivo maschile*
☞ deriva da una parola latina che significa *guardare dall'alto in basso*.
• azione maligna compiuta per irritare qualcuno.
✍ il significato originario di *guardare dall'alto in basso, con disprezzo, con arroganza* è oggi usato solo in frasi letterarie o nella locuzione **a dispetto di**.

distànza *sostantivo femminile*
• spazio che separa due punti, due cose, due persone.

distìnguere *verbo transitivo*
1 riconoscere, percepire chiaramente.
2 rendere riconoscibile una cosa con un segno.
📖 indicativo presente 1ª persona singolare: io *distìnguo*; passato remoto: io *distìnsi*, tu *distinguésti*, egli *distìnse*, noi *distinguémmo*, voi *distinguéste*, essi *distìnsero*.

dìto *sostantivo maschile*
• ognuna delle estremità delle mani e dei piedi.
📖 plurale: **le dìta**, quando si considerano nel loro insieme; 📖*esempio*: le *dita* della mano; **i dìti**, quando si specifica il nome; 📖*esempio*: il pollice e l'indice sono *diti*.

diventàre *verbo intransitivo*
• cambiare caratteri rispetto a quelli precedenti; 📖*esempio*: è *diventato* bianco per l'emozione.
📖 indicativo presente 1ª persona singolare: io *divènto*.
Vuole l'ausiliare *essere*.
◆*Sinonimo*: divenire.

divìdere *verbo transitivo*
1 suddividere, fare in parti; *esempio*: *dividi* la torta in due.
2 separare, staccare; *esempio*: l'Oceano Atlantico *divide* l'America dall'Europa.
📖 indicativo presente 1ª persona singolare: io *divìdo*; passato remoto: io *divìsi*, tu *dividésti*, egli *divìse*, noi *dividémmo*, voi *dividéste*, essi *divìsero*.

dizionàrio *sostantivo maschile*
• libro in cui sono elencate in ordine alfabetico le parole di una lingua con il loro significato.
◆*Sinonimo*: vocabolario.
☞ATTENZIONE: oggi **dizionario** e **vocabolario** sono sinonimi; tuttavia fra i due termini c'è una distinzione: dizionario ha un significato più esteso potendosi riferire anche a un elenco alfabetico di animali, di personaggi storici, ecc. Non sono sinonimi invece **lessico** (elencazione e spiegazione di termini comuni, ad esempio di una scienza) né **glossario** (spiegazione solo di una parte di una lingua, ad esempio di quella di un certo secolo, di un autore, ecc.).

DNA *sostantivo maschile invariabile*
• sigla dell'inglese DesoxyriboNucleic Acid (= acido desossiribonucleico). Si trova nel nucleo delle cellule ed è portatore dei fattori ereditari.

dóccia *sostantivo femminile*
• bagno in cui l'acqua cade dall'alto a spruzzi.
📖 plurale: *dócce*.

documénto *sostantivo maschile*
1 certificato rilasciato da una pubblica autorità; *esempio*: la carta d'identità è un *documento* ufficiale.
2 prova, ciò che conferma qualche cosa.

dólce *aggettivo*
1 di sapore zuccherino, piacevole.
◆*Contrario*: amaro.
2 (senso figurato) gradevole, gentile.
3 che è privo di sale; *esempio*: l'acqua dei fiumi è *dolce*.
◆*Contrario*: salato.

dolóre *sostantivo maschile*
• stato di sofferenza sia fisica sia morale.

dóppio *aggettivo*
1 due volte più grande rispetto alla quantità normale; *esempio*: vorrei un caffè *doppio*.

📖 1° DIZIONARIO (1502)

Il dizionario alfabetico più antico fu il *Dictionarium linguae latinae*, pubblicato in Italia nel 1502 dal frate agostiniano **Ambrogio Calepino** (1440-1510).

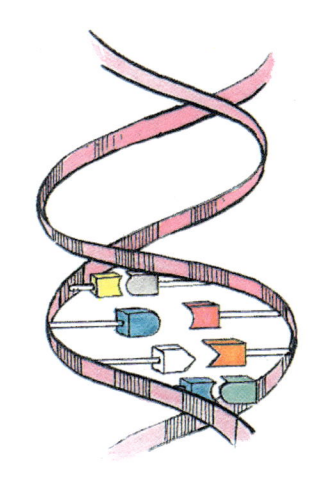

DNA

doccia

DOLORE
→DETTO CELEBRE

Un dolore puro e completo è impossibile come una pura e perfetta gioia.

Tolstoj

dormìre

DORMIRE
→ MODI DI DIRE

Dormire in piedi: avere molto sonno; anche, essere sciocchi (senso figurato).
Dormire come un ghiro: dormire profondamente.
Dormire tra due guanciali: sentirsi tranquilli e sicuri.
Dormirci sopra: accantonare momentaneamente un problema.
Dormire con un occhio solo: essere molto vigili.

⚠ DROGHE
(effetti a lungo termine)

eroina: anoressia, dimagramento, decadimento fisico e mentale, convulsioni, tremori.
cocaina: delirio, psicosi, danni respiratori, edema polmonare.
LSD: apatia, tachicardia, panico, ansietà, incontinenza, depressione, psicosi, allucinazioni.
hashish: danni respiratori, tachicardia, ansia, allucinazioni.
marijuana: danni respiratori, tachicardia, ansia, allucinazioni.

dromedario

---

2 che è composto di due elementi uguali; *esempio*: appartamento con *doppi* servizi.
3 duplice, composto di due; *esempio*: a *doppio* senso.
📖 plurale: *dóppi*.

dormìre *verbo intransitivo*
• prendere sonno, riposare.
📖 indicativo presente 1ª persona singolare: io *dòrmo*.
Vuole l'ausiliare *avere*.

dovére *verbo intransitivo*
1 avere l'obbligo (regge l'infinito); *esempio*: *dovete* studiare di più.
2 avere preso una decisione; *esempio*: *devo* vederti.
📖 indicativo presente 1ª persona singolare: io *dèvo* o *dèbbo*, tu *dèvi*, egli *dève*, noi *dobbiàmo*, voi *dovète*, essi *dèvono* o *dèbbono*; imperfetto: io *dovévo*; passato remoto: io *dovéi* o *dovètti*, tu *dovésti*, egli *dové* o *dovètte*, noi *dovémmo*, voi *dovéste*, essi *dovérono* o *dovèttero*; futuro: io *dovrò*; condizionale presente: io *dovrèi*; congiuntivo presente: che io *dèva* o *dèbba*; participio passato: *dovùto*.
Se è usato in modo assoluto vuole l'ausiliare *avere*; *esempio*: *ho dovuto*. Come verbo servile ha l'ausiliare del verbo a cui si accompagna; *esempio*: *sono dovuto* andare; *ho dovuto* mangiare.

dràgo *sostantivo maschile*
• mostro leggendario, alato, che vomita fiamme dalla bocca.
📖 plurale: *dràghi*.

dròga *sostantivo femminile*
1 sostanza di origine vegetale o chimica che provoca gravi e irreversibili danni all'organismo e alla mente.
2 sostanza aromatica usata per condire le vivande; *esempio*: il pepe, la cannella, lo zafferano sono *droghe*.
📖 plurale: *dròghe*.

dromedàrio *sostantivo maschile*
☞ deriva da una parola greca che significa *corridore*.
• ruminante simile al cammello, ma con una sola gobba.

dùbbio *sostantivo maschile*
☞ deriva da una parola latina che significa *che oscilla fra due*.
1 indecisione, esitazione; *esempio*: sono in *dubbio*.
2 timore, sospetto, diffidenza; *esempio*: ho *dubbi* sulla vostra sincerità.
📖 plurale: *dùbbi*.

e E (1) *sostantivo femminile o maschile invariabile*
• quinta lettera dell'alfabeto italiano; vocale.
✍ la maiuscola **E** è l'abbreviazione di **Est**.
📖 la **e** ha due suoni: **aperto** che si indica con l'accento grave (argènto, tèrra) e si pronuncia con un suono più vicino alla *a*; **chiuso** indicato dall'accento acuto (néro, vérdi, vénti) e si pronuncia con un suono più vicino alla *i*.

e (2) *congiunzione*
• congiunge fra loro gli elementi di una proposizione; 📖*esempi*: fratello *e* sorella; il gatto *e* il topo.
📖 talvolta si scrive *ed* davanti a parola che inizia con vocale, soprattutto se è la vocale *e*; raro nell'uso parlato.
💣 è **improprio** l'uso di *ed* davanti a parole che iniziano con *ed*; è **errore** davanti a parole straniere che iniziano con *h*.

ebollizióne *sostantivo femminile*
• passaggio dallo stato liquido allo stato aeriforme; 📖*esempio*: temperatura di *ebollizione* di una sostanza.

eccellènte *aggettivo*
• che è superiore per qualità, pregio o meriti; 📖*esempio*: hai avuto un'idea *eccellente*.
◆**Sinonimo**: straordinario. ◆**Contrario**: scadente.

eccèntrico *aggettivo*
☞ deriva da una parola greca che significa *fuori dal centro*.
• (senso figurato) bizzarro, strano, stravagante.

eccètera *locuzione avverbiale*
☞ deriva da una espressione latina (*et cetera*) che significa *e tutto il resto*.
• e tutto il rimanente; 📖*esempio*: ho visitato il museo, la Pinacoteca, la Cattedrale, *eccetera*.

𝔼 NEGLI ALTRI ALFABETI

egizio	cuneiforme
fenicio	etrusco
arabo	ebraico
sanscrito	tibetano

✍ PUNTO DI EBOLLIZIONE
(a pressione normale)

Etere etilico	35 °C
Cloroformio	61,2 °C
Acqua	100 °C
Acqua salata	109 °C
Mercurio	356,7 °C

eccezionàle

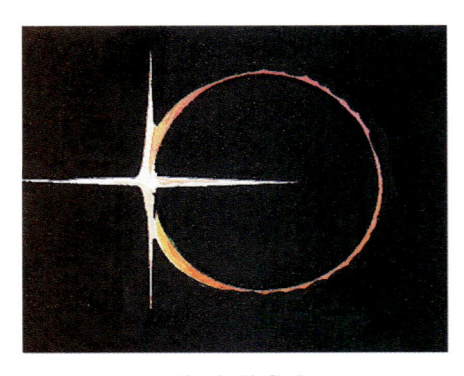

si usa per evitare di elencare una serie completa di cose simili; si scrive di solito abbreviato in *ecc.* o, alla latina, *etc.*

eccezionàle *aggettivo*
• straordinario, che si distingue da tutti gli altri; *esempio*: Ivano è un atleta *eccezional*e.
• è **errore grave**: *eccezzionale*.

eclìssi o eclìsse *sostantivo femminile*
☞ deriva da una parola greca che significa *venir meno*.
• fenomeno astronomico che consiste in un temporaneo oscuramento del Sole o della Luna.
si ha **eclissi di Sole** quando la Luna, passando fra Terra e Sole proietta la sua ombra sulla Terra; **eclissi di Luna** quando la Terra, passando fra Sole e Luna, proietta la sua ombra sulla Luna.

eclissi di Sole

ECLISSI
Le eclissi, sia di Sole sia di Luna, si ripetono con un periodo di 18 anni e 10 o 11 giorni (secondo il numero degli anni bisestili compresi nel periodo).

èco *sostantivo maschile* o *femminile*
• fenomeno acustico per cui un suono rimbalza dopo aver colpito un ostacolo.
il plurale è solo maschile: *èchi*.
→MODO DI DIRE: fare eco (ripetere quanto ha detto un altro).

ecologìa *sostantivo femminile*
☞ deriva da una parola greca che significa *discorso (scienza) sulla casa*.
• scienza che studia le interazioni fra gli esseri viventi e fra essi e l'ambiente esterno.

ECO
→MITOLOGIA

Eco era una ninfa abitatrice dei boschi. Si innamorò, non corrisposta, del bellissimo Narciso. Di lei rimase soltanto la voce (l'eco).

economìa *sostantivo femminile*
1 insieme delle attività umane che riguardano la produzione e il consumo dei beni utili; *esempio*: l'*economia* feudale.
2 insieme di regole per il buon funzionamento di un'azienda.
3 risparmio, moderazione delle spese.

ecosistèma *sostantivo maschile*
• l'ambiente naturale considerato come un sistema unitario comprensivo di organismi vegetali e animali.

edìcola *sostantivo femminile*
☞ deriva dal diminutivo di una parola latina che significa *tempio*.
1 nicchia per una statua o una immagine sacra.
2 piccola costruzione per la vendita di giornali o di bibite.

editóre *sostantivo maschile*
• chi stampa e pubblica libri o giornali; *esempio*: a Milano vi sono molti *editori*.

edicola

☞ ATTENZIONE: il termine inglese *editor* indica invece il redattore; editore si dice *publisher*.

educazióne *sostantivo femminile*
1 regole che si insegnano e si apprendono per la formazione del proprio carattere e della propria personalità.
2 comportamento corretto, buone maniere.

effètto *sostantivo maschile*
1 conseguenza, risultato di una determinata causa; *esempio*: rapporto di causa ed *effetto*.
2 sensazione intensa; *esempio*: è un romanzo di *effetto*.
📖 in fisica indica effetti dovuti a particolari cause: **effetto Volta**, **effetto Joule**; in cinematografia indica determinati trucchi e accorgimenti scenici: **effetti cinematografici**. L'**effetto serra** indica propriamente la naturale conservazione del calore trasmesso alla terra dal sole: oggi è usato in senso estensivo per indicare il fenomeno di surriscaldamento della superficie della terra dovuto all'aumento di anidride carbonica.

égli *pronome personale di terza persona singolare*
• indica la persona di cui si parla; *esempio*: *egli* parlò.
📖 si usa sempre come soggetto maschile singolare e riferito a persona; per cose o animali si usa **esso** (**essa**). È comunque meglio sottintenderlo.
✎ diffuso ma **errato** *lui disse*, *lui fece*, ecc.: **lui** si usa solo come complemento; altrettanto per il femminile **ella** (soggetto) e **lei** (complemento e anche forma di cortesia).

egoìsta *sostantivo maschile* e *femminile* / *aggettivo*
☞ deriva dal latino *ego* (io).
A *sostantivo maschile* e *femminile*
• chi pensa solo a se stesso e non si cura degli altri.
◆**Contrario**: altruista.
B *aggettivo*
• che ama soltanto se stesso e bada ai propri interessi; *esempio*: mentalità *egoista*.

elefànte *sostantivo maschile*
• grosso Mammifero con proboscide e zanne d'avorio; è il più grosso dei Mammiferi terrestri viventi.

elèggere *verbo transitivo*
• scegliere mediante votazione, votare; *esempio*: *abbiamo eletto il nuovo Sindaco*.
📖 indicativo presente 1ª persona singolare: io *elèggo*. Si coniuga come *lèggere*.

EFFETTO
→MODI DI DIRE

Fare effetto: colpire in modo favorevole (o sfavorevole).
A effetto: in modo da suscitare interesse.

elefante

✎ ELEFANTE

La famiglia degli Elefantidi ha soltanto due specie: l'**elefante africano** (*Loxodonta africana*) e l'**elefante asiatico** (*Elephas maximus*).
L'elefante africano è più grande e ha le zanne più lunghe.

ELEFANTE
→MODO DI DIRE

Un elefante in un negozio di porcellane: una persona che si muove bruscamente e che facilmente causa disastri.

elicottero

◬ ELICOTTERO

Il prototipo (Fa-61) del tedesco **Heinrich Focke** può essere considerato il primo elicottero realmente operativo. Si alzò in volo nel 1936.

elmetto tedesco

ELMI ANTICHI

elementàre *aggettivo*
1 che riguarda i primi insegnamenti di una scienza; *esempio*: nozioni *elementari* di musica.
2 (senso figurato) semplice, facile.
◬ la **scuola elementare** è la scuola dell'obbligo che va dai 6 agli 11 anni di età.

elettricità *sostantivo femminile invariabile*
☞ deriva da una parola greca che significa *ambra gialla*.
• energia dovuta alle forze di attrazione e repulsione di un corpo in virtù della sua struttura atomica.
◬ l'**ambra gialla**, se stropicciata, attrae i corpi leggeri. Fu una scoperta di Talete, filosofo greco del VI secolo a.C.

elevàre *verbo transitivo*
• sollevare, alzare, portare in alto; *esempio*: occorre *elevare* l'argine del fiume.
📖 indicativo presente 1ª persona singolare: io *elèvo* o *èlevo*. La seconda forma, *èlevo*, con accentazione alla latina, è corretta, ma meno comune.
☛ talvolta si usa impropriamente questo verbo in locuzioni dove non compare o non è chiaro il significato di elevare; *esempio*: *elevare un dubbio*, *elevare una obiezione*: è meglio dire **suscitare**, **manifestare**, **prospettare un dubbio**, ecc. Altrettanto brutta e impropria l'espressione *elevare una contravvenzione*.

elicòttero *sostantivo maschile*
• aeromobile che vola per mezzo di un'elica e può muoversi in qualunque direzione.

eliminàre *verbo transitivo*
1 togliere via, allontanare.
2 escludere, scartare; *esempio*: *eliminare* una squadra.
📖 indicativo presente 1ª persona singolare: io *elìmino*.

elmétto *sostantivo maschile*
• copricapo di metallo usato da soldati, minatori, ecc. a scopo difensivo; *esempio*: *elmetto* tedesco.

élmo *sostantivo maschile*
• parte dell'antica armatura che proteggeva la testa; *esempio*: gli *elmi* di bronzo degli eroi omerici.
☛ ATTENZIONE: nel linguaggio moderno si distingue fra **elmetto** (casco protettivo comunemente usato) ed **elmo**, antico indumento di varie fogge e con ornamenti vari usato solo nelle parate (*elmo* da corazziere) o per indicare la parte superiore dello scafandro da palombaro.

elogiàre *verbo transitivo*
• lodare, fare elogi a qualcuno.
📖 indicativo presente 1ª persona singolare: io *elògio*.

emisfèro *sostantivo maschile*
• ognuna delle due metà in cui l'equatore divide la Terra.
✎ si chiama **emisfero celeste** ciascuna delle due metà in cui è divisa la volta del cielo dall'equatore celeste.

enciclopedìa *sostantivo femminile*
☞ deriva da una espressione greca che significa propriamente *educazione comune*, ma che fu erroneamente interpretata come *educazione ciclica*, cioè come un cerchio comprendente tutto il sapere.
• uno o più libri che raccolgono in ordine alfabetico o in forma sistematica i vari aspetti del sapere.
✎ l'**Enciclopedia** più famosa è quella pubblicata in Francia (1751-1772) in 17 volumi.

endùro *sostantivo maschile invariabile*
☞ deriva da una voce spagnolo-americana.
1 gara di fuoristrada su lunghi percorsi.
2 la moto usata per questo tipo di gare.

energìa *sostantivo femminile*
1 forza, vigore, resistenza alla fatica.
2 attitudine di un corpo a compiere un lavoro (in fisica); *esempi*: *energia* cinetica; *energia* nucleare.
📖 plurale: *energìe*.

enìgma *sostantivo maschile*
☞ deriva da un verbo greco che significa *parlare oscuramente*.
• detto misterioso che propone una verità da indovinare mascherata da allegorie e allusioni; *esempi*: l'*enigma* della Sfinge.
📖 plurale: *enìgmi*.
✎ famosi autori di enigmi furono in Grecia Omero e la poetessa Saffo; in epoca moderna Goethe e Schiller.

epidemìa *sostantivo femminile*
• vasta diffusione di una malattia infettiva; *esempio*: l'*epidemia* di peste del 1348 in Europa.

episòdio *sostantivo maschile*
☞ deriva da una parola greca che significa *dopo l'ingresso*.
1 vicenda secondaria all'interno di un romanzo; *esempio*: l'*episodio* di Polifemo nell'Odissea.

ENCICLOPEDIA
→MODO DI DIRE

Essere una enciclopedia ambulante: essere una persona molto colta, con conoscenze molto vaste in qualsiasi campo.

enduro

✎ ENIGMA

Da *enigma* deriva il termine **enigmistica**. Le cosiddette *parole incrociate* sono una creazione abbastanza recente. Il primo *cruciverba* apparve negli Stati Uniti nel 1923.

✎ EPIDEMIA DI PESTE (1348)

Una delle più terribili epidemie della storia fu quella di **peste** del 1348 in Europa.
Si calcola che la *peste nera* abbia ucciso, tra il 1347 e il 1351, ben 25 milioni di persone.

equatóre

eroe greco

✍ **EROI**
(della guerra di Troia)

Greci	Achille
	Patroclo
	Diomede
	Ulisse
	Aiace Telamonio
	Aiace Oileo
	Agamennone
	Menelao
Troiani	Ettore
	Paride

eruzione

2 avvenimento, fatto.
📖 plurale: *episòdi*.
✍ in origine la tragedia greca era costituita essenzialmente dai canti del coro: tra un coro e l'altro si intrecciavano brevi scene dialogate (episodi).

equatóre *sostantivo maschile*
• il circolo massimo, immaginario, che divide la Terra in due emisferi, il boreale e l'australe.
☞ATTENZIONE: l'**equatore celeste** è il circolo massimo della sfera celeste; l'**equatore termico** è una linea che unisce i punti della terra nei quali, in un periodo determinato, la temperatura media è più elevata; l'**equatore magnetico** è una linea che unisce i punti della terra nei quali l'inclinazione dell'ago magnetico è nulla.

equilìbrio *sostantivo maschile*
1 stato in cui un corpo è in quiete.
2 (senso figurato) moderazione, prudenza.
📖 plurale: *equilìbri*.

equinòzio *sostantivo maschile*
• i due giorni dell'anno in cui le ore di luce sono uguali a quelle di buio, il 21 marzo (*equinozio di primavera*) e il 23 settembre (*equinozio di autunno*).

eròe *sostantivo maschile*
• persona di grande coraggio, capace di azioni eccezionali.
📖 femminile: *eroìna*.

erosióne *sostantivo femminile*
• lenta azione distruttiva, soprattutto delle rocce, dovuta a forze esterne; ▶*esempio*: l'*erosione* può essere eolica (per azione dei venti), glaciale (per azione dei ghiacci), marina (per azione dei mari), fluviale (per azione dei fiumi).

erróre *sostantivo maschile*
• sbaglio, equivoco; ▶*esempio*: hai fatto un *errore* di grammatica e uno di ortografia.

eruzióne *sostantivo femminile*
• fuoriuscita di magma da un vulcano in attività.
☞ATTENZIONE: l'**eruzione solare** è l'emissione di getti gassosi nella cromosfera del sole; l'**eruzione cutanea** è la comparsa di pustole sulla pelle.

esàme *sostantivo maschile*
1 serie di prove per verificare la preparazione di un candidato

alla fine di un ciclo di studi; ▷*esempi*: *esame* di terza media; *esame* di maturità; *esame* di guida.
2 analisi, controllo, indagine; ▷*esempio*: *esame* del sangue.

esaurìre *verbo transitivo*
1 consumare completamente qualche cosa; ▷*esempio*: ho *esaurito* tutti i miei risparmi.
2 trattare a fondo; ▷*esempio*: *esaurirono* tutti gli argomenti.
📖 indicativo presente 1ª persona singolare: io *esaurìsco*.

esclùdere *verbo transitivo*
☞ deriva dal verbo latino *excludere* (chiudere fuori).
1 non ammettere; ▷*esempio*: ti *escluderanno* dall'esame.
2 ritenere non vero; ▷*esempio*: lo *escludo* assolutamente.
📖 indicativo presente 1ª persona singolare: io *esclùdo*.

esèmpio *sostantivo maschile*
1 modello da seguire o da evitare; ▷*esempi*: un *esempio* di amicizia; un *esempio* di viltà.
2 qualunque cosa serva a chiarire una affermazione o altro: ▷*esempio*: chiarirò il significato con un *esempio*.
📖 con la parola *esempio* si hanno molte locuzioni: ▷*esempio*: *per esempio*, abbreviato in *per es.*, *p.es.*, *p.e.*
→PROVERBIO: contano più gli esempi che le parole.

esèrcito *sostantivo maschile*
• il complesso delle forze armate di uno Stato (comunemente usato per quelle di terra).

èsistere *verbo intransitivo*
1 esserci; ▷*esempio*: non *esistono* persone perfette.
2 fare parte delle cose concrete e reali; ▷*esempio*: non credo che *esistano* i vampiri, né i marziani, né i fantasmi.
📖 indicativo presente 1ª persona singolare: io *esìsto*; passato remoto: io *esistéi* o *esistètti*, tu *esistésti*, egli *esisté* o *esistètte*, noi *esistémmo*, voi *esistéste*, essi *esistérono* o *esistèttero*; participio passato: *esistìto*.
Vuole l'ausiliare *essere*.

esòfago *sostantivo maschile*
☞ deriva da una parola greca che significa *quello che trasporta e mangia*.
• parte dell'apparato digerente: il tubo che porta il cibo dalla bocca allo stomaco.
📖 plurale: *esòfagi*; meno diffuso *esòfaghi*.

esòtico *aggettivo*
☞ deriva da una parola greca che significa *che viene da fuori*.

ESERCITO
→DETTO CELEBRE

L'esercito è la nazione.
Napoleone

ESERCITO
→MODO DI DIRE

Esercito di Franceschiello: esercito male armato.
Un'errata tradizione storica ritiene che l'esercito di Francesco II di Borbone (chiamato popolarmente Franceschiello) fosse privo di disciplina e di mezzi.
Il detto viene usato anche per indicare un ente o una istituzione disorganizzati e inefficienti.

📖 GRADI DELL'ESERCITO ITALIANO
(dall'inferiore al superiore)

Soldato
Caporale
Caporale Maggiore
Sergente
Sergente Maggiore
Maresciallo ordinario
Maresciallo Capo
Maresciallo Maggiore
Maresciallo Maggiore Aiutante
Sottotenente
Tenente
Capitano
Maggiore
Tenente Colonnello
Colonnello
Generale di Brigata
Generale di Divisione
Generale di Corpo d'Armata

espressióne

> ## 📖 ESSERE
>
> L'**ausiliare** *essere* si usa:
>
> **1** per formare il *passivo* di tutti i verbi transitivi (Ugo fu aiutato da Carlo).
> **2** per formare i tempi composti di tutti i verbi riflessivi (io mi sono lavato).
> **3** per formare i tempi composti dei verbi intransitivi pronominali (Franco si è vergognato).
> **4** per formare i tempi composti dei verbi impersonali (è piovuto).
> **5** per formare i tempi composti della maggior parte dei verbi intransitivi (Giorgio è partito).

> ## 📖 FU
>
> Nelle indicazioni di paternità precisa che il padre è morto (Giacomo **fu** Luigi). Però, non è il passato remoto di *essere*, ma deriva dal latino *fatutus*, che significa *che ha compiuto il suo destino*.

> ## 📚 TEORIA DELL'EVOLUZIONE
>
> Si definisce *evoluzione* quel lento processo di trasformazione delle specie viventi da forme più primitive a forme più progredite.
> Il massimo esponente dell'*evoluzionismo* è stato il naturalista inglese **Charles Darwin** (1809-1882). Questa teoria si basa su due concetti fondamentali: la selezione naturale e la sopravvivenza del più adatto. Inoltre, l'uomo e la scimmia deriverebbero da un antenato comune.

• che proviene da paesi lontani; *esempio*: piante *esotiche*.

espressióne *sostantivo femminile*
1 aspetto del viso che rivela sentimenti o stati d'animo.
2 termine, parola, frase; *esempio*: *espressione* di amore.

èssere *verbo intransitivo*
1 esistere; *esempio*: c'*era* una volta un re...
2 stare, trovarsi; *esempio*: dove *sei?*
3 appartenere; *esempio*: questo libro *è* mio.
📖 indicativo presente 1ª persona singolare: io *sóno*; imperfetto: io *èro*; passato remoto: io *fùi*, tu *fósti*; futuro: io *sarò*; condizionale presente: io *sarèi*, tu *sarésti*; congiuntivo presente: che io *sìa*; congiuntivo imperfetto: che io *fóssi*; imperativo: *sii*; *siàte*; participio passato: *stàto*.
☞ ATTENZIONE: **è** va sempre con l'accento, **fu** sempre senza.

estuàrio *sostantivo maschile*
• foce di fiume che si allarga a forma di imbuto; *esempio*: l'*estuario* del Tamigi.

età *sostantivo femminile invariabile*
1 gli anni della vita.
2 epoca, periodo della storia; *esempio*: *età* classica.

etèrno *aggettivo*
1 che non ha principio né fine; *esempio*: Dio è *eterno*.
2 che non finisce mai, lunghissimo.

evaporàre *verbo intransitivo*
1 il passare di un liquido allo stato di gas.
2 perdere acqua per il processo dell'evaporare.
📖 indicativo presente 1ª persona singolare: io *evapóro*. Vuole l'ausiliare *essere* nel significato **1**, *avere* nell'altro.
💧 scorretto: *evàporo*.

evoluzióne *sostantivo femminile*
☞ deriva da una parola latina che significa *svolgere un rotolo di papiro per leggervi quanto c'è scritto*.
• mutamento graduale, trasformazione, modificazione.

evvìva *interiezione*
• esprime approvazione; *esempio*: *evviva* i campioni!

èxtra *aggettivo invariabile*
☞ deriva da una parola latina che significa *al di fuori di*.
• si usa per i prodotti commerciali di grande qualità; *esempi*: vino *extra*; burro *extra*, olio *extra*.

f F *sostantivo femminile o maschile invariabile*
• sesta lettera dell'alfabeto italiano; consonante.

fa (1) *sostantivo maschile*
• quarta nota della scala musicale.
✍ deriva dalla sillaba iniziale della parola *Famuli* di un inno latino a S. Giovanni.

fa (2) *avverbio*
• indietro, prima di adesso; 📖*esempio*: tre giorni *fa*.
☞ATTENZIONE: *fa* si riferisce solo al presente (tre giorni a partire da oggi); per il passato si usa *prima*.
L'omonimo **fa** è la 3ª persona del presente indicativo di *fare*; è anche una forma dell'imperativo accanto a *fai, fa'*.

fàbbricàre *verbo transitivo*
• costruire, produrre; 📖*esempio*: *fabbricheranno* una scuola.
◆**Sinonimi**: erigere, edificare.
📖 indicativo presente 1ª persona singolare: io *fàbbrico*.

fàccia *sostantivo femminile*
1 parte anteriore della testa, dalla fronte al mento.
2 superficie esterna di un corpo, lato; 📖*esempi*: le *facce* del cubo; la *faccia* della Luna.
📖 plurale: *fàcce*.
☞ATTENZIONE: da non confondersi con *fàccia* 1ª, 2ª, 3ª persona singolare del congiuntivo presente di *fare*.

faìna *sostantivo femminile*
☞ deriva da una parola latina che significa *faggio*.
• piccolo carnivoro predatore dei Mustelidi (*Martes foina*).
✍ vive nelle zone ove vi sono piante di faggio dei cui semi è ghiotta. È ingiustamente considerato un animale crudele. Presa da piccola può essere facilmente addomesticata.

F NEGLI ALTRI ALFABETI

egizio	cuneiforme
fenicio	sanscrito
arabo	ebraico

faina

fàlce

falco

📖 FANTASCIENZA
(I più famosi autori)

I. Asimov
R. Bradbury
F. Brown
J.W. Campbell
A. C. Clarke
Ph.K. Dick
R. Heinlein
F. Hoyle
Ursula Le Guin
M. Leinster
E.F. Russell
R. Sheckley
C.D. Simak
A. Van Vogt
K. Vonnegut
J. White
J. Wyndham

fantasma

fàlce *sostantivo femminile*
• attrezzo agricolo curvo per tagliare l'erba.

fàlco *sostantivo maschile*
• uccello rapace dei Falconiformi con potenti artigli.
📖 plurale: *fàlchi*.
→ MODO DI DIRE: occhio di falco (vista acutissima).

fàlso *aggettivo*
1 che non è vero; *esempio*: hanno diffuso una notizia *falsa*.
2 finto, non sincero; *esempio*: è un testimone *falso*.
◆ *Contrario*: vero.

fàme *sostantivo femminile*
1 necessità di cibo, appetito.
2 (senso figurato) avidità; *esempio*: *fame* di potenza.

famìglia *sostantivo femminile*
1 l'insieme delle persone unite da parentela; gruppo costituito da padre, madre e figli.
2 gruppo in cui si suddivide un ordine nelle classificazioni.
📖 una **famiglia di parole** indica le parole che derivano da una stessa radice.

fàngo *sostantivo maschile*
• impasto di terra e acqua; melma.
📖 plurale: *fànghi*.

fantasciénza *sostantivo femminile*
• romanzo o film in cui le conquiste scientifiche sono interpretate in modo fantastico.
📖 dalla fantascienza letteraria si è sviluppato, a partire da **H.P. Lovercraft** (1890-1937) e poi da **J.R.R. Tolkien** (1892-1973), il cosiddetto genere **fantasy**, che si differenzia dalla fantascienza per il carattere esclusivamente fantastico, l'atmosfera medievaleggiante, la mitologia nordica ma soprattutto per l'ampio uso di tematiche a sfondo magico.

fantasìa *sostantivo femminile*
☞ deriva da un verbo greco che significa *apparire*.
• capacità della mente di creare immagini.

fantàsma *sostantivo maschile*
• apparizione incorporea, spettro, ombra.
📖 plurale: *fantàsmi*.

Fantozzi *sostantivo maschile*
• personaggio comico creato dall'attore Paolo Villaggio.

faraóne *sostantivo maschile*
☞ deriva da una parola egizia che significa *grande casa*.
• sovrano dell'antico Egitto.

fàre *verbo transitivo*
1 ogni tipo di azione; *esempio*: che cosa *fai*?
2 esercitare un mestiere o una professione.
3 risultare; *esempio*: tre per due *fa* sei.
4 raccogliere; *esempio*: *fare* benzina.
📖 indicativo presente 1ª persona singolare: io *fàccio*, tu *fài*, egli *fa*, noi *facciàmo*, voi *fàte*, essi *fànno*; imperfetto: io *facévo*; passato remoto: io *féci*, tu *facésti*, egli *féce*, noi *facémmo*, voi *facéste*, essi *fécero*; futuro: io *farò*; congiuntivo presente: che io *fàccia*; congiuntivo imperfetto: che io *facéssi*; condizionale: io *farèi*; imperativo: *fa* o *fa'* o *fài*; participio passato: *fàtto*; gerundio: *facèndo*.
✍ spesso è usato in molte locuzioni per lo più improprie; *esempi*: *fa caldo*, invece di **è caldo**; *far fronte*, invece di **opporsi**; *fece il suo nome*, invece di **disse il suo nome**.

farìna *sostantivo femminile*
• prodotto ottenuto dalla macinazione dei cereali; *esempi*: *farina* di grano; *farina* d'orzo; *farina* di riso.

fàscino *sostantivo maschile*
• (senso figurato) capacità di attrarre di una cosa o persona.
◆**Sinonimi**: seduzione, incanto, malia.

fast food [pronuncia: *fast fùd*] *locuzione sostantivata invariabile*
☞ è espressione inglese che significa *cibo veloce*.
• pasto rapido; locale in cui si servono piatti già pronti.

fastìdio *sostantivo maschile*
1 senso di disagio; insofferenza; *esempio*: questo ronzio mi dà *fastidio*.
2 noia, preoccupazione, dispiacere; *esempio*: una giornata piena di *fastidi*.

fàta *sostantivo femminile*
☞ deriva da una parola latina che significa *destino*.
• donna fantastica, bellissima e con poteri soprannaturali.

fàtto *sostantivo maschile*
1 evento, impresa, azione; *esempio*: è un *fatto* realmente accaduto.
2 affare, faccenda; *esempio*: sono *fatti* solo suoi.
→MODO DI DIRE: detto fatto (subito).

faraone

✍ FARAONI FAMOSI

Menes (ca. 3200 a.C.)
Monthopte II (ca. 2050 a.C.)
Sesostri III (ca. 1887-1850 a.C.)
Amenofi I (ca. 1542-1524 a.C.)
Tutmosi I (ca. 1524-1512 a.C.)
Tutmosi III (ca. 1504-1450 a.C.)
Amenofi IV (1353-1336 a.C.)
Tutankhamon (1336-1322 a.C.)
Ramsete II (ca. 1290-1223 a.C.)

fata

fàuna 68

fegato

FEGATO
→MODI DI DIRE

Rodersi il fegato: farsi struggere dalla rabbia.
Aver fegato: essere coraggioso.
Avere un bel fegato: essere sfrontato, essere sfacciato.

FERRO
→MODI DI DIRE

Andare sotto i ferri: sottoporsi a un intervento chirurgico.
Toccar ferro: fare gli scongiuri.
Essere ai ferri corti: litigare.
Di ferro: molto resistente.

ferro da stiro

fàuna *sostantivo femminile*
• l'insieme degli animali viventi in un certo ambiente; *esempi*: la *fauna* alpina; la *fauna* marina.
✍ il termine fu introdotto dal naturalista svedese **Linneo**, nel 1746, che lo derivò dalla divinità romana *Fauna*, protettrice delle specie animali.

fàvola *sostantivo femminile*
☞ deriva da un verbo latino che significa *parlare*.
• racconto fantastico; *esempio*: la *favola* di Biancaneve.

favorìre *verbo transitivo*
1 essere ben disposto verso qualcuno.
2 incoraggiare, assecondare; agevolare.
📖 indicativo presente 1ª persona singolare: io *favorìsco*.

fégato *sostantivo maschile*
• ghiandola dell'apparato digerente, la più grossa del corpo.

félce *sostantivo femminile*
• nome generico di piante Pteridofite delle zone umide.

fèrie *sostantivo femminile plurale*
• periodo di riposo e astensione dal lavoro.
✍ i **giorni lavorativi** sono detti **feriali** (da ferie) perché *ferie* mantiene il significato della parola latina da cui deriva (*giorno di riposo per dedicarsi al culto di un dio*); *feriale*, con il crisianesimo, è diventato giorno dedicato a un santo, ma senza dover interrompere il lavoro.

fermàre *verbo transitivo*
1 arrestare qualcuno o qualcosa che è in movimento; *esempio*: *ferma* la macchina, voglio scendere.
2 dare stabilità a qualcosa; *esempio*: ho *fermato* la porta.
📖 indicativo presente 1ª persona singolare: io *férmo*.

feróce *aggettivo*
☞ deriva da una parola latina che significa *selvatico*.
1 di animale selvatico e predatore; *esempio*: la tigre è un animale *feroce*.
2 di persona crudele e disumana; *esempi*: un *feroce* assassino; un *feroce* tiranno.
◆**Contrari**: mite, pacifico.

fèrro *sostantivo maschile*
1 metallo molto resistente, diffuso in natura.
2 qualsiasi oggetto o strumento in ferro; *esempi*: *ferro* da stiro (più corretto: **per** stiro); *ferro* di cavallo.

ferrovìa *sostantivo femminile*
• strada a rotaie per treni.

fèsta *sostantivo femminile*
1 giorno di celebrazione di una solennità religiosa o civile; *esempi*: la *festa* di Natale; la *festa* del lavoro (1° maggio).
2 ricorrenze di compleanno, anniversario di nozze, ecc.

fidùcia *sostantivo femminile*
• senso di stima verso qualcuno; *esempio*: ho grande *fiducia* nelle tue capacità.
plurale: *fidùcie*.
voto di fiducia: voto con cui il Parlamento approva o disapprova uno o più provvedimenti del Governo.

fìglio *sostantivo maschile*
• persona di sesso maschile che è tale rispetto ai suoi genitori.
plurale: *fìgli*; femminile *fìglia*.

figùra *sostantivo femminile*
1 forma, aspetto esteriore; *esempio*: una *figura* rotonda.
2 disegno, riproduzione di un soggetto umano.
ATTENZIONE: **figure grammaticali**: sono quelle che si discostano dalle regole proprie della grammatica per dare vivacità al discorso; **figure retoriche**: sono certi modi di rappresentare un concetto; **figure metriche**: sono accorgimenti grafici o fonetici con cui si modificano, per esigenze poetiche, i valori sillabici delle parole.
→MODO DI DIRE: fare una bella o una brutta figura (fare bella o brutta impressione).

film *sostantivo maschile invariabile*
è una parola inglese.
1 pellicola cinematografica.
2 spettacolo cinematografico.

fióre *sostantivo maschile*
• parte della pianta con gli organi di riproduzione, costituita da calice, corolla, petali, sepali, stame, pistillo e stelo.

fìsica *sostantivo femminile*
deriva da una parola greca che significa *natura*.
• scienza che studia i fenomeni naturali e le loro leggi.

fiùme *sostantivo maschile*
• corso d'acqua dolce che sbocca in mare o in un lago o in un altro fiume; *esempio*: il Po è il *fiume* italiano più lungo.

fiori

FIUME
→MODI DI DIRE

Fiume di parole: discorso lungo e interminabile.
Fiume di lacrime: pianto dirotto.

FIUMI
(lunghezza)

Nilo-Kagera	6.671 km
Rio delle Amazzoni	6.280 km
Yangtze Kiang	5.800 km
Ob-Irtys	5.410 km
Fiume giallo	4.845 km
Mekong	4.500 km
Amur	4.416 km
Lena	4.400 km
Mackenzie	4.241 km
Congo	4.200 km
Niger	4.160 km
Paraná	3.900 km
Mississippi	3.778 km
Missouri	3.726 km
Danubio	2.860 km
Don	1.870 km
Reno	1.326 km
Senna	776 km
Po	652 km

FOGLIA
→MODI DI DIRE

Mangiare la foglia: capire come stanno le cose.
Essere una foglia al vento: essere di carattere mutevole

foglie

FOLLA
→DETTI CELEBRI

Una folla non è compagnia, e le facce sono soltanto una galleria di quadri.
     Francesco Bacone

Allora soprattutto ritirati in te stesso, quando sei costretto a stare in mezzo alla folla
     Epicuro

forbici

---

fiutàre *verbo transitivo*
1 sentire l'odore aspirando con il naso; *esempio*: i cani *fiutarono* la selvaggina.
2 (senso figurato) sospettare; *esempio*: *fiutare* un inganno.
indicativo presente 1ª persona singolare: io *fiùto*.

flòra *sostantivo femminile*
• l'insieme delle piante di un determinato ambiente; *esempi*: la *flora* alpina; la *flora* mediterranea.
il termine fu introdotto dal naturalista svedese **Linneo**, che lo derivò dalla divinità romana *Flora*, protettrice delle specie vegetali (come Fauna lo era delle specie animali).

flòtta *sostantivo femminile*
• l'insieme delle navi da guerra o mercantili di uno stato.
in senso estensivo si usa anche per l'insieme degli aerei di uno stato (**flotta aerea**).

fóce *sostantivo femminile*
• sbocco di un fiume in mare o in un lago; *esempio*: la *foce* può essere a delta o a estuario.

fòglia *sostantivo femminile*
• organo della traspirazione e della respirazione delle piante.
l'oscura formula finale di molte fiabe, **stretta è la foglia e larga la via**, si capisce solo considerando che *foglia* è stata una errata interpretazione di *soglia* (nelle grafie antiche *f* e *s* erano quasi identiche).

fòlla *sostantivo femminile*
☞ deriva da un verbo latino che indica l'azione di *calcare i panni bagnati per ridurli a feltro*.
• grande quantità di persone riunite in uno stesso luogo.

fondàre *verbo transitivo*
☞ deriva da una parola latina che significa *fondo*.
1 gettare le basi di una struttura in muratura.
2 (senso figurato) posare; riporre; *esempio*: *fondiamo* le nostre speranze sulla tua onestà.
3 (senso figurato) dare inizio; *esempio*: *fondare* un partito.
indicativo presente 1ª persona singolare: io *fóndo*.

fóndere *verbo transitivo*
• sciogliere per effetto del calore.
indicativo presente 1ª persona singolare: io *fóndo*; passato remoto: io *fùsi*, tu *fondésti*, egli *fùse*, noi *fondémmo*, voi *fondéste*, essi *fùsero*; participio presente: *fondènte*; participio passato: *fùso*.

fòrbici *sostantivo femminile plurale*
• strumento per tagliare, formato da due lame.

forèsta *sostantivo femminile*
• vasta area incolta coperta da alberi.

fórma *sostantivo femminile*
1 aspetto esteriore, figura; *esempio*: *forma* rotonda.
2 aspetto esteriore di qualcuno (specialmente al plurale); *esempio*: è una ragazza dalle *forme* snelle.

formìca *sostantivo femminile*
• insetto degli Imenotteri che vive in comunità.
plurale: *formìche*. Da non confondersi con **fòrmica** (e plurale **fòrmiche**), materiale plastico per rivestire mobili.

fòrmula *sostantivo femminile*
1 frase obbligatoria che si usa in particolari occasioni; *esempio*: *formula* di giuramento.
2 simboli per indicare, in chimica, gli elementi di una sostanza; *esempio*: H_2O è la *formula* dell'acqua.

fortùna *sostantivo femminile*
1 destino, caso; *esempio*: la *fortuna* ha gli occhi bendati.
2 circostanza favorevole che fugge facilmente.
3 ricchezza; *esempio*: ha accumulato una *fortuna*.
→MODI DI DIRE: la fortuna è cieca (colpisce a caso); essere baciati dalla fortuna (avere buona sorte); la fortuna è calva (quando fugge è inutile tentare di prenderla per i capelli).

fòssile *sostantivo maschile*
• resti di organismi viventi vissuti in epoche preistoriche e conservatisi negli strati rocciosi.

fotografìa *sostantivo femminile*
☞ deriva da una parola greca che significa *scritto con la luce*.
• procedimento per ottenere un'immagine su una pellicola.

fràgola *sostantivo femminile*
• pianta delle Rosacee che dà piccoli frutti rossi.

francobóllo *sostantivo maschile*
• talloncino rettangolare, stampato dallo Stato, da incollare su lettere e cartoline da spedire.
plurale: *francobólli*.

fràse *sostantivo femminile*
☞ deriva da un verbo greco che significa *dire*.

FORMA
→MODI DI DIRE

Essere in forma: essere pieno di vigore e di serenità.
Prender forma: cominciare ad avere consistenza (detto di idea).

formiche
(operaia, soldato)

1ª FOTOGRAFIA

La prima fotografia conosciuta è del 1827 e fu scattata dal fisico francese **Joseph-Nicéphore Niepce**.

fragola

1º FRANCOBOLLO

Il primo francobollo adesivo della storia è il **penny black** del 1840, con l'effige della regina Vittoria.

frazióne

freccia

✎ FUCILE

Nella battaglia di Cerignola (1503) gli spagnoli armati di fucili ad acciarino sbaragliarono i cavalieri francesi corazzati.

fucile

TIPI DI FUNGHI

porcino

ovulo

Amanita muscaria (velenoso)

• insieme di parole con significato compiuto; esempio: non ripetere sempre la stessa *frase*!

frazióne *sostantivo femminile*
1 parte separabile di un tutto.
2 espressione matematica costituita da un numeratore e da un denominatore; esempio: 3/4 è una *frazione*.
3 centro abitato all'interno di uno più grosso; borgata.

fréccia *sostantivo femminile*
• asta con punta acuta da lanciare con arco o balestra.
📖 plurale: *frécce*.

fréddo *aggettivo*
1 che ha bassa temperatura.
2 di persona poco sensibile.

frésco *aggettivo*
1 che provoca una sensazione piacevole di freddo.
2 appena fatto, raccolto, ecc.; esempio: latte *fresco*.
📖 plurale maschile: *fréschi*.

frigorìfero *sostantivo maschile*
• elettrodomestico al cui interno si mantiene una bassa temperatura adatta per conservare gli alimenti.

frùtto *sostantivo maschile*
1 prodotto naturale della terra; esempio: i *frutti* dell'orto.
2 (senso figurato) conseguenza; esempio: è un *frutto* del suo lavoro.
📖 plurale maschile: i *frùtti*. **Le frutta** o **le frutte** è il plurale del sostantivo femminile **frutta** che indica il prodotto commestibile già raccolto e pronto per essere consumato.

fucìle *sostantivo maschile*
☞ deriva da una parola latina che significa *fuoco*.
• arma da fuoco portatile a canna lunga.

fumétto *sostantivo maschile*
• le caratteristiche nuvolette che racchiudono i dialoghi dei personaggi di storie narrate con disegni.
✎ il primo fumetto fu l'americano **Yellow Kid** del 1895; del 1899 è **Happy Hooligan** (in Italia noto come **Fortunello**).

fùngo *sostantivo maschile*
• organismo vegetale privo di clorofilla con corpo fruttifero talvolta commestibile.
📖 plurale: *fùnghi*.

G

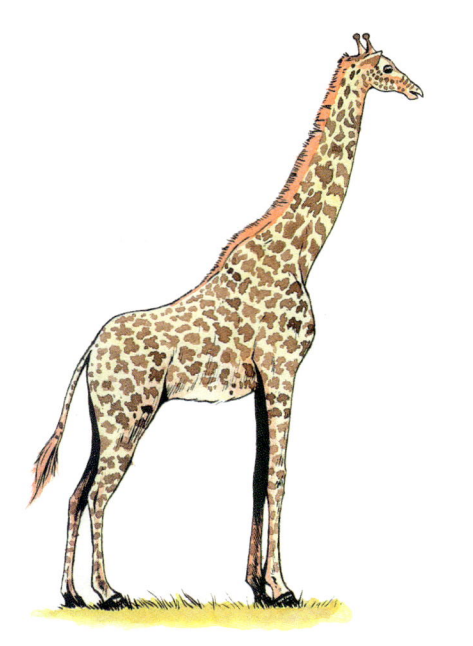

g G *sostantivo femminile o maschile invariabile*
• settima lettera dell'alfabeto italiano; consonante.
📖 nel sistema metrico decimale **g** significa grammo; **G** era l'antico nome della nota musicale Sol.

gabbiàno *sostantivo maschile*
• uccello acquatico dei Lariformi, con grandi ali, grosso becco ricurvo, piumaggio bianco.

galeóne *sostantivo maschile*
• grossa nave da guerra o mercantile del XVI e XVII secolo.

galleggiàre *verbo intransitivo*
• stare a galla; *esempio*: il ghiaccio *galleggia* sull'acqua.
📖 indicativo presente 1ª persona singolare: io *galléggio*. Vuole l'ausiliare *avere*.

gallerìa *sostantivo femminile*
1 traforo, strada che attraversa una montagna; *esempio*: la *galleria* del Sempione.
2 nei cinema e nei teatri, i posti sopra la platea.
3 salone in cui vengono esposti quadri o altre opere d'arte.

gallìna *sostantivo femminile*
• femmina del gallo; *esempio*: quando la *gallina* ha i pulcini o cova le uova è chiamata chioccia.
📖 il **gallo** è un uccello dei Gallinacei da tempo addomesticato; differisce dalla gallina perché è più grosso e ha sulla testa cresta e barbigli (appendici carnose).
→PROVERBIO: gallina vecchia fa buon brodo.

gàmba *sostantivo femminile*
☞ deriva da una parola greca che significa *giuntura*.
1 ciascuno degli arti inferiori, dal ginocchio al piede.

G NEGLI ALTRI ALFABETI

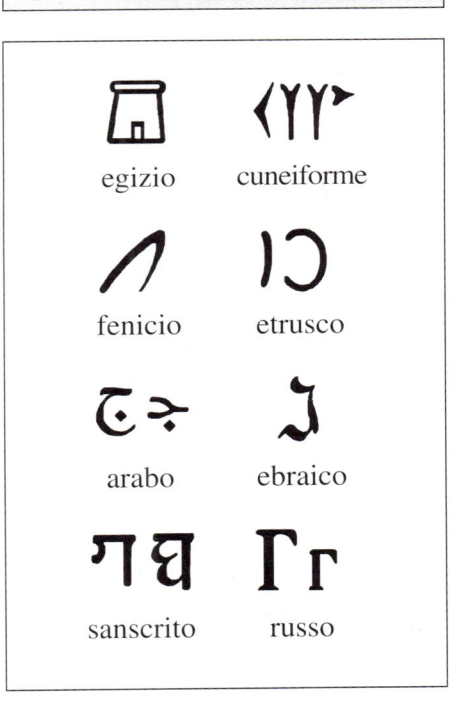

egizio	cuneiforme
fenicio	etrusco
arabo	ebraico
sanscrito	russo

gabbiano

gàmbo

gambe

gatto

GATTO
→MODI DI DIRE

Gatta ci cova: quando si ha il sospetto che qualcosa non vada.
Essere come il gatto e la volpe: spalleggiarsi l'un l'altro in azioni poco oneste.
Quattro gatti: poche persone.

Gemelli (segno zodiacale)

2 sostegno di tavoli, sedie, ecc.
→MODO DI DIRE: essere in gamba (essere bravo).

gàmbo *sostantivo maschile*
• stelo che sostiene foglie, fiori, frutti.
◆*Sinonimi*: peduncolo, picciuolo.

gàra *sostantivo femminile*
☞ deriva da una parola araba che significa *scontro*.
• confronto, competizione tra concorrenti o squadre.

gas *sostantivo maschile invariabile*
☞ deriva da una parola greca (*càos*) che significa *massa informe*.
• sostanza simile all'aria; *esempio*: il *gas* naturale si forma nel sottosuolo ed è usato come combustibile.
📖 i nomi composti e i derivati di solito raddoppiano la *s* (*gassoso*), ma non lo fanno *gasolio* e *gasolina*.
✎ il **gas nervino** è una terribile arma chimica che provoca la morte di chi lo respira; il **gas lacrimogeno** è meno tossico ed è usato a scopo intimidatorio.

gàtto *sostantivo maschile*
• Mammifero carnivoro domestico dei Felidi.

gelàto *sostantivo maschile / aggettivo*
A *sostantivo maschile*
• dolce ghiacciato di latte, zucchero e vari altri ingredienti.
B *aggettivo*
• allo stato di ghiaccio; *esempio*: la strada era *gelata*.

gemèllo *sostantivo maschile / aggettivo*
• fratello nato nello stesso parto; *esempio*: Castore e Polluce sono due famosi *gemelli* della mitologia greca.

Gemèlli *sostantivo maschile plurale*
• terzo segno dello Zodiaco, dal 22 maggio al 21 giugno.

generàre *verbo transitivo*
1 far nascere, dare la vita.
2 (senso figurato) causare; *esempio*: odio *genera* odio.
📖 indicativo presente 1ª persona singolare: io *gènero*.

generóso *aggettivo*
• che è altruista, che dona e aiuta disinteressatamente.
◆*Sinonimi*: nobile, magnanimo.
✎ si dice **vino generoso** (molto buono) perché si riferisce al significato originario di generoso: di nobile stirpe.

gènio (1) *sostantivo maschile*
☞ deriva da un verbo latino che significa *generare*.
1 inclinazione naturale e talento eccezionali; *esempio*: Leonardo da Vinci fu un artista di *genio*.
2 nella mitologia romana spirito protettore di ciascun uomo, simile all'Angelo custode.
3 personaggio fantastico che ubbidisce ad ordini magici; *esempio*: il *genio* della lampada.
📖 plurale: *gèni*.

gènio (2) *sostantivo maschile*
• corpo speciale dell'esercito con compiti di ingegneria (costruzione o riparazione di ponti, strade e opere simili).

geografia *sostantivo femminile*
☞ deriva da una parola greca che significa *descrizione della terra*.
• scienza che descrive la Terra.
ATTENZIONE: la **geografia astronomica** descrive la Terra rispetto alla posizione che occupa nell'universo.

geometrìa *sostantivo femminile*
☞ deriva da una parola greca che significa *misurazione della terra*.
• scienza che studia le figure nello spazio.

gèrgo *sostantivo maschile*
• linguaggio particolare di alcune categorie di persone; *esempi*: il *gergo* studentesco; il *gergo* militare.
📖 plurale: *gèrghi*.

geroglìfico *sostantivo maschile*
☞ deriva da una parola greca che significa *incisione sacra*.
• ogni segno della scrittura egizia antica; *esempio*: la scrittura con *geroglifici* è anche detta ideografica o pittorica.
📖 plurale: *geroglìfici*.

gettàre *verbo transitivo*
• lanciare, scagliare, allontanare violentemente; *esempio*: non *gettate* la carta per terra.
📖 indicativo presente 1ª persona singolare: io *gètto*.

ghepàrdo *sostantivo maschile*
• Mammifero dei Felidi, carnivoro, diffuso in Africa e in Asia; simile al leopardo, ma più snello.

ghétto *sostantivo maschile*
• quartiere povero e malfamato delle grandi città; *esempio*: il

genio della lampada

ghepardo

🔍 GHEPARDO

Il record di velocità nella corsa è detenuto dal **ghepardo** (*Acinonyx jubatus*) che può raggiungere i 115 km all'ora.

ghigliottina

ghetto di New York si chiama Harlem.
✎ deriva dal nome di un'isoletta veneziana, in cui vennero mandati gli Ebrei nel '500. Si chiamava così perché vi era una fonderia (*ghèto* vuol dire *getto*).

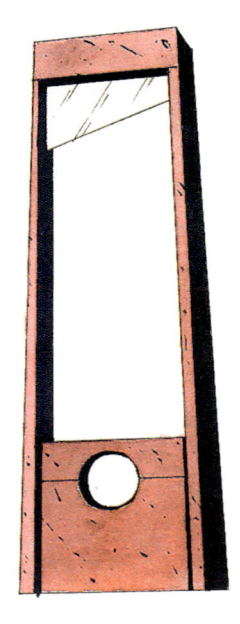

ghigliottìna *sostantivo femminile*
• macchina per decapitare i condannati a morte; 🕮*esempio*: la *ghigliottina* fu usata la prima volta in Francia nel 1792.
✎ una macchina simile era già in uso fin dal secolo XVI, ma fu il medico **Guillotin** che nel 1791 la perfezionò rendendo meno dolorosa la decapitazione.

ghìro *sostantivo maschile*
• piccolo mammifero dei Roditori con folta pelliccia.
→MODO DI DIRE: dormire come un ghiro (dormire profondamente come il ghiro che in inverno va in letargo).

già *avverbio*
• indica che l'azione espressa dal verbo è avvenuta prima del momento di cui si parla; 🕮*esempio*: ho *già* finito.

giàcca *sostantivo femminile*
• indumento con maniche che copre la parte superiore del corpo dalle spalle alla vita.
📖 plurale: *giàcche*.

gigànte *sostantivo maschile / aggettivo*
A *sostantivo maschile*
1 personaggio favoloso di enormi dimensioni; 🕮*esempio*: nella mitologia i *Giganti* erano figli della Terra e del Cielo.
2 persona con qualità eccezionali; 🕮*esempio*: Shakespeare è un *gigante* della letteratura.
B *aggettivo*
• di enormi proporzioni; 🕮*esempio*: ho comprato una confezione *gigante* di gelato.
→MODO DI DIRE: fare passi da gigante (compiere rapidi progressi).

ginnàstica *sostantivo femminile*
• disciplina che tratta di esercizi particolari per irrobustire e rendere agile il corpo.
✎ oggi nelle scuole si chiama **educazione fisica**.

ginòcchio *sostantivo maschile*
• articolazione tra la coscia e la gamba vera e propria.
📖 plurale maschile **i ginocchi** (quando sono presi singolarmente) e femminile **le ginocchia** (quando si vuole indicare tutti e due).

ghigliottina

gigante

GINOCCHIO
→MODI DI DIRE

Mettere in ginocchio: piegare qualcuno, vincerlo; umiliarlo.
Mettersi in ginocchio: arrendersi oppure supplicare.
Sentirsi piegare le ginocchia: sentirsi cadere per paura o per debolezza.

giocàre *verbo intransitivo*
1 passare il tempo in attività divertenti.
2 praticare uno sport; *esempio*: *giocare* a tennis.
3 scommettere, puntare denaro; *esempio*: *giocare* al lotto.
indicativo presente 1ª persona singolare: io *giòco*. Vuole l'ausiliare *avere*.

giocàttolo *sostantivo maschile*
• divertimento per bambini.
◆**Sinonimi**: balocco, gingillo.
errato: *giuocàttolo*.

giornàle *sostantivo maschile*
• foglio stampato quotidianamente con le notizie del giorno; *esempio*: l'articolo di fondo di un *giornale* è il commento ai fatti di maggior attualità, firmato in generale dal direttore, pubblicato in apertura di prima pagina.

giórno *sostantivo maschile*
1 periodo di tempo dall'alba al tramonto.
2 spazio di 24 ore da una mezzanotte a quella successiva.
nei saluti si usa **buon giorno** dall'alba al mezzogiorno, **buona sera** fino alle ventuno, **buona notte** dopo.

giràffa *sostantivo femminile*
• Mammifero ruminante artiodattilo africano e dal collo lunghissimo.

girìno *sostantivo maschile*
☞ deriva da una parola greca che significa *rotondo*.
• il piccolo di alcuni Anfibi (rane, rospi, raganelle); *esempio*: il *girino* respira con le branchie come i pesci e vive esclusivamente nell'acqua.

giubbòtto *sostantivo maschile*
• giacca di tipo sportivo di solito in pelle o cuoio.

giudicàre *verbo transitivo*
• esprimere un giudizio, valutare.
indicativo presente 1ª persona singolare: io *giùdico*.

giùngla *sostantivo femminile*
• foresta tropicale con vegetazione fitta e intricata.
la forma *jungla* è scorretta; invece, la forma *iungla* è arcaica.

giuraménto *sostantivo maschile*
• promessa solenne, impegno, voto.

giraffa

girino

giubbotto

giustìzia

gnomo

goal

gorilla

giustìzia *sostantivo femminile*
1 virtù per cui si rispettano e si difendono i diritti di tutti gli uomini; ▷*esempio*: dovrebbe esserci più *giustizia* nel mondo.
2 comportamento onesto e retto.

glòria *sostantivo femminile*
• grande e immortale fama; ▷*esempio*: "fu vera *gloria*?" (da una poesia di Manzoni scritta per la morte di Napoleone).

gnòmo *sostantivo maschile*
• piccoli esseri leggendari, intelligenti e invisibili, che vivono al centro della terra e ne custodiscono i tesori. Sono amici degli uomini. Mentre gli gnomi sono barbuti, brutti e deformi, le loro femmine (le gnomidi) sono altrettanto piccole ma molto carine.
✎ il nome risale al medico e mago **Paracelso** (1493-1541) in riferimento al termine greco che significa intelligenza.

goal [pronuncia: *gòl*] *sostantivo maschile invariabile*
☞ è termine inglese che significa *traguardo*.
• nel gioco del calcio punto che si ottiene quando il pallone entra nella rete avversaria.
📖 comunemente si usa il termine italianizzato **gol**.

gorìlla *sostantivo maschile invariabile*
☞ è il nome che Annone, geografo greco del VI secolo a.C. diede a un popolo di donne molto pelose.
• grossa scimmia antropomorfa.

govèrno *sostantivo maschile*
☞ deriva da un verbo greco che significa *pilotare una nave dirigendo il timone*.
1 guida, direzione, comando; controllo.
2 l'insieme degli organi amministrativi dello Stato.

gràdo *sostantivo maschile*
1 ognuno dei punti per cui si passa da un livello a quello successivo; ▷*esempio*: procedere per *gradi*.
2 unità di misura degli angoli, della temperatura, ecc.; ▷*esempio*: una temperatura di 34 *gradi* centigradi (°C).

grammàtica *sostantivo femminile*
☞ deriva da una parola greca che vuol dire *lettera*.
• l'insieme delle regole di una lingua; ▷*esempio*: la *grammatica* comprende la **fonologia** (suono delle parole e loro modo di scriverle o ortografia), la **morfologia** (forma delle parole), la **sintassi** (modo di unire le parole fra loro).
→PROVERBIO: val più la pratica che la grammatica.

grànde *aggettivo*
1 di notevoli dimensioni, superiori alla norma.
2 abbondante; *esempio*: un *grande* patrimonio.
📖 **grande** talvolta muta significato a seconda che preceda o segua il nome cui si riferisce; *esempi*: un *grande* uomo vuol dire un uomo illustre; un uomo *grande*, un uomo alto.
◆**Contrario**: piccolo.

grattacièlo *sostantivo maschile*
• edificio altissimo con numerosi piani.
📖 plurale: *grattacièli*.

gridàre *verbo intransitivo*
• esprimersi ad alta voce, urlare.
📖 indicativo presente 1ª persona singolare: io *grìdo*.
Vuole l'ausiliare *avere*.

grùppo *sostantivo maschile*
• insieme di persone o cose riunite in un tutto; *esempi*: un *gruppo* di studenti; un *gruppo* di alberi.

guància *sostantivo femminile*
• parte laterale del viso, gota.
📖 plurale: *guànce*.

guànto *sostantivo maschile*
• indumento che copre e protegge la mano.

guardàre *verbo transitivo*
1 volgere lo sguardo verso qualcosa.
2 sorvegliare, controllare, vigilare.
📖 indicativo presente 1ª persona singolare: io *guàrdo*.

guarìre *verbo transitivo / verbo intransitivo*
A *verbo transitivo*
• ridare la salute; curare, eliminare una malattia.
B *verbo intransitivo*
• rimettersi in salute; risanare.
📖 indicativo presente 1ª persona singolare: io *guarìsco*.
Vuole l'ausiliare *avere* se transitivo, *essere* se intransitivo.

guèrra *sostantivo femminile*
• lotta armata fra Stati; *esempio*: le *Guerre* puniche.

gùfo *sostantivo maschile*
☞ deriva da una parola latina dal suono simile alla voce del gufo (*bufo*).
• rapace notturno con testa grossa e occhi frontali.

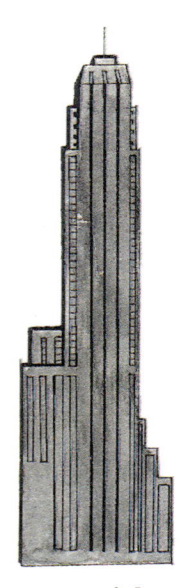

grattacielo

guanto

GUANTO
→MODI DI DIRE

Gettare il guanto: sfidare.
Trattare con i guanti: trattare con rispetto e gentilezza.

gufo

h H *sostantivo femminile* o *maschile invariabile*
- ottava lettera dell'alfabeto italiano.
- 📖 Simboli: **h** = ora; **h** = altezza; **H** = simbolo dell'idrogeno.

habitat *sostantivo maschile invariabile*
☞ parola latina.
- ambiente; *esempio*: gli animali hanno un loro *habitat*.

hamburger [pronuncia: *ambùrgher*] *sostantivo maschile invariabile*
☞ parola inglese che propriamente significa *di Amburgo*.
- medaglione di carne tritata.

hashish o **hascìsc** *sostantivo maschile invariabile*
☞ parola araba che significa *erba*.
- droga ottenuta dalle resine dei germogli di canapa indiana.

hi-fi [pronuncia: *ài-fai*] *locuzione sostantivale femminile invariabile*
☞ abbreviazione inglese di *alta fedeltà* (*high fidelity*).
- riproduzione del suono ad alta fedeltà.

hobby [pronuncia: *òbbi*] *sostantivo maschile invariabile*
☞ parola inglese che propriamente significa *a dondolo* (da cavallo a dondolo, *hobby horse*).
- passatempo, svago; *esempio*: l'*hobby* dei francobolli.

hot-dog *locuzione sostantivale maschile invariabile*
☞ parola inglese che significa *cane ardente*.
- panino caldo imbottito con würstel e senape.

humus *sostantivo maschile invariabile*
☞ parola latina che significa *terra*.
- terreno ricco di sostanze organiche in decomposizione.

H

H NEGLI ALTRI ALFABETI

greco	cuneiforme
fenicio	sanscrito
arabo	ebraico

hamburger

hot-dog

i I *sostantivo femminile o maschile invariabile*
• nona lettera dell'alfabeto italiano; vocale.
📖 davanti a una vocale o all'inizio di parola è detta **i semiconsonante**; *esempi*: *ieri, iuventus, iugero*. Un tempo la si esprimeva con *j* che ormai è in disuso.
💧 come semiconsonante non vuole mai l'uso dell'apostrofo (*di ieri*, non *d'ieri*).

iceberg [pronuncia: *àisberg*] *sostantivo maschile invariabile*
☞ parola inglese che deriva dall'olandese e significa *montagna di ghiaccio*.
• massa di ghiaccio che galleggia nei mari polari.

idèa *sostantivo femminile*
☞ deriva da una parola greca che significa *forma*.
1 concetto, oggetto del pensiero; *esempio*: la mia *idea* di giustizia è diversa dalla tua.
2 iniziativa, decisione di fare qualcosa; *esempio*: la tua è stata una *idea* geniale per risolvere ogni problema.

idèntico *aggettivo*
• perfettamente uguale; *esempio*: i due gemelli sono *identici* come due gocce d'acqua.
📖 plurale: *idèntici*.

identità *sostantivo femminile invariabile*
1 uguaglianza perfetta; *esempio*: perfetta *identità* di idee.
2 essere quella persona e non un'altra; *esempio*: la carta di *identità* è un documento personale di riconoscimento.

idràulico *sostantivo maschile / aggettivo*
A *sostantivo maschile*
• operaio esperto nella riparazione di tubi e impianti dell'acqua.

I NEGLI ALTRI ALFABETI

ebraico	cuneiforme
fenicio	sanscrito
arabo	russo

iceberg

B *aggettivo*
• che riguarda o ha attinenza con l'acqua; *esempi*: pompa *idraulica*; impianti *idraulici*.
📖 plurale: *idràulici*.

idrògeno *sostantivo maschile*
☞ deriva da una parola greca che significa *che genera acqua*.
• il più leggero dei gas, molto infiammabile, inodore; *esempio*: il simbolo dell'*idrogeno* è H.
✎ la spaventosa **bomba all'idrogeno** (bomba H) sfrutta la reazione di fusione di più atomi di idrogeno in nuclei di elio.

ièna *sostantivo femminile*
☞ deriva da una parola greca che significa *scrofa*.
• mammifero dei Carnivori dell'Africa e dell'India; emette una particolare voce simile a una risata.

iettatóre *sostantivo maschile*
☞ deriva da una voce dialettale meridionale che significa *gettare* (il malocchio).
• chi ha il potere di esercitare influssi maligni.

igiène *sostantivo femminile*
☞ deriva da una parola greca che significa *salute*.
1 parte della medicina che previene le malattie e conserva lo stato di salute.
2 (senso estensivo) l'insieme delle norme di pulizia della persona e dell'ambiente.
📖 si usa solo il singolare.

igloo [pronuncia: *iglù*] *sostantivo maschile invariabile*
☞ voce inglese che riproduce l'eschimese *illo* (casa).
• costruzione di neve ad uso di abitazione presso gli Eschimesi.

ignoràre *verbo transitivo*
• non sapere, non conoscere; *esempio*: *ignora* le regole della grammatica.
📖 indicativo presente 1ª persona singolare: io *ignòro*.

iguàna *sostantivo femminile*
• grosso rettile dei Sauri, con cresta sul dorso e lunga coda; vive sugli alberi dell'America centro-meridionale.
☛ è errato considerarlo maschile invariabile.

illéso *aggettivo*
• che non ha danni né lesioni; sano e salvo; *esempio*: uscirono *illesi* da un grave incidente.
◆**Sinonimi**: indenne, intatto, incolume.

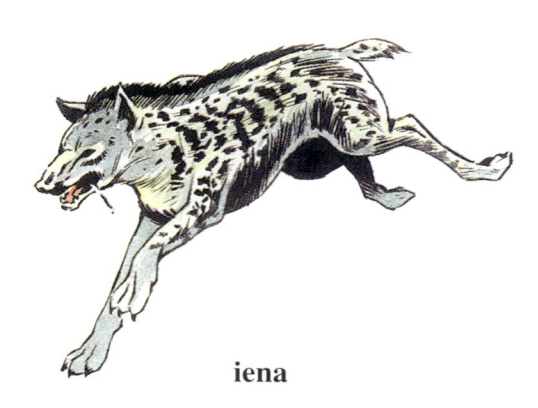

iena

igloo

iguana

illimitàto *aggettivo*
• senza limiti di tempo, spazio o quantità.

illùdere *verbo transitivo / verbo riflessivo*
A *verbo transitivo*
• ingannare, spingere a credere o a sperare in cosa vana; *esempio*: ti *hanno illuso* con false promesse.
B *verbo riflessivo*
• ingannarsi; *esempio*: non devi *illuderti* troppo.
📖 indicativo presente 1ª persona singolare: io *illùdo*.

imboccàre *verbo transitivo*
1 mettere il cibo in bocca; dar da mangiare.
2 entrare in una strada da percorrere.
📖 indicativo presente 1ª persona singolare: io *imbócco*.

imboscàta *sostantivo femminile*
☞ deriva da *bosco*.
• trappola, agguato teso di sorpresa a un nemico.

imbottìre *verbo transitivo*
1 riempire con lana o gommapiuma.
2 riempire un panino con salumi, ecc.
📖 indicativo presente 1ª persona singolare: io *imbottìsco*.

imbùto *sostantivo maschile*
☞ deriva da un verbo latino che significa *bagnare*.
• oggetto a forma di cono rovesciato e terminante con un cannello per travasare liquidi.

Imenòtteri *sostantivo maschile plurale*
☞ deriva da una parola greca che significa *con ali membranose*.
• ordine di insetti con apparato boccale atto a mordere, quattro ali membranose e talvolta un pungiglione.

imitàre *verbo transitivo*
1 copiare, riprodurre; falsificare; *esempio*: ha tentato di *imitare* la mia firma.
2 seguire come modello; *esempio*: Luca *imita* in tutto suo fratello maggiore.
📖 indicativo presente 1ª persona singolare: io *ìmito*.

immàgine *sostantivo femminile*
1 fotografia, illustrazione; *esempio*: le *immagini* a colori del libro.
2 forma, aspetto di qualcosa; *esempio*: lo specchio riflette fedelmente le *immagini*.

✍ IMBOSCATA

Il 25 giugno 1876 il settimo reparto Cavalleria al comando del tenente colonnello George Armstrong **Custer** cadde in un'imboscata dei Sioux presso il fiume Little Big Horn. Egli, con soli 266 uomini, aveva cercato di caricare gli indiani, ignorando il loro reale numero. I soldati furono circondati su una collina e uccisi. Gli indiani erano circa 2.500, al comando dei capi Toro Seduto e Cavallo Pazzo. Sembra che l'unico superstite sia stato il trombettiere di origine italiana, Giovanni Martini.

imbuto

✍ IMENOTTERI
(insetti)

Appartengono a quest'ordine (composto da circa 200.000 specie):

Api
Vespe
Formiche

I PIÙ FAMOSI IMPERATORI ROMANI

Augusto	27 a.C.-14 d.C.
Tiberio	14-37
Caligola	37-41
Claudio	41-54
Nerone	54-69
Vespasiano	69-79
Tito	79-81
Traiano	98-117
Adriano	117-161
Marco Aurelio	161-180
Diocleziano	284-305
Costantino	306-337
Giuliano	361-363
Teodosio	379-395
Romolo Augustolo	475-476

impermeabile

impronta

immèrgere *verbo transitivo*
• mettere nell'acqua o in altro liquido.
 indicativo presente 1ª persona singolare: io *immèrgo*.

immortàle *aggettivo*
1 che non muore mai; *esempio*: gli dei sono *immortali*.
◆*Sinonimo*: eterno.
2 che dura sempre; *esempio*: la fama *immortale* del poeta.
◆*Contrario*: effimero.

imparàre *verbo transitivo*
• apprendere nozioni nuove mediante lo studio, l'esercizio o l'applicazione; *esempi*: devi esercitarti molto per *imparare* a nuotare; ho *imparato* un mestiere.
 indicativo presente 1ª persona singolare: io *impàro*.
 è scorretto l'uso di *imparare* con il senso di *insegnare*.

impermeàbile *aggettivo / sostantivo maschile*
A *aggettivo*
• che non fa passare l'acqua; *esempio*: terreno *impermeabile*.
B *sostantivo maschile*
• indumento che ripara dalla pioggia.

impèro *sostantivo maschile*
• tipo di governo con un solo capo, →l'imperatore; *esempio*: il 476 segna la fine dell'*Impero* romano d'Occidente.

importànte *aggettivo*
1 che merita attenta considerazione; *esempio*: è una questione *importante*.
2 di persona che ha autorità e potere; *esempio*: un *importante* personaggio politico.
◆*Contrario*: insignificante.

impossìbile *aggettivo*
1 che non è possibile, molto difficile; *esempio*: è *impossibile* risolvere questo problema!
2 (senso estensivo) sgradevole (di cosa); intrattabile (di persona); *esempi*: una situazione *impossibile*; una persona *impossibile* da sopportare.

imprónta *sostantivo femminile*
• segno lasciato da un corpo premuto contro una superficie; *esempio*: l'*impronta* del piede.
◆*Sinonimi*: orma, traccia.

improvvìso *aggettivo*
• che avviene in modo imprevisto; *esempio*: il tuo arrivo

improvviso ci ha felicemente sorpresi.
→MODO DI DIRE: all'improvviso (inaspettatamente).

incantésimo *sostantivo maschile*
1 sortilegio, incanto, opera di magia.
2 (senso estensivo) ciò che affascina per la sua bellezza.

incàrico *sostantivo maschile*
• compito, ufficio; *esempio*: è un importante *incarico*.
📖 plurale: *incàrichi*.

incèndio *sostantivo maschile*
• fuoco di grandi proporzioni che causa gravi danni.
📖 plurale: *incèndi*.

incèrto *aggettivo*
1 che non offre sicurezza (di cosa); *esempio*: è una data *incerta*.
2 che ha dei dubbi (di persona); *esempio*: sono *incerto* se accettare o meno quell'incarico.

inchiòstro *sostantivo maschile*
☞ deriva da una parola greca che indica una tecnica di pittura detta *a encausto*, perché il colore veniva sciolto bruciandolo nella cera fusa.
• liquido nero o colorato per scrivere o per stampare.

incidènte *sostantivo maschile*
• infortunio, disgrazia; *esempio*: un *incidente* stradale.
📖 è il participio presente del verbo *incìdere* (**1**)

incìdere (**1**) *verbo intransitivo*
☞ deriva da un verbo latino che significa *cadere sopra*.
• influire; *esempio*: questa spesa *incide* troppo sul bilancio.
📖 indicativo presente 1ª persona singolare: io *incìdo*; passato remoto: io *incìsi*, tu *incidésti*; participio passato: *incìso*. Vuole l'ausiliare *avere*.

incìdere (**2**) *verbo transitivo*
☞ deriva da un verbo latino che significa *intagliare*.
• tagliare in modo netto.
📖 indicativo presente 1ª persona singolare: io *incìdo*.

inclinàre *verbo transitivo / verbo intransitivo*
A *verbo transitivo*
• abbassare da un lato; *esempio*: *inclinare* un recipiente per versarne il contenuto.
B *verbo intransitivo*

☞ **INCANTESIMO**

Deriva dal verbo latino *cantare*, che oltre a *cantare* voleva dire anche *recitare formule magiche*. Gli incantesimi erano chiamati in latino *carmina* (plurale di *carmen*, canto).

🔥 **INCENDIO**

Nel **64** d.C. un incendio durato 9 giorni distrugge molti quartieri di Roma. Furono i Cristiani o Nerone?
Nel **1812** a Mosca occupata dalle truppe di Napoleone scoppia un gigantesco incendio. Furono i Francesi o i Russi?

incendio

INCIDENTE
→MODO DI DIRE

Incidente di percorso: un evento imprevisto.

incolpàre

incrociatore

✍ INCROCIATORE

Prima dell'ultima guerra gli incrociatori erano suddivisi in due categorie:
incrociatori leggeri (massimo dislocamento 7.500 t; artiglieria non superiore ai 152 mm)
incrociatori pesanti (massimo dislocamento 10.000 t; artiglieria da 203 mm).

✍ INCUBO

Nella demonologia cristiana, era lo spirito maligno, con aspetto di uomo, che si diceva tormentasse nel sonno le donne.
Invece lo spirito maligno, con aspetto di donna, che tormentava gli uomini era chiamato **succubo**.

INDICE
→MODO DI DIRE

Mettere all'indice: additare come persona immorale; anche, proibire (riferito a cose).
Nel 1571 papa Pio V istituì la *Congregazione dell'Indice*, che aveva il compito di esaminare i libri sospetti di essere dannosi alla religione. Le opere che finivano nell'*Indice dei libri proibiti* non potevano essere vendute né possedute né lette.

• propendere; *esempio*: *inclino* a credere che egli abbia ragione.
📖 indicativo presente 1ª persona singolare: io *inclìno*; participio passato: *inclinàto*.

incolpàre *verbo transitivo*
• accusare qualcuno, attribuire la colpa; *esempio*: avete *incolpato* ingiustamente Luigi.
📖 indicativo presente 1ª persona singolare: io *incólpo*.

incontràre *verbo transitivo*
1 imbattersi per caso; *esempio*: l'*ho incontrato* dopo tanto tempo e casualmente.
2 disputare una gara; *esempio*: la mia squadra *incontrerà* la tua domani sul campo.
📖 indicativo presente 1ª persona singolare: io *incóntro*.

incrociatóre *sostantivo maschile*
• nave da guerra molto veloce e ben armata.

ìncubo *sostantivo maschile*
☞ deriva da un verbo latino che significa *giacere sopra*.
1 sogno spaventoso; *esempio*: le mie notti sono popolate da *incubi* ricorrenti.
2 (senso figurato) pensiero che provoca angoscia e ansia; *esempio*: l'esame è un *incubo*.

indebolìre *verbo transitivo*
• rendere fiacco, privare della forza, stancare.
♦*Contrario*: rafforzare.

indecisióne *sostantivo femminile*
• mancanza di determinazione; *esempio*: un momento di *indecisione*.
♦*Sinonimo*: incertezza. ♦*Contrario*: determinazione.

indicàre *verbo transitivo*
1 mostrare con il dito o con gesti o segni; *esempio*: per favore può *indicarmi* la strada?
2 (senso estensivo) rivelare, esprimere; *esempio*: il suo comportamento *indica* sicurezza.
📖 indicativo presente 1ª persona singolare: io *ìndico*.

ìndice *sostantivo maschile*
1 il secondo dito della mano, usato di solito per *indicare*.
2 (senso figurato) segno; *esempio*: il suo atteggiamento è *indice* di benevolenza.
3 elenco ordinato degli argomenti o dei capitoli di un libro.

indiètro *avverbio*
• alle spalle di chi parla o di chi si parla.
◆*Contrario*: avanti.
📖 è un avverbio di luogo.

indigestióne *sostantivo femminile*
• disturbo dovuto a cattiva digestione.

ìndio *sostantivo maschile*
• indigeno delle Americhe (dal Messico alla Terra del Fuoco); *esempio*: gli *indios* Kayapo vivono nella foresta amazzonica.
📖 plurale: *ìndi* o *indios* (spagnolo).
✍ ATTENZIONE: il termine *indio* (indiano) è un famoso errore storico dovuto ai primi colonizzatori che scambiarono le Americhe per le Indie orientali.

indipendènte *aggettivo*
1 che non dipende da altri; *esempio*: il mio lavoro è *indipendente*.
2 che non deriva da altro; *esempio*: la mia decisione è *indipendente* dai tuoi suggerimenti.

indirìzzo *sostantivo maschile*
1 indicazione del domicilio di qualcuno come città, via, numero civico, ecc.
2 (senso figurato) andamento, orientamento; *esempio*: corso di studi di *indirizzo* storico.

indivìduo *sostantivo maschile*
☞ deriva da una parola latina che significa *non divisibile*.
1 ogni singolo essere vivente; *esempio*: due *individui* della stessa specie.
2 persona di cui non si conosce neppure il nome (lo si usa con sfumatura dispregiativa); *esempio*: Maurizio è un *individuo* poco raccomandabile.

indovinàre *verbo transitivo*
1 scoprire ciò che è nascosto; prevedere il futuro.
2 azzeccare; *esempio*: Fulvio *ha indovinato* la risposta.
📖 indicativo presente 1ª persona singolare: io *indovìno*.
→MODO DI DIRE: non ne indovina una (sbaglia sempre).

indovinèllo *sostantivo maschile*
1 breve frase oscura (spesso in versi) che nasconde la cosa da indovinare; in generale, gioco enigmistico.
2 discorso di cui non si capisce bene il senso.
◆*Sinonimo*: enigma.

indio

INDIVIDUO
→DETTO CELEBRE

Per me un uomo vale quanto una moltitudine, e una moltitudine quanto un uomo.

Democrito

INDOVINARE
→MODO DI DIRE

Indovinala grillo: è una esclamazione che si dice quando non si ha idea di come andranno a finire le cose.
In un racconto popolare si trova la seguente storia:
un contadino di nome Grillo, che aveva deciso di diventare medico, si procurò un certo numero di ricette e se le mise in tasca. A ogni paziente che gli chiedeva un consulto egli dava una ricetta, estratta a caso dalla tasca, e diceva: "Che Dio te la mandi buona!".

indùstria

✍ INFELICITÀ
→DETTI CELEBRI

Talvolta si prende come una cattiva abitudine di essere infelici.
George Eliot

L'infelicità, come la pietà, può diventare un'abitudine.
Graham Greene

Vissero infelici perché costava meno.
Longanesi

Dobbiamo sforzarci quanto possiamo di evitare l'infelicità, affinché l'infelicità che incontriamo sia perfettamente pura e perfettamente amara.
Simone Weil

infermiera

☞ INFLUENZA

Il termine influenza è un termine di origine astrologica che indica propriamente l'influsso (o l'azione) esercitata dagli astri sulle persone e le cose.

indùstria *sostantivo femminile*
☞ deriva da una parola latina che significa *operosità*.
• insieme delle operazioni dirette alla produzione di merci; *esempio*: l'*industria* automobilistica.

infelicità *sostantivo femminile invariabile*
• sofferenza, avversità continue.

inferióre *aggettivo*
1 che sta più in basso (con valore di luogo); *esempio*: al piano *inferiore*.
2 di minor pregio o valore; *esempio*: il mio incarico è *inferiore* al tuo.
◆**Contrario**: superiore.

infernàle *aggettivo*
• (senso figurato) tremendo, terribile; *esempio*: un caldo *infernale*.

infermière *sostantivo maschile*
• persona specializzata nel prestare servizi agli ammalati.
📖 femminile: *infermièra*.

infezióne *sostantivo femminile*
☞ deriva da un verbo latino che significa *mescolare dentro*.
• malattia provocata da microrganismi patogeni infiltratisi nell'organismo.

infinìto *aggettivo*
1 che non ha limiti né di tempo né di spazio.
2 smisurato, immenso; *esempio*: una pianura *infinita*.
📖 in grammatica il **modo infinito del verbo** indica l'azione senza alcuna specificazione di tempo, numero, persona; *esempi*: *lavorare*, *pregare*. L'infinito talvolta può svolgere nella frase funzione di soggetto o di complemento.

influènza *sostantivo femminile*
☞ deriva da un verbo latino che significa *scorrere dentro*.
1 autorità che qualcuno esercita su un altro; *esempio*: ha una grande *influenza* su di lui.
2 malattia infettiva; *esempio*: epidemia d'*influenza*.

informàtica *sostantivo femminile*
• scienza e pratica che utilizza i dati forniti da un elaboratore elettronico.

ingannàre *verbo transitivo*
1 imbrogliare; indurre in errore.

2 (senso estensivo) rendere più tollerabile qualcosa di noioso; *esempio: ho ingannato* l'attesa leggendo un romanzo.
📖 indicativo presente 1ª persona singolare: io *ingànno*.

ingégno *sostantivo maschile*
• capacità di capire, di giudicare, di intuire.
◆**Sinonimi**: intelligenza, acume. ◆**Contrario**: stupidità.

inghiottìre *verbo transitivo*
1 far scendere cibi o bevande dalla bocca allo stomaco.
2 (senso figurato) sopportare; *esempio*: Mario *ha inghiottito* per mesi le sue offese.
3 (senso figurato) sommergere; *esempio*: le acque *inghiottirono* il paese.
📖 indicativo presente 1ª persona singolare: io *inghiottìsco* o *inghiòtto*.

ingiùsto *aggettivo*
• contrario alla giustizia; *esempio*: accusa *ingiusta*.
◆**Contrari**: giusto, equo, retto.

ingranàggio *sostantivo maschile*
• coppia di ruote dentate, che trasmette il movimento.
📖 plurale: *ingranàggi*.

iniziàre *verbo transitivo*
1 cominciare, dare inizio; *esempio*: ho *iniziato* a leggere i "Promessi Sposi" di Alessandro Manzoni.
2 avviare, indirizzare qualcuno a qualche attività; *esempio*: un amico mi *ha iniziato* al piacere della musica.
📖 indicativo presente 1ª persona singolare: io *inìzio*.
⚫ nell'uso comune si usa *iniziare* anche come verbo intransitivo (il processo *inizia* alle nove) perché lo si intende impropriamente come *cominciare*, transitivo e intransitivo. È invece ammesso come intransitivo pronominale.

innèsto *sostantivo maschile*
• in agricoltura, inserimento di una gemma di pianta più pregiata in un'altra già piantata nel suolo, in modo che si saldino e formino un'unica pianta con caratteri stabili.

inquinaménto *sostantivo maschile*
• introduzione o presenza di sostanze dannose all'ambiente; *esempio*: *inquinamento* industriale.

inségna *sostantivo femminile*
1 scritta o targa spesso luminosa posta fuori dai negozi.
2 bandiera, gonfalone, vessillo; *esempio*: le truppe si ritirarono ripiegando le *insegne*.

ingranaggio

LE FASI DELL'INNESTO

tassello con gemma

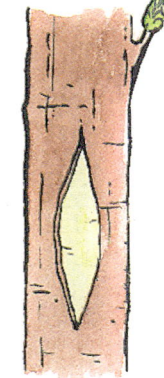

zona di innesto

innesto a pezza

insegnàre *verbo transitivo*
☞ deriva da una parola latina che significa *imprimere un segno* (nella mente).
• fare apprendere una disciplina o un mestiere.
📖 indicativo presente 1ª persona singolare: io *inségno*.

inserìre *verbo transitivo*
1 introdurre una cosa in un'altra; *esempi: inserire* una spina nella presa di corrente; *inserire* una chiave nella toppa; *inserire* una clausola; *inserire* un articolo nel giornale.
📖 indicativo presente 1ª persona singolare: io *inserìsco*.

insètto *sostantivo maschile*
• ogni animale della classe degli Insetti, con il corpo diviso in segmenti (capo, torace e addome); *esempio:* le formiche e le farfalle sono *Insetti*, i ragni e gli scorpioni sono Aracnidi.

Insettìvori *sostantivo maschile plurale*
• ordine di Mammiferi che si nutrono di insetti; *esempio*: i ricci e le talpe sono *insettivori*.

insième *avverbio / sostantivo maschile*
A *avverbio*
1 in compagnia di qualcuno; *esempi: vivere insieme;* partire *insieme*.
2 nello stesso momento, in sintonia; *esempio*: cantiamo *insieme* senza stonare.
📖 è seguito dalla preposizione *con* (insieme con), anche se nell'uso è più comune *a* (insieme a), ma meno corretto.
B *sostantivo maschile*
• insieme di elementi con le stesse caratteristiche; *esempio*: una mandria è un *insieme* di buoi o di cavalli.

insultàre *verbo transitivo*
☞ deriva da una parola latina che significa *saltare addosso (con le parole)*.
• rivolgere a qualcuno ingiurie; offendere.
📖 indicativo presente 1ª persona singolare: io *insùlto*.

intàglio *sostantivo maschile*
• lavoro di rilievo su legno, metallo o pietra.

intelligènza *sostantivo femminile*
☞ deriva da un verbo latino che significa *capacità di scegliere*.
• capacità di capire, pensare, intendere.

Insetti

intaglio

interèsse *sostantivo maschile*
1 sentimento di partecipazione e attenzione; *esempio*: la lezione ha destato vivo *interesse*.
2 importanza; *esempio*: le scoperte nel campo della medicina sono di grande *interesse* per tutti.
3 vantaggio, utile, tornaconto; *esempio*: non ho alcun *interesse* a mentire.
4 compenso ricavato depositando denaro in banca.

intéro *aggettivo*
1 che comprende tutte le sue parti, completo.
◆*Contrario*: incompleto.
2 intatto, che non ha subito danni.
◆*Sinonimo*: integro. ◆*Contrari*: rotto, guasto.

interpretàre *verbo transitivo*
1 spiegare qualcosa di oscuro; *esempio*: interpretare i sogni è un'arte difficile.
2 intendere un gesto o una parola dandogli un certo significato; *esempio*: come devo *interpretare* il tuo atteggiamento?
3 rappresentare, portare sulla scena; *esempio*: nella recita scolastica Matteo *ha interpretato* il ruolo del principe.
 indicativo presente 1ª persona singolare: io *intèrpreto*.

interrogàre *verbo transitivo*
• rivolgere domande a qualcuno affinché risponda.
 indicativo presente 1ª persona singolare: io *intèrrogo*.
ATTENZIONE: **interrogare** è affine a **chiedere** e **domandare**, ma è usato riferito a domanda per sapere, come domandare, ma non come chiedere (per ottenere); inoltre si costruisce in modo diverso perché come complemento regge la persona a cui si fa la domanda (il maestro *interroga* lo scolaro) e non la cosa richiesta (*ho chiesto* a Paolo un favore; *domandare* l'ora a qualcuno).

interruttóre *sostantivo maschile*
• sistema per sospendere o avviare un circuito elettrico.

intervàllo *sostantivo maschile*
• sosta, interruzione del lavoro, delle lezioni, ecc.

intestìno *sostantivo maschile*
• parte finale dell'apparato digerente. È lungo circa 9 m.

intransitìvo *aggettivo*
• di verbo la cui azione non può passare su un complemento oggetto; *esempio*: correre è un verbo *intransitivo*.

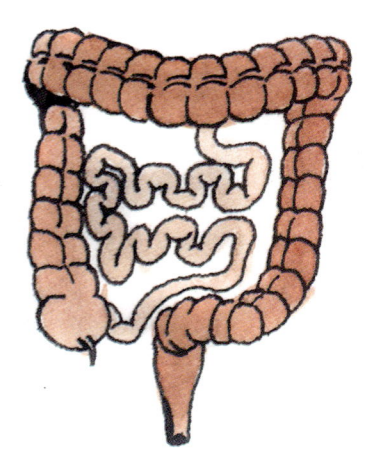

intestino

INTESTINO

Il primo tratto è costituito dall'*intestino tenue*, il secondo dall'*intestino crasso*.

INTRANSITIVO PRONOMINALE

Quando il verbo intransitivo è accompagnato da *particelle pronominali senza accento* (mi, ti, ci, si, vi) di definisce **intransitivo pronominale**.
Questi verbi si coniugano come i verbi riflessivi (quelli in cui l'azione si riflette sul soggetto che la compie.
Se nella frase: *noi ci vergognamo di voi* sostituiamo la particella *ci* con *noi stessi* (o in altri casi, con *a noi stessi*) otterremo una frase senza senso.
In questo caso il *ci* non è riflessivo.

Sono *intransitivi pronominali* i seguenti verbi:
arrendersi, avvalersi, accorgersi, impadronirsi, imbattersi, pentirsi, lagnarsi, ribellarsi, vergognarsi.

introdùrre

Invertebrati

ippopotamo

ISOLA
→MODO DI DIRE

Vivere in un'isola: vivere al di fuori della realtà.

istrice

introdùrre *verbo transitivo*
1 mettere dentro; *esempio*: introdurre un gettone.
2 far entrare, ammettere qualcuno in un luogo.
📖 indicativo presente 1ª persona singolare: io *introdùco*.

inventàre *verbo transitivo*
1 escogitare, ideare; *esempio*: Archimede (287-212 a.C.) *inventò* gli specchi ustori (che fanno bruciare tramite il Sole).
2 creare con la fantasia; *esempio*: *inventa* un personaggio!
📖 indicativo presente 1ª persona singolare: io *invènto*.

invèrno *sostantivo maschile*
• stagione compresa tra il 21 dicembre e il 21 marzo.

Invertebràto *sostantivo maschile*
• nome generico di tutti gli animali privi di scheletro; *esempio*: gli insetti sono Invertebrati.

invìdia *sostantivo femminile*
• sentimento di rancore per il bene e la felicità degli altri; *esempio*: l'*invidia* è uno dei sette vizi capitali.

invitàre *verbo transitivo*
1 far venire qualcuno a una festa o a una riunione.
2 persuadere, esortare; *esempio*: una giornata di sole *invita* a uscire.
📖 indicativo presente 1ª persona singolare: io *invìto*.

ippopòtamo *sostantivo maschile*
☞ deriva da una parola greca che significa *cavallo di fiume*.
• grosso Mammifero artiodattilo africano che vive nei pressi dei fiumi e dei laghi.

ironìa *sostantivo femminile*
☞ deriva da una parola greca che significa *simulazione di ignoranza*.
• modo scherzoso e derisorio di parlare attribuendo alle parole un significato contrario a quello loro proprio.

ìsola *sostantivo femminile*
• territorio circondato completamente dall'acqua.

istìnto *sostantivo maschile*
• l'insieme delle abitudini ereditarie di una specie; *esempi*: *istinto* materno; *istinto* di conservazione.

ìstrice *sostantivo maschile*
• piccolo Mammifero roditore rivestito di aculei.

k K *sostantivo femminile o maschile invariabile*
• undicesima lettera dell'alfabeto italiano, consonante.

kamikaze *sostantivo maschile invariabile*
☞ parola giapponese che significa *vento divino*.
• aviatore giapponese che si gettava con l'aereo sul nemico.

karatè [pronuncia: *caratè*] *sostantivo maschile invariabile*
☞ parola giapponese che significa *lotta senza armi*.
• tipo di lotta giapponese dura, ma senza alcuna arma.

ketchup [pronuncia: *chèciap*] *sostantivo maschile invariabile*
☞ parola inglese, ma di origine malese.
• salsa di pomodoro con aceto e spezie piccanti; *esempio*: il *ketchup* è ottimo sulle patatine fritte.

kilt [pronuncia: *chìlt*] *sostantivo maschile invariabile*
☞ parola scozzese.
• gonnellino scozzese a pieghe proprio del costume scozzese.

kiwi [pronuncia: *chìui*] *sostantivo maschile invariabile*
☞ parola inglese derivata da una parola onomatopeica maori.
1 uccello della Nuova Zelanda, grande come una gallina.
2 frutto tropicale, oggi coltivato anche nelle zone temperate.

knock-out [pronuncia: *nòk àut*] *locuzione avverbiale*
☞ parola inglese che significa *colpo che mette fuori*.
• fuori combattimento.
📖 si abbrevia con **k.o.**

krapfen [pronuncia: *cràpfen*] *sostantivo maschile invariabile*
☞ deriva da una antica parola tedesca che significa *uncino*.
• frittella ricurva (come un *uncino*) ripiena di crema.

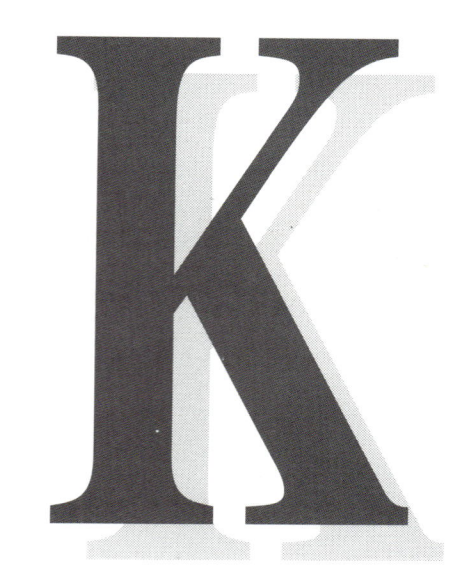

K

K NEGLI ALTRI ALFABETI

| pali | cuneiforme |
| sanscrito | russo |

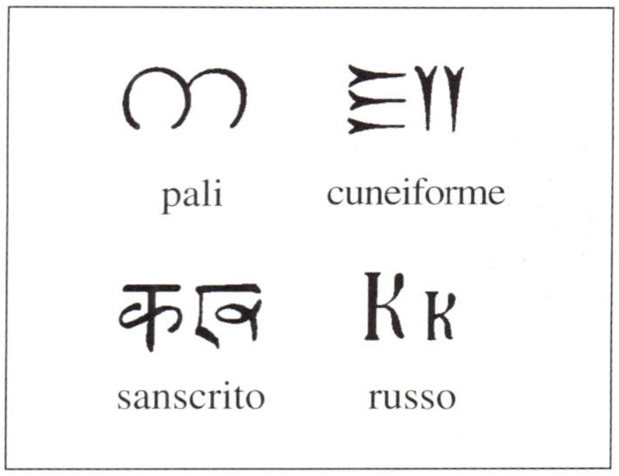

kiwi (frutto)

kiwi

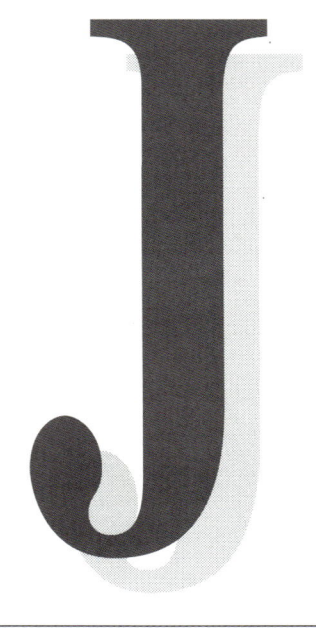

j J *sostantivo femminile o maschile invariabile*
• decima lettera dell'alfabeto italiano; nome per esteso *i lungo*.

jazz [pronuncia: *giàz*] *sostantivo maschile invariabile*
☞ parola inglese.
• genere di musica ritmica di origine afro-americana.

jeans [pronuncia: *gìns*] *sostantivo maschile invariabile*
☞ parola inglese, da *blue-jeans* (calzoni di tela blu).
• tela di cotone robusto, di colore blu.

jeep [pronuncia: *gìp*] *sostantivo femminile invariabile*
☞ abbreviazione inglese che significa *veicolo per ogni uso*.
• autovettura molto robusta adatta a ogni tipo di percorso.

jet [pronuncia: *gèt*] *sostantivo maschile invariabile*
☞ parola inglese, abbreviazione di *jet airplane*.
• aeroplano a reazione.

jolly [pronuncia: *giòlli*] *sostantivo maschile invariabile*
☞ parola inglese che significa *allegro* (giocatore).
• carta da gioco che può assumere qualsiasi valore; matta.

judòka *sostantivo maschile invariabile*
• chi pratica il *judò* (lotta sportiva di origine giapponese).

jumbo [pronuncia: *giàmbo*] *sostantivo maschile*
☞ parola inglese, dal nome di un elefante del circo Barnum.
• grosso aeroplano a reazione (jumbo-jet).

junior *aggettivo invariabile*
☞ parola latina che significa *più giovane*.
• posposto a nomi propri di persona significa *il più giovane*.
◆ *Contrario*: senior.

J NEGLI ALTRI ALFABETI

pali   cuneiforme

sanscrito   russo

☞ **JEEP**

Lettura della sigla **G.P.** da **g**(eneral) **p**(urpose) (car), cioè, veicolo di uso generale.

jeans

l L *sostantivo femminile o maschile invariabile*
• dodicesima lettera dell'alfabeto; consonante.
📖 nelle abbreviazioni **L** indica la lira italiana, **l** il litro.

làbbro *sostantivo maschile*
1 ognuna delle due parti carnose della bocca; *esempio*: portare il cibo alle *labbra* con le mani non è educato.
2 (senso figurato) bordo; *esempio*: *labbri* di una ferita.
📖 nel senso proprio (**1**) il plurale è femminile: *le làbbra*; in senso figurato (**2**) il plurale è maschile: *i làbbri*.

labirìnto *sostantivo maschile*
☞ deriva da una parola greca che significa *casa della ascia bipenne*.
• luogo dove è difficile orientarsi per l'intreccio di strade e di passaggi; *esempio*: nel *Labirinto* viveva il Minotauro, metà uomo e metà toro, figlio di Minosse.
✎ è il nome del palazzo di Minosse, mitico re di Creta.

làbrador *sostantivo maschile invariabile*
• razza di cani, originaria del Labrador (regione del Canada).

làccio *sostantivo maschile*
1 corda con nodo scorrevole; cappio.
2 stringa, spago, nastro; *esempio*: scarpe con i *lacci*.
→ MODO DI DIRE: tendere un laccio (tendere una trappola).

laceràre *verbo transitivo*
• ridurre a brandelli, strappare.
📖 indicativo presente 1ª persona singolare: io *làcero*.

Lacoste *sostantivo femminile invariabile*
☞ dal nome del tennista R. Lacoste, soprannominato *coccodrillo* per il suo modo grintoso di giocare.

L

L NEGLI ALTRI ALFABETI

egizio	sanscrito
fenicio	greco arcaico
arabo	ebraico
pali	russo

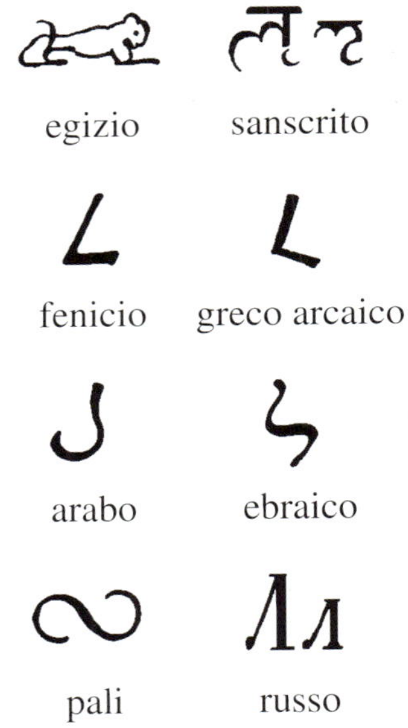

labirinto

làcrima

LACRIMA
→ MODO DI DIRE

Lacrime di coccodrillo: pentimento tardivo o falso. Lo sforzo della digestione produce nel coccodrillo una specie di lacrimazione. Di qui l'antica credenza che il coccodrillo pianga dopo aver divorato la preda.

lago

LAGHI (superficie)

Mar Caspio	371.000 km²
Lago Superiore	84.131 km²
Vittoria	68.100 km²
Aral	66.500 km²
Huron	61.797 km²
Michigan	58.016 km²
Tanganica	32.893 km²
Bajkal	31.500 km²
Niassa	30.800 km²
Erie	25.612 km²
Ontario	19.470 km²
Onega	9.610 km²

lampone

• maglietta di cotone con un piccolo coccodrillo cucito.

làcrima *sostantivo femminile*
• liquido che esce a gocce dagli occhi.

lacùna *sostantivo femminile*
1 spazio bianco in uno scritto per lo più antico e sciupato.
2 (senso figurato) vuoto, mancanza nella conoscenza di un argomento; *esempio*: la tua preparazione ha molte *lacune*.

làgo *sostantivo maschile*
1 massa d'acqua dolce situata in una cavità naturale del suolo; *esempio*: il *lago* di Garda.
2 (senso figurato) grande quantità di liquido.
 plurale: *làghi*.

lagùna *sostantivo femminile*
• tratto di mare separato dal mare aperto da una striscia di terra o da isole; *esempio*: la *laguna* di Venezia.

làma *sostantivo femminile*
☞ deriva dal latino *lamina* (lama).
• parte tagliente del coltello, della spada, ecc.

lamentàrsi *verbo intransitivo pronominale*
• dispiacersi per dolore o altra avversità.
 indicativo presente 1ª persona singolare: io *mi laménto*.

lampadàrio *sostantivo maschile*
☞ deriva da una parola latina che significa *portatore di fiaccola*.
• oggetto che pende dal soffitto e che sostiene più luci.

lampadìna *sostantivo femminile*
• boccetta di vetro che contiene un filamento di tungsteno che emette luce al passaggio della corrente elettrica.

lampióne *sostantivo maschile*
☞ deriva probabilmente dal piemontese *lampia* (lampada).
• fanale per l'illuminazione pubblica.
♦**Sinonimo**: lanterna.

làmpo *sostantivo maschile*
• fenomeno luminoso dovuto all'elettricità dell'aria; *esempio*: il *lampo* precede il tuono.

lampóne *sostantivo maschile*
• frutto rosso di bosco simile alla mora.

làna *sostantivo femminile*
• pelo di pecora o di capra, cammello, ecc. da cui si ricava una fibra tessile.

lància (**1**) *sostantivo femminile*
• arma formata da una lunga asta con punta di metallo.
📖 plurale: *lànce*.

lància (**2**) *sostantivo femminile*
• piccola imbarcazione a remi veloce come l'arma omonima.

lanciàre *verbo transitivo*
1 scagliare lontano; *esempio*: *lanciare i sassi in acqua*.
2 (senso estensivo) far partire a forte velocità.
📖 indicativo presente 1ª persona singolare: io *làncio*.
✎ il significato originario era *scagliare una lancia*.

lantèrna *sostantivo femminile*
1 lume protetto da un contenitore in vetro e in metallo.
2 apparecchio per segnali luminosi ai naviganti, posto nella parte superiore di un faro; *esempio*: la *Lanterna* per eccellenza è quella di Genova.
→MODO DI DIRE: cercarsele con la lanterna (andare in cerca di guai).

làpide *sostantivo femminile*
☞ deriva da una parola latina (*lapis*) che significa *pietra*.
• pezzo di marmo o pietra con un'iscrizione; *esempio*: in un'antica *lapide* romana c'è scritto: qui riposano i Dioscuri.

làrgo *aggettivo*
1 esteso in larghezza, ampio; *esempio*: un *largo* giardino.
2 (senso figurato) abbondante.

larìnge *sostantivo femminile* o *maschile*
• la parte iniziale dell'apparato respiratorio; *esempio*: la *laringe* è l'organo che permette l'emissione della voce.

làrva *sostantivo femminile*
☞ deriva da una parola latina che significa *fantasma, maschera*.
• primo stato della metamorfosi degli insetti.
✎ l'uso scientifico di questo termine è dovuto al fatto che la larva è quasi una maschera dell'insetto adulto.

lasciàre *verbo transitivo*
1 smettere di tenere; *esempio*: mentre si guida non bisogna mai *lasciare* il volante!
2 andarsene, partire; *esempio*: ho *lasciato* il mio paese.

LANCIA
→MODI DI DIRE
Spezzare una lancia a favore di qualcuno: prendere le difese di qualcuno.
Partire a lancia in resta: essere pronti a gettarsi in un'azione.
Negli antichi tornei la *resta* era un ferro applicato al lato destro della corazza per appoggiarvi la lancia quando si caricava l'avversario.

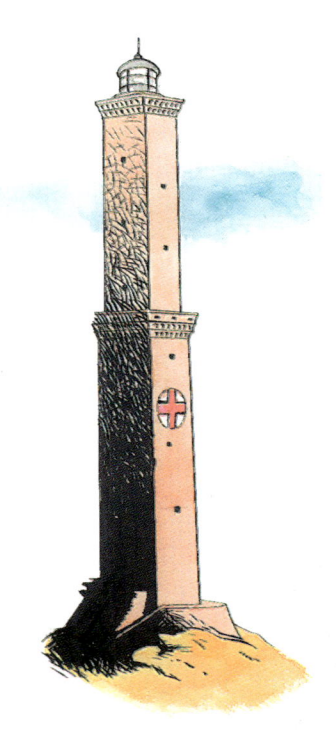

la Lanterna

lapide

làser

✍ **LASER**

Nel 1960, il fisico americano **T.H. Maiman** costruì il primo laser adoperando un piccolo cilindro di rubino artificiale. Produceva brevi e penetranti impulsi di luce rossa con una intensità 10 milioni di volte superiore a quella del Sole.

LATTE
→MODO DI DIRE

Far venire il latte alle ginocchia: essere molto noiosi, annoiare oltre misura.

lavagna

lavandino

3 dimenticare; ▶*esempio*: *lasciammo* il pacco in macchina.
5 consentire, permettere (seguito da un altro verbo all'infinito); ▶*esempi*: *lascia* stare; *lascia* fare.
📖 indicativo presente 1ª persona singolare: io *làscio*.

làser *sostantivo maschile invariabile*
☞ sigla dall'inglese **L**ight **A**mplification by **S**timulated **E**mission of **R**adiations (amplificazione della luce mediante emissione stimolata di radiazioni).
• fascio di radiazioni impiegato anche in medicina.

làto *sostantivo maschile*
1 parte, fianco; ▶*esempio*: sul *lato* posteriore della casa.
2 segmento che delimita una figura geometrica piana; ▶*esempio*: il triangolo ha tre *lati*.
3 (senso figurato) punto di vista, aspetto; ▶*esempio*: tu vedi sempre il *lato* negativo delle cose!

làtte *sostantivo maschile*
• liquido denso, dolce e nutriente prodotto dalle femmine dei mammiferi per alimentare i piccoli.

làurea *sostantivo femminile*
☞ deriva da una parola latina che significa *alloro*.
• titolo di studio che si ottiene alla fine degli studi universitari; ▶*esempio*: *laurea* in medicina.
✍ nel mondo classico poeti, artisti e atleti erano premiati con una corona di alloro.

làva *sostantivo femminile*
☞ deriva da un verbo latino che significa *scivolare*.
• massa di magma fluida e rovente eruttata dai vulcani.

lavàgna *sostantivo femminile*
• lastra di ardesia, su cui scrivere e disegnare con il gesso.
✍ famose le cave di ardesia di **Lavagna**, cittadina ligure.

lavandìno *sostantivo maschile*
• vaschetta di maiolica con rubinetti collegati all'impianto dell'acqua.
📖 *lavandino* è un termine dialettale ormai in uso. Si dovrebbe dire **acquaio**, **lavello** o anche **lavabo**.

lavàre *verbo transitivo /verbo riflessivo*
A *verbo transitivo*
• pulire con acqua, sapone e altri prodotti detergenti; ▶*esempio*: Piero *ha lavato* la macchina.
B *verbo riflessivo*

• pulire la propria persona; *esempio*: *lavarsi* le mani.
📖 indicativo presente 1ª persona singolare: io *làvo*.

lavoràre *verbo intransitivo*
1 dedicarsi a un'attività, un mestiere, una professione; *esempio*: domani *lavoreremo* tutto il giorno.
2 modellare; *esempio*: *lavorare* la creta.
📖 indicativo presente 1ª persona singolare: io *lavóro*.
→MODO DI DIRE: lavorarsi qualcuno (farsi amico qualcuno per usarlo poi per i propri scopi).

leccornìa *sostantivo femminile*
• cibo prelibato; ghiottoneria (di solito riferito a dolci).
💧 è **errore grave**: *leccòrnia*.

legàre *verbo transitivo*
1 fissare con corda, catena, ecc.
2 (senso figurato) unire; *esempio*: uno stesso destino *lega* Giorgio e Diego.
📖 indicativo presente 1ª persona singolare: io *légo*.

légge *sostantivo femminile*
1 regola stabilita dallo Stato; norma giuridica; *esempio*: la *legge* è uguale per tutti.
2 regola fondamentale di qualche disciplina o tecnica; *esempio*: le *leggi* della grammatica.
ATTENZIONE: la **legge naturale** è l'insieme di principi propri dell'uomo in quanto uomo che vanno sempre rispettati; la **legge divina** è l'insieme dei principi religiosi che il credente deve osservare.

lèggere *verbo transitivo*
• comprendere i segni di una scrittura, riconoscere le parole e capirne il significato.
📖 indicativo presente 1ª persona singolare io *lèggo*; passato remoto: io *lèssi*, tu *leggésti*, egli *lèsse*, noi *leggémmo*, voi *leggéste*, essi *lèssero*.

leggèro *aggettivo*
1 che pesa poco; *esempio*: la valigia è *leggera*.
2 (senso figurato) non grave; *esempio*: *leggero* mal di denti.
3 (senso figurato) modesto, piccolo; *esempio*: c'è stato un *leggero* aumento delle vendite.
4 agile; *esempio*: con passo *leggero*.

legionàrio *sostantivo maschile*
1 nell'esercito romano, soldato di una legione.
2 soldato della →*Legione Straniera*.

LEGGE
→MODI DI DIRE

Essere fuori legge: essere un criminale, un bandito.
Dettar legge: imporre la propria volontà.

LEGGERO
→MODI DI DIRE

Leggero come una farfalla: leggerissimo.
Leggero come una piuma: estremamente leggero.
Tenersi leggero: mangiare cibi molto digeribili.
Alla leggera: senza preoccuparsi, senza riflettere.

legionario

LEGIONE STRANIERA

Corpo militare mercenario istituito dal governo francese in Algeria nel 1831.

légno

lente

Leone (segno zodiacale)

LEONE
→ MODI DI DIRE

Fare la parte del leone: nella divisione di qualcosa ottenere più degli altri.
Essere un leone in gabbia: essere insofferente per qualche limitazione.

leonessa

légno *sostantivo maschile*
• parte dura dei tronchi e dei rami degli alberi; *esempi*: il *legno* di noce; la *legna* da ardere.
plurale: *i légni*. **La légna** è invece un nome collettivo (legna da ardere) ed è usato al singolare; poco usati i plurali le *légne*, le *légna*.

legùme *sostantivo maschile*
• baccello; i semi commestibili delle piante leguminose; *esempio*: i fagioli, i ceci, i piselli, le fave, le lenticchie sono *legumi* commestibili.
 l'uso di legumi per ortaggi o verdura è un inutile francesismo, da evitare.

lèmma *sostantivo maschile*
☞ deriva da una parola latina che significa *argomento*.
• ogni parola registrata e spiegata in un dizionario.
plurale: *lèmmi*.

lènte *sostantivo femminile*
☞ deriva da una parola latina che significa *lenticchia*.
• vetro circolare con una faccia piana e l'altra curva: serve per vedere le immagini ingrandite o rimpicciolite.

lenzuòlo *sostantivo maschile*
☞ deriva da una parola latina che significa *tela di lino*.
• telo per lo più di lino o di cotone da stendere sul letto fra il materasso e le coperte.
plurale: **le lenzuòla** (femminile) se riferito al paio che si stende sul letto; **i lenzuòli** (maschile) se si vuole indicarne un numero imprecisato.

leóne *sostantivo maschile*
1 mammifero carnivoro africano, dei Felini.
femminile: *leonéssa*.
2 quinto segno dello Zodiaco fra il 23 luglio e il 23 agosto.

letàrgo *sostantivo maschile*
☞ deriva da una parola greca che significa *inerte per dimenticanza*.
• stato di diminuzione delle attività vitali, simile al sonno profondo, proprio di alcuni animali nella stagione fredda; *esempio*: l'orso, la martora, il ghiro vanno in *letargo*.
plurale: *letàrghi*.

lèttera *sostantivo femminile*
1 ciascun segno grafico dell'alfabeto; *esempio*: la parola fine è costituita di quattro *lettere*.

2 comunicazione scritta che si invia per posta.

lèva (**1**) *sostantivo femminile*
• congegno usato per spostare pesi o per mettere in funzione determinati meccanismi; *esempi*: con una sbarra di ferro facciamo *leva* per spostare quel masso; *leva* del cambio.

lèva (**2**) *sostantivo femminile*
• chiamata alle armi; *esempio*: visita di *leva*.

lezióne *sostantivo femminile*
1 insegnamento; *esempio*: *lezione* di filosofia.
2 (senso estensivo) ammaestramento; *esempio*: ci ha dato una *lezione* di civiltà.
3 (senso estensivo) castigo, punizione.

liàna *sostantivo femminile*
• pianta rampicante delle foreste tropicali a fusto sottile e allungato; *esempio*: le scimmie usano le *liane* per i loro salti da un albero all'altro.

lìbero *aggettivo*
☞ deriva da una parola latina (*liber*) simile al greco *eléutheros* che significa *appartenente al popolo*.
1 senza costrizioni o limiti; *esempio*: sei *libero* di decidere.
2 non occupato (di cosa); *esempio*: c'è un posto *libero*.
3 che non ha impegni; *esempio*: domani sono *libero*.

lìbro *sostantivo maschile*
☞ deriva da una parola latina che significa *pellicola fra il legno e la corteccia degli alberi* (si usava per scriverci prima della scoperta del papiro).
• insieme di fogli stampati e uniti fra loro.

licèo *sostantivo maschile*
• scuola superiore; *esempi*: *liceo* classico, *liceo* scientifico.
✎ si chiamava **liceo** una scuola ateniese tenuta da Aristotele (384-322 a.C.), vicino a un tempio dedicato ad *Apollo Liceo*.

limitàre *verbo transitivo*
☞ deriva da una parola latina che significa *confine*.
1 fissare, stabilire i confini.
2 ridurre, frenare; *esempio*: dobbiamo *limitare* le spese.
📖 indicativo presente 1ª persona singolare: io *lìmito*.

limóne *sostantivo maschile*
• albero delle Rutacee che produce un frutto giallo acidulo; il frutto stesso.

liane

libro

✎ 1° LIBRO

Il primo libro stampato in Europa con caratteri mobili è la *Grammatica latina* di Donato del 1451. **Johann Gutemberg** nel 1438 aveva inventato uno stampo per la fusione in metallo di singoli caratteri delle lettere dell'alfabeto.

limone

lìmpido

🖉 LINGUE INDO-EUROPEE

germaniche (tedesco moderno, olandese, inglese, svedese, danese, norvegese, islandese, faröico)
italiche (latino, osco-umbro)
neolatine (italiano, spagnolo, portoghese, francese, provenzale, romeno, catalano, ladino, sardo)
balto-slave (russo, bulgaro, ceco, serbo-croato, sloveno, polacco, lituano, lettone, ucraino, bielorusso, macedone)
celtiche (gaelico, gallese, irlandese, scozzese, cornico, bretone)
albanesi (tosco, ghego)
greche (greco antico e moderno)
indo-arie (sanscrito, pali, pracrito, hindi, urdu, vedico, bengali)
iraniche (zend, parsi, persiano, curdo, afgano, armeno)

lira

uccello lira

lìmpido *aggettivo*
• trasparente, chiaro, puro.
◆*Contrari*: opaco, torbido.

lìnea *sostantivo femminile*
☞ deriva da una parola latina che indica una *cordicella di lino* usata per tirare le righe.
1 in geometria, traiettoria immaginaria tracciata da un punto in movimento.
2 serie di cose o persone in riga.
3 cavo, filo per il trasporto dell'energia elettrica o altro simile; ▷*esempi*: *linea* elettrica; *linea* telefonica.
4 percorso di un mezzo di trasporto; ▷*esempi*: *linea* aerea; *linea* dell'autobus.

lìnfa *sostantivo femminile*
• liquido nutritivo che circola nelle piante e negli animali.

lìngua *sostantivo femminile*
1 organo posto all'interno della bocca; ▷*esempio*: la *lingua* è la sede del gusto e serve ad articolare le parole.
2 insieme di vocaboli che consente agli uomini di comunicare fra loro; ▷*esempio*: la *lingua* italiana.
→MODO DI DIRE: lingua biforcuta (persona bugiarda e infida come i serpenti che hanno appunto la lingua bifida).

lìquido *aggettivo*
• stato della materia in cui la massa non ha forma propria, ma assume quella del recipiente che la contiene.

liquirìzia *sostantivo femminile*
☞ deriva da una parola greca che significa *dolce radice*.
• pianta delle Leguminose dalle cui radici si estrae una sostanza aromatica; ▷*esempio*: caramelle di *liquirizia*.
● le forme *liquorìzia* e *liquerìzia* sono varianti popolari.

lìra (**1**) *sostantivo femminile*
☞ deriva da una parola latina che significa *libbra* (antica unità di peso).
• unità monetaria di vari paesi; ▷*esempio*: la *lira* italiana.

lìra (**2**) *sostantivo femminile*
☞ deriva da una parola greca che indicava l'omonimo strumento a corde.
1 antico strumento musicale a corde; ▷*esempio*: i Greci attribuivano l'invenzione della *lira* al dio Ermes.
2 nome di un uccello australiano la cui coda ha la forma dello strumento musicale.

lìscio *aggettivo*
1 di superficie che non presenta scabrosità.
2 (senso figurato) senza difficoltà, facile, semplice; *esempio*: è andato tutto *liscio*, come speravo.
📖 plurale maschile: *lìsci*; femminile: *lìsce*.

lìsta *sostantivo femminile*
1 striscia lunga e stretta, di carta o stoffa o altro materiale.
2 elenco; *esempi*: *lista* dei vini; *lista* degli invitati.

lìte *sostantivo femminile*
• discussione animata fra due o più persone.
◆*Sinonimi*: litigio, diverbio, alterco, rissa.

litoràle *sostantivo maschile*
☞ deriva da una parola latina che significa *spiaggia*.
• fascia costiera; spiaggia; *esempio*: il *litorale* ligure è roccioso e molto panoramico.

lìtro *sostantivo maschile*
• unità di misura di capacità dei liquidi; *esempio*: un *litro* corrisponde a un chilogrammo di acqua distillata.

locàle (**1**) *sostantivo maschile*
1 stanza, vano, ambiente; *esempio*: il *locale* della caldaia.
2 luogo pubblico di ritrovo o di spettacolo.

locàle (**2**) *aggettivo*
1 relativo solo a una parte; *esempio*: anestesia *locale*.
2 tipico, proprio del luogo; *esempio*: cucina *locale*.

locomotìva *sostantivo femminile*
• veicolo a motore per trainare treni.
◆*Sinonimi*: locomotore, locomotrice.

lodàre *verbo transitivo*
1 approvare, riconoscere i meriti di qualcuno.
2 (senso estensivo) onorare, celebrare.
📖 indicativo presente 1ª persona singolare: io *lòdo*.

lombrìco *sostantivo maschile*
• verme degli Anellidi che vive nella terra umida.
📖 plurale: *lombrìchi*.

longitùdine *sostantivo femminile*
• distanza in gradi di un luogo geografico dal meridiano fondamentale che passa da Greenwich, in Inghilterra.
✎ si assume come riferimento il meridiano di Greenwich.

🖉 1ª LOCOMOTIVA (1803)

La prima locomotiva a vapore fu costruita nel 1803 dall'ingegnere inglese **Richard Trevithick** nello Shropshire (Inghilterra occidentale). Però, la più famosa fu quella costruita nel 1814 da **George Stephenson**.
Il 4 ottobre 1839 la locomotiva Bayard portò un convoglio di quattro vagoni per 8 km, lungo il tratto **Napoli-Portici**. Era la prima ferrovia italiana.

locomotiva

LODARE
→PROVERBIO

Chi si loda, s'imbroda: chi loda se stesso si macchia (si sbrodola).

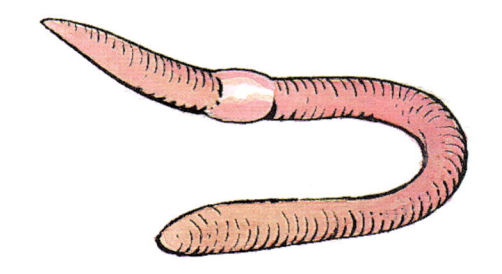

lombrico

lóntra

lucertola

ATTENZIONE: questa è una chiocciola!

✎ **LUNA**
(1° sbarco)

Il primo sbarco sulla Luna è avvenuto il **20 Luglio 1969**. Durante la missione dell'**Apollo 11**, gli astronauti americani **N. Armstrong** e **E. Aldrin** toccarono per la prima volta il suolo lunare.

lupo

lóntra *sostantivo femminile*
• piccolo mammifero dei Mustelidi, abilissimo nuotatore.

lòtta *sostantivo femminile*
1 combattimento corpo a corpo, senza armi, fra due avversari; esempi: *lotta* greco-romana; *lotta* libera.
2 combattimento, battaglia, guerra.

lùce *sostantivo femminile*
1 energia che permette di vedere: si propaga nello spazio.
2 qualsiasi sorgente o fonte luminosa naturale (il Sole) o artificiale (lampadina, candela, ecc.).
→MODI DI DIRE: venire alla luce (nascere); dare alla luce (partorire); la luce eterna (la vita celeste).

lucèrtola *sostantivo femminile*
• piccolo rettile degli Squamati con coda sottile.

lumàca *sostantivo femminile*
1 mollusco dei Gasteropodi dal corpo viscido e allungato.
2 (senso estensivo) persona lenta nei movimenti.
ATTENZIONE: la **lumaca** non ha il guscio visibile; la →**chiocciola**, con guscio ben visibile, è quella che impropriamente, ma comunemente, è chiamata lumaca.

lùna *sostantivo femminile*
• l'unico satellite naturale della Terra; dista 384.400 km e risplende della luce riflessa dal Sole.
→PROVERBIO: luna crescente, gobba a ponente; luna calante, gobba a levante.

lùngo *aggettivo / preposizione*
A *aggettivo*
1 che si estende in lunghezza; esempio: una *lunga* salita.
2 detto di persona alta e snella.
3 che dura nel tempo; esempio: un *lungo* discorso.
B *preposizione*
• accanto, rasente; esempio: camminare *lungo* il fiume.

luògo *sostantivo maschile*
1 parte di spazio delimitata; esempio: *luogo* chiuso.
2 località, paese; esempio: le usanze del *luogo*.
3 (senso figurato) momento opportuno.

lùpo *sostantivo maschile*
• mammifero carnivoro selvatico, molto simile al cane.
femminile: *lùpa*.
✎ secondo la leggenda una lupa allevò Romolo e Remo.

m M *sostantivo femminile* o *maschile invariabile*
• tredicesima lettera dell'alfabeto italiano; consonante.
📖 davanti a **b** o **p** prende il posto della *n* eccetto che nei nomi di persona (*esempio*: *Gianbattista*) o nei composti ove i due termini sono ben distinti (*esempio*: *benpensante*).

ma *congiunzione*
• invece, però (con significato avversativo); *esempio*: l'argomento era interessante, *ma* troppo difficile.

macàco *sostantivo maschile*
• genere di scimmie dei Cercopitecidi.

màcchia (**1**) *sostantivo femminile*
1 segno di colore o di sporco; chiazza.
2 (senso figurato) peccato, colpa; *esempio*: una persona senza *macchia* alcuna.

màcchia (**2**) *sostantivo femminile*
• bosco fitto e intricato, tipico delle zone mediterranee.

màcchina *sostantivo femminile*
1 qualsiasi congegno che produca energia e serva quindi a facilitare il lavoro; *esempio*: la leva è una *macchina*.
2 automobile (in senso ristretto, ma molto comune).

màdre *sostantivo femminile*
1 qualsiasi donna che abbia generato un figlio.
2 animale femmina che ha generato dei cuccioli.
3 titolo delle suore; *esempio*: *madre* superiora.
📖 molto comune l'abbreviazione *mamma*. Gli *usi figurati* sono moltissimi: **la lingua madre** è quella che ha dato origine a tutte le lingue; **la madre comune** è la Terra che ha generato tutte le cose; **la chiesa madre** è quella principale

M NEGLI ALTRI ALFABETI

egizio	cuneiforme
fenicio	sanscrito
arabo	ebraico

macaco

✍ MAGGIOLINO

È il nome volgare del *Melolontha melolontha*, un coleottero della famiglia degli Scarabeidi lungo circa 3 cm, di colore nero lucente e con le elitre (ali indurite) castane.
Alla fine della vita larvale (circa tre anni) l'insetto sbuca all'aperto. In generale questo avviene durante il mese di maggio; di qui il nome.
Gli adulti volano quando la temperatura giornaliera raggiunge o supera i 15 °C.
È ritenuto un insetto dannoso all'agricoltura.

maggiolino

✍ MAGIA

Magia bianca: è quella fatta a fin di bene.
Magia nera: è quella fatta con scopi malefici per arrecare danno alle persone.

rispetto alle altre considerate minori.
● quando, al singolare, è preceduto da un aggettivo possessivo (eccetto *loro*), non vuole l'articolo determinativo; *esempio*: *mia madre*, *tua madre* e non *la mia*, *la tua*; invece *la loro madre* è corretto. Si mette normalmente se c'è anche un altro aggettivo; *esempio*: *la nostra buona madre*.

maèstro *sostantivo maschile*
1 insegnante nella scuola elementare o materna.
2 chi è in grado di insegnare ad altri; *esempi*: *maestro di equitazione*; *maestro di musica*.
3 titolo dei grandi direttori d'orchestra e degli artisti.

màfia *sostantivo femminile*
☞ è una parola del dialetto siciliano, forse derivata dall'arabo (*mahjas*), che significa *spavalderia*.
• organizzazione clandestina criminale di origine siciliana; i suoi membri si chiamano →*mafiosi*.

magazzìno *sostantivo maschile*
• ampio locale ove si depositano oggetti o merci.
● *magazzèno* è una forma regionale.

maggiolìno *sostantivo maschile*
• insetto coleottero nero e lucido; la sua larva vive tre anni sottoterra.

maggióre *aggettivo*
• più grande, riferito alla quantità, all'età, alla potenza, al grado, ecc.; *esempio*: *fratello maggiore*.
📖 è il comparativo di *grande*.
● è grave errore *il più maggiore*.

maggiorènne *sostantivo maschile* e *femminile* / *aggettivo*
A *sostantivo maschile* e *femminile*
• chi ha compiuto la maggiore età; in Italia, i diciotto anni.
B *aggettivo*
• che è di età superiore ai diciotto anni.

magìa *sostantivo femminile*
1 scienza occulta che pretende di compiere prodigi, di prevedere il futuro, ecc.
2 (senso figurato) fascino; *esempio*: *la magia della musica*.
📖 plurale: *magie*.

magnìfico *aggettivo*
• meraviglioso, bellissimo, stupendo.
📖 plurale maschile: *magnifici*.

Il superlativo è irregolare: *magnificentissimo*.

màgro *aggettivo*
1 smilzo, snello; 🕮*esempio*: Cristina è molto *magra*.
2 povero di grassi; 🕮*esempio*: formaggio *magro*.
3 (senso figurato) mediocre, scarso.
→MODO DI DIRE: magro come una acciuga (persona magrissima).

mài *avverbio*
1 in nessun tempo; 🕮*esempio*: non lo dirò *mai*.
2 qualche volta; 🕮*esempio*: hai *mai* viaggiato su una nave?

maiàle *sostantivo maschile*
• mammifero artiodattilo dei Suidi, domestico.
📖 la femmina è la *scrofa*.

màis *sostantivo maschile invariabile*
• granoturco.
✎ è il nome che C. Colombo udì dare a una pianta ad Haiti dagli indigeni. Per molti anni fu poi chiamata in Europa formentone, grano, sorgo, meliga; infine, attribuendogli origine asiatica, grano saraceno, grano turco.

maiùscola *sostantivo femminile*
• lettera dell'alfabeto di carattere più grande e più alto.

malattìa *sostantivo femminile*
☞ deriva da una frase latina (*male habitus*) che significa *che si sente male*.
• alterazione del normale funzionamento dell'organismo.
◆**Sinonimi**: infermità, malanno, acciacco, morbo, male.

màle *avverbio / sostantivo*
A *avverbio*
• in modo spiacevole, sconveniente, negativo, imperfetto; 🕮*esempio*: l'orologio funziona *male*.
📖 il comparativo di maggioranza è *peggio*.
⚫ errato: *più male*. Lo si può usare invece quando è sostantivo (**B**); *più peggio* non si usa mai, perché *peggio* è già comparativo.
B *sostantivo maschile*
1 tutto ciò che è cattivo, che nuoce, ecc.
2 malattia, malessere.
◆**Contrario**: bene.

mammèlla *sostantivo femminile*
☞ deriva da *mamilla*, diminutivo latino di *mamma*.

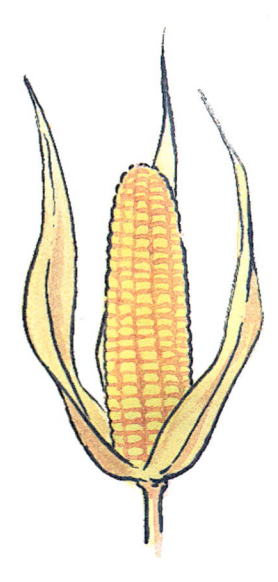

mais

📖 **USO DELLA MAIUSCOLA**

All'inizio di un periodo; con i nomi di persona (**S**ilvio), anche con i nomi composti (**T**oulouse-**L**autrec); con i nomi geografici, di strade (il **L**azio, via **R**oma); con i titoli reverenziali (**S**ua **E**ccellenza, **A**ltezza **R**eale); con i nomi di oggetti famosi (un **R**onson, un **C**artier); con i soprannomi, i nomi immaginari (il **C**avaliere, la **B**efana, lo **Z**io **S**am); con gli avvenimenti storici (il **R**inascimento, la **R**iforma); con gli Stati, gli organi giuridici, amministrativi (la **R**epubblica **I**taliana, la **C**ostituzione, il **C**onsiglio dei **M**inistri, il **C**omune di **R**oma); con i partiti, le organizzazioni sociali (**A**lleanza **N**azionale, **A**mnesty **I**nternational, **I**stituto **N**azionale della **P**revidenza **S**ociale); con le opere d'arte (i **B**ronzi di **R**iace); nelle suddivisioni sistematiche del regno animale (**M**ustelidi, **I**nsetti); con le persone sacre (**D**io, **M**adonna, **A**llah, **Z**eus); con le feste (il **N**atale, il **P**rimo **M**aggio); con i nomi di popoli (i **G**reci, i **R**omani, i **C**elti); con le istituzioni e i corpi militari (le **F**orze **A**rmate, il **B**attaglione **S**an **M**arco).

Mammiferi

manette

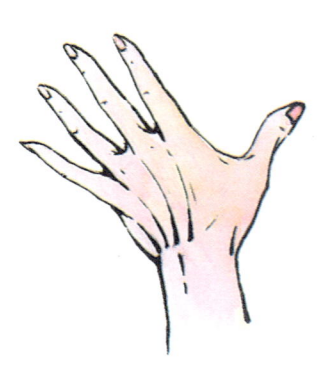

mano

mappa

• ognuna delle ghiandole dei mammiferi che nelle femmine secerne latte per nutrire i piccoli.

mammìfero *sostantivo maschile*
• animale vertebrato provvisto di mammelle; *esempio*: cani, gatti, leoni, scimmie, cavalli, pecore, elefanti, delfini, balene e pipistrelli sono *Mammiferi*.

mancàre *verbo intransitivo*
1 aver bisogno; *esempio*: *mancare* dell'occorrente.
2 essere assente; *esempio*: Elena *mancava* all'appello.
3 essere privo; *esempio*: il tuo discorso *manca* di coerenza.
4 svanire, cessare; *esempio*: mi *manca* il fiato!
 indicativo presente 1ª persona singolare: io *mànco*. Vuole l'ausiliare *avere* nel significato **1**; *essere* negli altri.
 spesso lo si costruisce come se fosse transitivo con il significato di *fallire*; *esempi*: *mancare* il colpo, omicidio *mancato*: si dovrebbe invece dire: *fallire il colpo, omicidio non commesso*.

màndria *sostantivo femminile*
• branco di animali di grossa taglia; *esempio*: una *mandria* di bovini, di cavalli, di bufali, di bisonti.
 si può dire anche *màndra*.

manétte *sostantivo femminile plurale*
• anelli di metallo per immobilizzare i polsi degli arrestati.

manìa *sostantivo femminile*
 deriva da un verbo greco che significa *essere pazzo*.
1 idea fissa, fissazione morbosa; *esempio*: Stefano soffre di *manie* di persecuzione.
2 (senso figurato) passione esagerata.

mànico *sostantivo maschile*
• parte per cui si impugna un oggetto.
◆**Sinonimi**: impugnatura, presa.
 plurale: *mànici* o *mànichi*.

màno *sostantivo femminile*
• estremità del braccio dell'uomo: serve per prendere, toccare, premere, ecc.; *esempio*: le cinque dita della *mano* sono: il pollice, l'indice, il medio, l'anulare e il mignolo.
→MODI DI DIRE: avere le mani bucate (sperperare il denaro); mettere le mani avanti (prevenire qualcosa di dannoso).

màppa *sostantivo femminile*
 deriva da una parola latina che significa *tovaglia*, perché

le antiche mappe erano tracciate su tela.
• carta topografica molto dettagliata di un territorio.

mappamóndo *sostantivo maschile*
1 carta della superficie della Terra divisa nei due emisferi.
2 globo girevole su cui è rappresentata la Terra.

màrcia *sostantivo femminile*
1 lunga camminata con passo cadenzato.
2 composizione musicale; *esempio*: la *marcia* nuziale.
3 (senso estensivo) manifestazione pubblica di protesta; *esempio*: una *marcia* per la pace nel mondo.
4 ognuno dei rapporti di trasmissione di un motore.
📖 plurale: *màrce*.

màrcio *aggettivo*
1 che è in decomposizione, andato a male.
2 (senso figurato) corruzione, disonestà.

màre *sostantivo maschile*
1 massa d'acqua salata; *esempio*: il *mare* ricopre i due terzi della superficie della Terra.
2 (senso figurato) grande quantità; *esempio*: essere in un *mare* di guai.

marmellàta *sostantivo femminile*
☞ deriva da una parola portoghese che significa *mela cotogna*, che a sua volta deriva dal latino *melimelum* (mela dolce).
• conserva di frutta cotta e zucchero.

màrmo *sostantivo maschile*
• pietra calcarea usata in edilizia e per sculture e decorazioni.

marsùpio *sostantivo maschile*
☞ deriva da una parola latina che significa *tasca*.
• tasca naturale sul ventre delle femmine dei Marsupiali come il canguro, in cui si completa lo sviluppo dei cuccioli.

martèllo *sostantivo maschile*
• attrezzo costituito da un manico di legno e da un blocco d'acciaio.

màschera *sostantivo femminile*
☞ deriva forse da una parola latina che significa *strega*.
1 volto di carta che nasconde quello autentico.
2 travestimento completo; *esempio*: festa in *maschera*.
3 strumento protettivo; *esempi*: *maschera* subacquea; *maschera* da saldatore; *maschera* antigas.

mappamondo

maschere italiane

🎭 MASCHERE

Arlecchino (Bergamo bassa)
Balanzone (Bologna)
Brighella (Bergamo alta)
Gianduia (Torino)
Meneghino (Milano)
Pantalone (Venezia)
Pulcinella (Napoli)
Rugantino (Roma)
Stenterello (Firenze)

màschio

materasso

MATERASSO
→MODI DI DIRE

Rivoltare come un materasso: percuotere qualcuno violentemente.
Stare tra due materassi: essere in una posizione protetta.

matita

MATRIMONIO
→DETTO CELEBRE

Era considerato saggio colui che alla domanda quando un uomo debba sposarsi rispose: "Un uomo giovane non ancora, un uomo un po' in là con gli anni assolutamente mai!"

Francesco Bacone

màschio *sostantivo maschile / aggettivo*
A *sostantivo maschile*
1 ogni essere vivente che feconda la femmina; *esempio*: il *maschio* della pecora è il montone.
2 riferito alla specie umana, uomo.
B *aggettivo*
• di sesso maschile; *esempio*: una lepre *maschio*.

masticàre *verbo transitivo*
• tritare il cibo con i denti; *esempio*: se vuoi digerire bene devi *masticare* a lungo il cibo.
 indicativo presente 1ª persona singolare: io *màstico*.

matemàtica *sostantivo femminile*
 deriva da una parola greca che significa *arte dell'apprendimento*.
• scienza dei numeri e delle figure geometriche.

materàsso *sostantivo maschile*
• sacco imbottito di lana o gommapiuma che si pone sulla rete del letto.

matèria *sostantivo femminile*
 deriva da una parola latina che significa *legname di bosco*, da *mater* (madre) inteso come sostanza originaria.
1 ogni sostanza che costituisce un corpo; *esempio*: la benzina è *materia* infiammabile.
2 ogni disciplina di un corso di studi; *esempio*: mi hanno interrogato in due *materie*.

matìta *sostantivo femminile*
 deriva dal latino *lapis haematites*, che indicava una grafite sanguigna.
• bastoncino per scrivere o disegnare costituito da una mina di grafite rivestita di legno.

matrimònio *sostantivo maschile*
 deriva da una parola latina che significa *maternità legale*.
1 unione legale di un uomo e una donna per formare una nuova famiglia.
2 la cerimonia religiosa o civile.
◆**Sinonimi**: nozze, sposalizio.

mattìna *sostantivo femminile*
• parte del giorno che va dall'alba al mezzogiorno.
ATTENZIONE: spesso **mattìna** e **mattìno** sono usati con lo stesso significato, ma in alcune locuzioni non sono interscambiabili; *esempi*: *dalla mattina alla sera*, *domani*

mattina; *il buon giorno si conosce dal mattino, le ore del mattino*.

màtto *aggettivo / sostantivo maschile*
☞ deriva da una parola latina che significa *ubriaco*.
A *aggettivo*
1 che agisce senza ragione.
2 (senso figurato) bizzarro, stravagante.
B *sostantivo maschile*
• persona priva di ragione.
◆*Sinonimi*: folle, demente, pazzo. ◆*Contrario*: savio.

meccànico *aggettivo*
1 che riguarda le macchine; *esempio*: guasto *meccanico*.
2 eseguito con una macchina.
3 (senso figurato) automatico, senza volontà; *esempio*: Loredana ripete le cose in modo *meccanico*.
📖 plurale maschile: *meccànici*.

medàglia *sostantivo femminile*
• piastra di metallo con figure e incisioni, coniata a ricordo di avvenimenti solenni o in onore di qualcuno.

medicìna *sostantivo femminile*
1 scienza che studia le malattie e la loro cura.
2 farmaco, rimedio per guarire.
✎ la **medicina preventiva** è quella igienica; la **medicina veterinaria** studia e cura le malattie degli animali.

medicinàle *sostantivo maschile / aggettivo*
A *sostantivo maschile*
• farmaco, sostanza curativa, medicamento, medicina.
B *aggettivo*
• che ha capacità curative; *esempio*: erba *medicinale*.

mediòcre *aggettivo*
☞ deriva da una frase latina che significa *a media altezza*.
• scadente, di poco valore, meschino.
✎ATTENZIONE: *mediocre* propriamente significa *che sta in mezzo fra due estremi*.

meditàre *verbo transitivo*
1 riflettere, cercare di penetrare il significato di qualcosa.
2 ideare e preparare bene qualcosa.
📖 indicativo presente 1ª persona singolare: io *mèdito*.

méla *sostantivo femminile*
• frutto dell'albero del melo, pianta delle Rosacee.

medaglia

✎ ERBE MEDICINALI

Arnica
Belladonna
Borragine
Camomilla
Crescione
Maggiorana
Malva
Menta
Ricino
Ruta
Salvia
Timo
Valeriana

mela

MELA
→PROVERBIO

Una mela al giorno leva il medico di torno.

MEMORIA
→MODI DI DIRE

Alla memoria: in onore di una persona defunta
Rinfrescare la memoria: far ricordare qualcosa.

MERAVIGLIA
→MODI DI DIRE

Dire meraviglie: parlare molto bene di qualcuno o di qualcosa.
Compiere meraviglie: fare cose eccezionali.
Essere l'ottava meraviglia: essere qualcosa di veramente eccezionale.

✍ LE 7 MERAVIGLIE
(per gli Antichi)

Il Mausoleo di Alicarnasso
La Piramide di Cheope
Il Faro di Alessandria
Il Colosso di Rodi
Il Tempio di Diana in Efeso
Il Giove di Olimpia
I giardini pensili di Babilonia

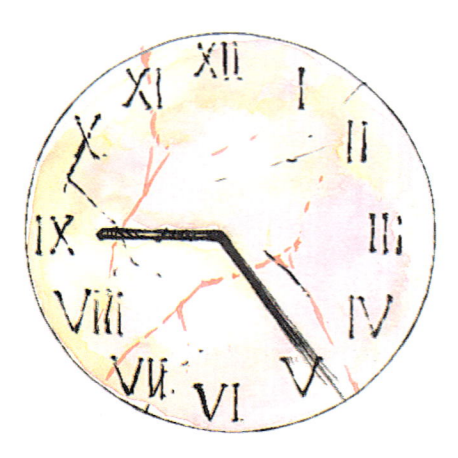

meridiana

---

melodìa *sostantivo femminile*
• insieme di voci o suoni che seguono un ritmo; *esempio*: la dolce *melodia* dell'usignolo.

memòria *sostantivo femminile*
1 facoltà di conservare ricordi; *esempio*: una buona *memoria*.
2 ricordo; *esempio*: monumento alla *memoria* dei caduti.

ménta *sostantivo femminile*
• genere di pianta aromatica delle Labiate.

mentìre *verbo intransitivo*
• dire il falso; *esempio*: Francesco è incline a *mentire*.
📖 indicativo presente: io *mentìsco* o *mènto*, tu *mentìsci* o *mènti*, egli *mentìsce* o *mènte*, noi *mentiàmo*, voi *mentìte*, essi *mentìscono* o *mèntono*.
Vuole l'ausiliare *avere*.

méntre *congiunzione*
☞ deriva dal latino *dum interim* (mentre intanto).
1 nel momento in cui (indica contemporaneità di due azioni); *esempio*: *mentre* Elisa leggeva, Paolo faceva i compiti.
2 invece, al contrario (con valore avversativo); *esempio*: tu riposi tranquillo, *mentre* dovresti studiare.

meravìglia *sostantivo femminile*
1 senso di sorpresa; stupore.
2 persona o cosa che desta ammirazione.

mercàto *sostantivo maschile*
1 luogo dove si riuniscono i venditori con le loro merci.
2 complesso delle contrattazioni di compravendita; *esempio*: il *mercato* dell'auto usata è in crisi.

meridiàna *sostantivo femminile*
• orologio solare che segna le ore proiettando l'ombra di un'asta infissa nel muro opportunamente graduato.

meridiàno *sostantivo maschile*
• ciascuno dei circoli massimi immaginari che uniscono i due poli del globo terrestre.
✍ il **meridiano di Greenwich** (in Inghilterra) è quello da cui, per convenzione, inizia la numerazione dei meridiani; a lui si fa riferimento per determinare la longitudine di una determinata zona.

meridióne *sostantivo maschile*
• il Sud; la regione a sud; il Mezzogiorno.

mèrlo (1) *sostantivo maschile*
• uccello dei Passeriformi: ha piume nere e becco giallo.

mèrlo (2) *sostantivo maschile*
• rialzo in muratura di torri e castelli.

mése *sostantivo maschile*
• ognuna delle dodici parti in cui è diviso l'anno civile; *esempio*: i *mesi* di Aprile, Giugno, Settembre, Novembre hanno trenta giorni, Febbraio ne ha ventotto, tutti gli altri ne hanno trentuno.
ATTENZIONE: il **mese lunare** è di 29 giorni e corrisponde al periodo che intercorre fra due noviluni.

messàggio *sostantivo maschile*
1 comunicazione, notizia; *esempio*: lasciate il *messaggio* nella segreteria telefonica.
2 discorso solenne tenuto da un'autorità politica o religiosa.

mestière *sostantivo maschile*
• attività di lavoro manuale esercitata per un guadagno concreto; *esempio*: il *mestiere* di falegname.

mèta (1) *sostantivo femminile*
1 punto d'arrivo, il luogo in cui si vuole arrivare; *esempio*: la nostra *meta* è la cima del monte.
2 (senso figurato) scopo, fine.

metà (2) *sostantivo femminile invariabile*
• ciascuna delle due parti uguali di un intero.

metàllo *sostantivo maschile*
• elemento chimico, lucente e malleabile, solido (eccetto il mercurio); *esempio*: l'oro è un *metallo* nobile e prezioso.
i **metalli nobili** sono quelli che non si ossidano (oro e platino); i **metalli preziosi** sono quelli impiegati per le monete (oro e argento).

metèora *sostantivo femminile*
• corpo celeste che diventa incandescente quando attraversa l'atmosfera terrestre; *esempio*: se esprimi un desiderio mentre vedi una *meteora*, sarà esaudito.
◆*Sinonimo*: stella cadente.

mètro *sostantivo maschile*
1 unità di misura di lunghezza; simbolo **m**; *esempi*: 1 m = 100 centimetri; 1 m = 1000 millimetri.
2 nastro o striscia pieghevole in legno lungo 1 metro su cui è

merlo

meteora

metro

METRO

Il **metro** (m) è l'unità di misura della lunghezza.
Il **metro quadrato** (m^2) è l'unità di misura della superficie.
Il **metro cubo** (m^3) è l'unità di misura del volume.

📖 MEZZO

Concorda nel genere e nel numero con il nome a cui si riferisce: *mezzo sigaro*; *due mezze giornate*; *due mezzi panini*.
Come aggettivo precede sempre il nome. Se invece lo segue assume valore di sostantivo, rimanendo invariato. Si dice: *le cinque e mezzo*, e non, *le cinque e mezza*.

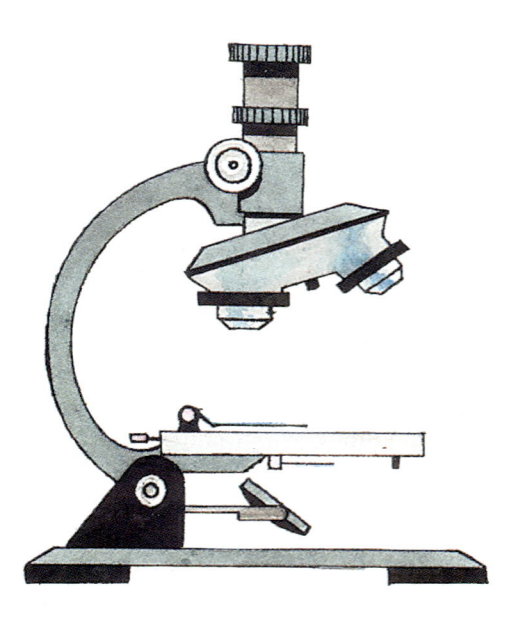

microscopio

🔬 MICROSCOPIO

L'invenzione del microscopio è attribuita a due fabbricanti di occhiali olandesi, Hans e Zacharias **Janssen** nel 1590.
Il nome **microscopio** fu coniato dallo scienziato e naturalista Giovanni Faber nel 1628.

segnata la graduazione in centimetri.

metropolitàna *sostantivo femminile*
• ferrovia sotterranea, propria delle grandi città.

méttere *verbo transitivo*
1 porre, collocare; *esempio*: *metti ogni cosa al suo posto*.
2 indossare; *esempio*: *metterò la sciarpa*.
3 applicare, apporre; *esempio*: *mettere una firma*.
📖 indicativo presente 1ª persona singolare: io *métto*; passato remoto: io *mìsi*, tu *mettésti*, egli *mìse*, noi *mettémmo*, voi *mettéste*, essi *mìsero*.

mezzanòtte *sostantivo femminile*
• l'ultima ora del giorno, la ventiquattresima.
📖 plurale: *mezzenòtti*.

mèzzo *aggettivo / sostantivo maschile*
A *aggettivo*
• che è la metà di un intero; *esempio*: *mezzo litro di latte*.
B *sostantivo maschile*
1 la parte che corrisponde alla metà di un intero.
2 la parte centrale; *esempio*: *nel mezzo della sala*.
3 espediente, modo per raggiungere uno scopo; *esempio*: *il fine giustifica i mezzi*.

mezzogiórno *sostantivo maschile*
1 la dodicesima ora del giorno; le dodici.
2 il Sud; le regioni meridionali; il Meridione.
📖 plurale: *mezzogiórni*.

miagolàre *verbo intransitivo*
• emettere il verso del gatto.
📖 indicativo presente 1ª persona singolare: io *miàgolo*.

mìccia *sostantivo femminile*
• cordoncino combustibile che accende esplosivi.
📖 plurale: *mìcce*.

mìcrobo o **micròbio** *sostantivo maschile*
☞ deriva da due parole greche: *mikrós* (piccolo) e *biós* (vita) e significa *piccola vita*.
• organismo animale o vegetale molto piccolo, che spesso provoca malattie infettive.
◆**Sinonimo**: battèrio.

microscòpio *sostantivo maschile*
☞ deriva da due parole greche: *mikrós* (piccolo) e *skopeîn*

(guardare) e significa *guardare le cose piccole*.
• strumento che consente di vedere ingrandite le immagini di oggetti o organismi piccolissimi, non visibili a occhio nudo.

mièle *sostantivo maschile*
• sostanza dolce prodotta dalle api dall'elaborazione del nettare succhiato dai fiori.

mìetere *verbo transitivo*
1 falciare, tagliare; *esempio*: *mietere* il grano con la falce.
2 (senso figurato) uccidere, sterminare; *esempio*: le epidemie *mietono* molte vittime.
 indicativo presente 1ª persona singolare: io *mièto*.

migliàio *sostantivo maschile*
• serie di cose o persone di mille unità circa.
 plurale: *le migliàia*.

miglióre *aggettivo*
• più buono; più vantaggioso; più preciso (e in tutti i significati di buono).
◆**Contrario**: peggiore.
 è il comparativo di buono: **errore grave** *più migliore*.

miliàrdo *sostantivo maschile*
• mille milioni (1.000.000.000).

milióne *sostantivo maschile*
• mille migliaia (1.000.000).

militàre *aggettivo / sostantivo maschile*
A *aggettivo*
• che riguarda le forze armate e i soldati in generale.
B *sostantivo maschile*
• soldato; chiunque faccia parte delle forze armate.

mìlle *aggettivo numerale cardinale invariabile*
• dieci centinaia (1.000); *esempio*: i →*mille* garibaldini.

mimètico *aggettivo*
 deriva da una parola greca che significa *imitazione*.
• che si confonde con l'ambiente; *esempio*: tuta *mimetica*.

mimósa *sostantivo femminile*
• pianta delle Mimosacee dai fiori gialli.

mìna *sostantivo femminile*
1 ordigno esplosivo; *esempio*: fare esplodere una *mina*.

 I MILLE (sostantivo)

Con questo termine vengono comunemente chiamati i circa **mille** (1150) garibaldini che sbarcarono in Sicilia nel **1860**. Erano partiti il **5 Maggio** da Quarto (Genova) sui piroscafi Piemonte e Lombardo.
I garibaldini sconfissero i borbonici a Calatafimi, a Milazzo, e infine al Volturno. La spedizione, guidata da **Giuseppe Garibaldi**, terminò con l'abbattimento del Regno delle Due Sicilie.

mimosa

mina

minacciàre

✎ DUREZZA DEI MINERALI (scala di Mohs)

La determinazione è fatta per mezzo del test della rigatura che si fonda sul fatto che un minerale più duro ne riga uno più tenero. La scala della durezza, ancora in uso, è quella proposta da **Friedrich Mohs** (1773-1839).

1. talco (molto tenero)
2. gesso (tenero)
3. calcite $CaCO_3$
4. fluorite
5. apatite
6. ortoclasio
7. quarzo
8. topazio
9. corindone (molto duro)
10. diamante (durissimo)

Per curiosità: l'unghia ha una durezza di circa 2,5 sulla scala di Mohs; il vetro di circa 5,5; la lama di un coltello di circa 6,5.

📖 USO DELLA MINUSCOLA

Con i titoli civili, religiosi, militari, professionali (il **s**indaco Cacciari, l'**o**norevole Fini, il **r**e d'Italia); con i movimenti politici (il **c**omunismo, il **f**ascismo); con i nomi geografici che accompagnano un nome proprio (il **l**ago di Garda, il **f**iume Nilo, il **m**are Adriatico); con i termini via, piazza, teatro, stazione (**v**ia Garibaldi, la **s**tazione Termini); con i nomi *sole*, *luna*, *terra* usati in senso generico (il **s**ole era caldo); con i nomi di elementi chimici e minerali (**a**cido **n**itrico); con i nomi comuni di animali e vegetali (**f**aina, **p**ino); con le malattie (**e**patite virale); con i periodi preistorici (l'**e**tà del **f**erro, il **g**iurassico). Invece, con i nomi indicanti nazionalità l'uso è controverso (gli **i**taliani, gli **e**brei). Quando ha uno spiccato senso storico o politico alcuni preferiscono la maiscola (gli **I**nglesi).

2 piccolo e sottile cilindro di grafite della matita.

minacciàre *verbo transitivo*
1 prospettare un danno a qualcuno per costringerlo a fare o a non fare qualcosa; spaventare.
2 incombere, sovrastare; *esempio*: la guerra ci *minaccia*.
📖 indicativo presente 1ª persona singolare: io *minàccio*.

mineràle *sostantivo maschile / aggettivo*
A *sostantivo maschile*
• qualsiasi sostanza solida, inorganica presente nella crosta terrestre; *esempi*: la scienza che studia i *minerali* è la mineralogia; lo zolfo e il gesso sono *minerali*.
B *aggettivo*
• che contiene minerali; *esempio*: acqua *minerale*.

minièra *sostantivo femminile*
• giacimento di minerali; *esempio*: una *miniera* di diamanti.

mìnimo *aggettivo*
• il più piccolo, piccolissimo; *esempi*: una spesa *minima*; al *minimo* rumore; con il *minimo* sforzo; temperatura *minima*.
📖 è il superlativo di *piccolo*. Si usa solo in alcuni casi.
→MODO DI DIRE: ridursi ai minimi termini (quasi a nulla).

minìstro *sostantivo maschile*
☞ deriva da una parola latina che significa *servitore*.
• membro del governo; *esempio*: il primo *ministro* è il capo del Governo.

minóre *aggettivo*
1 meno grande; più piccolo.
2 meno importante; *esempio*: le opere *minori* di Manzoni.
◆**Contrario**: maggiore.
📖 è il comparativo di *piccolo*.

minorènne *sostantivo maschile* e *femminile / aggettivo*
A *sostantivo maschile* e *femminile*
• chi non ha ancora compiuto la maggiore età (18 anni).
B *aggettivo*
• che non ha ancora diciotto anni.

minùscolo *aggettivo*
1 piccolissimo; molto piccolo.
2 caratteri e lettere dell'alfabeto usati normalmente per comporre le parole; *esempio*: quella frase è scritta tutta in caratteri *minuscoli*.
◆**Contrario**: maiuscolo.

minùto *sostantivo maschile*
• unità di misura del tempo; *esempio*: il *minuto* è la sessantesima parte di un'ora.
→MODI DI DIRE: contare i minuti (attendere con ansia che accada qualcosa); spaccare il minuto (essere puntuale); avere i minuti contati (avere pochissimo tempo da perdere).

mìope *sostantivo maschile* e *femminile*
☞ deriva da una parola greca che significa *che deve socchiudere gli occhi per vedere.*
• chi, per un difetto della vista, non vede gli oggetti lontani.
◆**Contrario**: presbite.

miràcolo *sostantivo maschile*
☞ deriva da un verbo latino che significa *stupirsi.*
1 avvenimento prodigioso ritenuto opera divina; *esempio*: il *miracolo* della moltiplicazione dei pani e dei pesci.
2 caso eccezionale; *esempio*: si è salvato per *miracolo.*
→MODI DI DIRE: per miracolo (in modo quasi incredibile); fare miracoli (compiere azioni straordinarie).

miràggio *sostantivo maschile*
1 fenomeno ottico per cui si vedono due immagini dello stesso oggetto, di cui una dritta e l'altra capovolta come se fosse riflessa nell'acqua.
2 (senso figurato) illusione; *esempio*: il *miraggio* del potere.
✎ il miraggio è frequente nei luoghi aridi e nei deserti dove lo strato di aria a contatto con il suolo è più caldo e denso degli strati superiori: per questa diversa densità degli strati l'occhio riceve le immagini sia direttamente dall'oggetto, sia dalla rifrazione attraverso gli strati atmosferici.

mirtìllo *sostantivo maschile*
• arbusto delle Ericacee con bacche di colore nero-bluastro.

mìssile *sostantivo maschile*
• ordigno a forma di siluro, usato per fini militari o per l'esplorazione scientifica dello spazio.

missionàrio *sostantivo maschile / aggettivo*
• chi, che diffonde la fede tra i non cristiani.

mistèro *sostantivo maschile*
☞ deriva da un verbo greco che significa *stare chiuso.*
• ciò che l'intelligenza non riesce a comprendere.

misùra *sostantivo femminile*
1 indicazione delle dimensioni, della quantità o della durata

mirtillo

✎ MISSILE

Il razzo **V-2**, concepito dallo scienziato **Wernher von Braun**, fu utilizzato dai tedeschi nella Seconda Guerra Mondiale. Era lungo circa 14 metri e aveva una gittata di 320 km.

missile

MISURA
→MODI DI DIRE

Vincere di stretta misura: vincere con un minimo scarto.
Colmare la misura: far perdere la pazienza.

mìto

mobile

📖 STILI DEI MOBILI FRANCESI

Gotico	1400-1500
Rinascimento	1500-1600
Luigi XIII	1610-1643
Luigi XIV	1661-1715
Reggenza	1715-1722
Luigi XV	1723-1774
Luigi XVI	1774-1792
Impero	1804-1815
Restaurazione	1815-1830
Luigi Filippo	1830-1848
Secondo Impero	1852-1870
Eclettismo	1870-1880
Art Nouveau	1880-1920
Art déco	1920-1940

molla

di qualcosa; ▷*esempio*: *misura* di lunghezza.
2 (senso figurato) limite, moderazione.
3 (senso figurato) provvedimento; ▷*esempio*: *misure* di polizia contro la delinquenza.
4 taglia, dimensioni del corpo; ▷*esempio*: queste scarpe non sono della tua *misura*.

mìto *sostantivo maschile*
1 narrazione fantastica di un popolo sull'origine del cosmo, sugli dei, sugli eroi; ▷*esempio*: il *mito* di Eracle.
2 illusione, sogno irrealizzabile.

mitragliatrìce *sostantivo femminile*
• arma da fuoco automatica e trasportabile.

mittènte *sostantivo maschile*
• chi spedisce per posta lettere o pacchi.
◆***Contrario***: destinatario.

mòbile *sostantivo maschile / aggettivo*
A *sostantivo maschile*
• oggetto che arreda la casa.
B *aggettivo*
• qualsiasi cosa sia trasportabile, non fissa.
☞ATTENZIONE: **feste mobili** sono quelle che non ricorrono ogni anno nella stessa data, come la Pasqua; **squadra mobile** è un reparto di polizia per interventi urgenti.

mòda *sostantivo femminile*
1 modo di vestirsi e di abbigliarsi; ▷*esempio*: una rivista dedicata alla *moda* giovane.
2 abitudine diffusa, generalmente di breve durata; ▷*esempio*: l'ansia è oggi una malattia di *moda*.

mòdo *sostantivo maschile*
1 forma con cui una cosa appare o è; maniera di agire e di comportarsi di una persona; ▷*esempio*: in *modo* garbato.
2 mezzo, sistema; ▷*esempio*: ne usciremo in ogni *modo*.

molècola *sostantivo femminile*
• la più piccola parte di una sostanza, che mantiene le caratteristiche della sostanza stessa.

mòlla *sostantivo femminile*
1 organo elastico che si deforma e poi, scattando, riprende forma e posizione originarie; ▷*esempi*: la *molla* della serratura; le *molle* del materasso.
2 (senso figurato) stimolo, spinta; ▷*esempio*: un piccolo

premio è una *molla* allo studio.
📖 plurale: *mòlle*. Ha anche un altro significato: gli arnesi di ferro con cui si prendono i tizzoni dal focolare.

mòlle *aggettivo*
• soffice, tenero, poco consistente, che cede al tatto.
◆**Sinonimo**: morbido.

mollùsco *sostantivo maschile*
• animale senza scheletro, con il corpo molle, spesso protetto da una conchiglia; *esempio*: le ostriche e i polpi sono *molluschi*.

Molluschi

moltiplicazióne *sostantivo femminile*
• una delle operazioni aritmetiche fondamentali consistente nel trovare il prodotto di due termini, cioè nel sommare un numero tante volte quante sono le unità di un altro numero.

moménto *sostantivo maschile*
☞ deriva da un verbo latino che significa *muovere*; in particolare *peso leggero che fa appena muovere la bilancia*, da cui poi *breve spazio di tempo*.
1 istante; brevissima frazione di tempo.
2 circostanza; *esempio*: è un *momento* difficile per tutti.

mònaco *sostantivo maschile*
☞ deriva da una parola greca che significa *solitario*.
• chi vive in una comunità religiosa in preghiera e meditazione; religioso che appartiene a un →*ordine monastico*.
📖 plurale: *mònaci*.

monarchìa *sostantivo femminile*
☞ deriva da una parola greca che significa *comando di uno solo*.
• forma di governo in cui uno solo, il re, esercita il potere; *esempio*: l'Inghilterra e il Belgio sono *monarchie*.
✍ la **monarchia ereditaria** è quella che tramanda il potere di padre in figlio; la **monarchia elettiva** trasmette il potere tramite elezioni; la **monarchia costituzionale** è quella in cui il re governa affiancato da un parlamento.

móndo *sostantivo maschile*
1 l'universo nella sua totalità, il cosmo; *esempio*: la creazione del *mondo*.
2 l'intera Terra; *esempio*: fare il giro del *mondo*.
3 la civiltà e le sue forme; la totalità degli uomini; *esempi*: il *mondo* classico; il *mondo* cristiano.
📖 il significato **3** è un "francesismo" ormai accettato.

✍ ORDINI MONASTICI

Antoniani (Sant'Antonio)
Benedettini (San Benedetto)
Certosini (San Brunone)
Camaldolesi (San Romualdo)
Cistercensi (San Bernardo)
Olivetani (beato Bernardo Tolomei)
Vallombrosani (San Gualberto)

monaco

✍ MONARCHIA

L'Italia è stata governata dalla monarchia di casa Savoia dal 17 Marzo 1861 al 12 Giugno 1946.

Re d'Italia
Vittorio Emanuele II (1861-1878)
Umberto I (1878-1900)
Vittorio Emanuele III (1900-1946)
Umberto II (9/5/1946-12/6/1946)

monéta *sostantivo femminile*
☞ deriva da un attributo della dea latina Giunone, *ammonitrice* (da *monere*), nel cui tempio furono coniate le prime monete.
1 disco di metallo coniato dallo stato e usato negli scambi come mezzo di pagamento.
2 l'insieme di denaro circolante di un paese.

montàgna *sostantivo femminile*
• rilievo della superficie terrestre; monte; *esempio*: la *montagna* più alta della Terra è l'Everest in Tibet (8846 m).

monuménto *sostantivo maschile*
☞ deriva da un verbo latino che significa *far ricordare*.
• opera di scultura o di architettura elevata a ricordo di una civiltà o di un personaggio; grande opera d'arte.

mòra *sostantivo femminile*
• frutto commestibile del rovo e del gelso.

mòrdere *verbo transitivo*
• addentare; stringere con i denti; pungere (di insetti).
◆**Sinonimi**: morsicare, azzannare.
📖 indicativo presente 1ª persona singolare: io *mòrdo*; passato remoto: io *mòrsi*, tu *mordésti*, egli *mòrse*, noi *mordémmo*, voi *mordéste*, essi *mòrsero*.

morìre *verbo intransitivo*
1 cessare di vivere.
2 (senso figurato) soffrire per la mancanza di qualcosa; *esempi*: *morire* di sete; *morire* di fame; *morire* di noia.
📖 indicativo presente: io *muòio*, tu *muòri*, egli *muòre*, noi *moriàmo*, voi *morìte*, essi *muòiono*; passato remoto: io *morìi*, tu *morìsti*, egli *morì*, noi *morìmmo*, voi *morìste*, essi *morìrono*; futuro: io *morrò* o *morirò*; congiuntivo presente: che io *muoìa*, che noi *moriàmo*, che voi *moriàte*, che essi *muòiano*; condizionale presente: io *morirei* o *morrèi*; imperativo: *muòri*, *muòia*, *moriàmo*, *morìte*, *muòiano*.
Vuole l'ausiliare *essere*.

mosàico *sostantivo maschile*
☞ deriva da una parola latina che significa *relativo alle Muse*.
• opera d'arte formata unendo blocchetti di pietra, marmo o vetro secondo un disegno; *esempio*: i *mosaici* bizantini.

mósca *sostantivo femminile*
• insetto dei Ditteri, con ali trasparenti, molto diffuso.
📖 plurale: *mósche*.

---

mora

MORIRE
→DETTI CELEBRI

Morire non è niente: è soltanto finire di nascere.
Cyrano de Bergerac

L'uomo muore, sempre, prima di essere nato del tutto.
Erich Fromm

mosaico

mosca

→ MODO DI DIRE: mosca bianca (cosa rarissima o inesistente).

moschèa *sostantivo femminile*
☞ deriva dall'arabo *masgis* (luogo di culto).
• edificio sacro dei musulmani con tetto a cupola.
📖 plurale: *moschèe*.

mostràre *verbo transitivo*
1 far vedere; sottoporre alla vista o alla riflessione; *esempio*: *mostrami* il tuo disegno.
2 fingere, simulare; *esempio*: *mostrava* di non sapere.
📖 indicativo presente 1ª persona singolare: io *móstro*.

móstro *sostantivo maschile*
1 personaggio delle fiabe di aspetto orribile.
2 (senso figurato) persona crudele e malvagia.

motociclétta *sostantivo femminile*
• veicolo a motore a due ruote.

motóre *sostantivo maschile*
• qualsiasi meccanismo che produca movimento sfruttando una fonte di energia; *esempio*: *motore* a scoppio.

motoscàfo *sostantivo maschile*
• imbarcazione non molto grande, veloce, a motore.

moviménto *sostantivo maschile*
1 moto, spostamento; *esempio*: il *movimento* degli astri.
2 gesto, cenno, mossa; *esempio*: *movimenti* aggraziati.
3 andirivieni di persone o di veicoli.

mùffa *sostantivo femminile*
• tipo di fungo che si forma sulle sostanze in decomposizione; *esempio*: la penicillina è una *muffa*.

mughétto *sostantivo maschile*
• erba perenne delle Liliacee.

mulìno *sostantivo maschile*
☞ deriva dal nome della pietra usata per macinare (mola).
• edificio in cui si macina il grano; *esempi*: *mulino* a vento, *mulino* ad acqua; *mulino* a vapore; *mulino* a elettricità.

mùlo *sostantivo maschile*
• equino nato dall'incrocio di una cavalla con un asino.
ATTENZIONE: si chiama **bardotto** l'equino che si ottiene dall'incrocio di un'asina con un cavallo.

moschea

mostro

motoscafo

mulino

mùmmia

mummia

🕮 MURO DI BERLINO

Separava Berlino Est da Berlino Ovest. Era alto 3-4 m e lungo 46 km. È stato eretto il 13 Agosto 1961 e abbattuto nel Novembre del 1989.

🕮 MUSCOLI PRINCIPALI

Frontale (fronte)
Occipitale (nuca)
Trapezio (collo-spalla)
Deltoide (spalla)
Pettorali (petto)
Diaframma (addome)
Grande dorsale (schiena)
Bicipite (braccio)
Gemelli (polpacci)

🕮 RELIGIONE MUSULMANA

La religione islamica si basa su 5 precetti: credere in Allah e nel suo profeta Maometto; pellegrinaggio alla Mecca (almeno una volta nella vita); elemosina; digiuno rituale; preghiera. Il libro sacro è il **Corano**.

---

mùmmia *sostantivo femminile*
☞ deriva da una parola persiana che significa *cera*.
• cadavere imbalsamato; *esempio*: le *mummie* egiziane.

muòvere *verbo transitivo*
1 spostare da un luogo all'altro.
2 mettere in azione (di meccanismo).
📖 indicativo presente: io *muòvo*, noi *moviàmo*, voi *movéte*, essi *muòvono*; imperfetto: io *movévo*; passato remoto: io *mòssi*, tu *movésti*, egli *mòsse*, noi *movémmo*, voi *movéste*, essi *mòssero*; futuro: io *moverò*; congiuntivo presente: che io *muòva*; congiuntivo imperfetto: che io *movéssi*; condizionale presente: io *moveréi*. Si ha **uò** quando la *o* è accentata, semplicemente **o** quando non lo è.

mùro *sostantivo maschile*
• costruzione di pietra o mattoni tenuti insieme da cemento.
📖 plurale maschile: **i mùri** quando si intendono le strutture portanti o divisorie di un fabbricato; *esempio*: i *muri* del palazzo; **le mùra**, femminile, quando si intende un insieme di opere murarie; *esempio*: le *mura* della città.

mùschio o **mùsco** *sostantivo maschile*
• piante briofite, senza radici e molto piccole, che crescono l'una vicina all'altra nei luoghi umidi.
📖 plurale: *mùschi*.
☞ ATTENZIONE: il termine **mùschio** indica propriamente la secrezione di ghiandole di animali maschi. Per le piante sarebbe più corretto **mùsco**.

mùscolo *sostantivo maschile*
☞ deriva dal diminutivo latino di *mus* (topo), perché le contrazioni muscolari ricordano il guizzare dei topolini.
• ogni fascio di fibre che serve al movimento del corpo.

musèo *sostantivo maschile*
☞ deriva da una parola latina che significa *ambiente dedicato alle Muse*.
• edificio che raccoglie oggetti pregevoli e di grande interesse storico, scientifico, artistico.

musulmàno o **mussulmàno** *aggettivo / sostantivo maschile*
☞ deriva dalla parola arabo-persiana *musliman*, plurale di *muslim*, che significa *che appartiene all'Islam*.
• che, chi segue l'islamismo, la religione predicata da Maometto (570 - 632); maomettano.
☛ è più corretto **musulmàno**, ma è accettato anche *mussulmàno*.

n N *sostantivo femminile o maschile invariabile*
• quattordicesima lettera dell'alfabeto italiano; consonante.
📖 la *n* diventa **m** davanti a *p* e *b* ; inoltre, diventa **l** e **r** quando è davanti a *l* e *r* ; *esempio*: da in-lecito si ha *illecito*; da in -regolare si ha *irregolare*.

narìce *sostantivo femminile*
• ciascuna delle due aperture esterne del naso.

narràre *verbo transitivo*
• descrivere in modo particolareggiato; *esempio*: *narrare la storia di Roma*.
📖 indicativo presente 1ª persona singolare: io *nàrro*.
◆**Sinonimo**: raccontare, che però ha un uso più familiare.

nàscere *verbo intransitivo*
1 venire alla luce, venire al mondo.
2 (senso figurato) avere origine; *esempio*: *l'astronomia è nata in Mesopotamia*.
4 germogliare, spuntare (detto di piante).
📖 indicativo presente di 1ª persona singolare: io *nàsco*; passato remoto: io *nàcqui*, tu *nascésti*, egli *nàcque*, noi *nascémmo*, voi *nascéste*, essi *nàcquero*; participio passato: *nàto*. Vuole l'ausiliare *essere*.

nascóndere *verbo transitivo*
1 mettere in un luogo dove gli altri non vedano.
2 (senso figurato) dissimulare, fingere.
📖 indicativo presente 1ª persona singolare: io *nascóndo*; passato remoto: io *nascósi*, tu *nascondèsti*, egli *nascóse*, noi *nascondèmmo*, voi *nascondèste*, essi *nascósero*.

nàso *sostantivo maschile*
• parte prominente del volto, tra la fronte e la bocca.

N NEGLI ALTRI ALFABETI

egizio	cuneiforme
fenicio	greco arcaico
arabo	ebraico
sanscrito	russo

naso

Natàle

✎ NAVE
(vari tipi)

Bastimento (nave a vela o a vapore).
Battello (imbarcazione per la navigazione su lago o fiume).
Petroliera (nave per il trasporto di combustibili liquidi).
Piroscafo (nave a vapore).
Traghetto (nave per il trasporto di passeggeri e veicoli).
Transatlantico (nave passeggeri su rotte oceaniche).
Vascello (nave da guerra a vela).
Veliero (nave a vela).

navi

NAUSEA
→MODO DI DIRE

Fino alla nausea: fino a non poterne più; fino a totale sazietà.

→MODI DI DIRE: ficcare il naso (essere invadenti); prendere per il naso (prendere in giro).

Natàle *sostantivo maschile*
• solenne festività cristiana che si celebra il 25 dicembre per ricordare la nascita di Gesù Cristo.

natùra *sostantivo femminile*
☞ deriva da un verbo latino che significa *nascere*.
1 tutte le cose esistenti nell'universo; *esempi*: le leggi della *natura*; i misteri della *natura*.
2 carattere, indole, temperamento; *esempio*: Maria Teresa è per *natura* ansiosa.
3 le proprietà delle singole cose; *esempio*: un minerale di *natura* calcarea.

naufragàre *verbo intransitivo*
1 affondare, andare a fondo (detto di imbarcazione).
2 (senso figurato) fallire, non raggiungere lo scopo; *esempio*: il mio progetto è *naufragato*.
📖 indicativo presente 1ª persona singolare: io *nàufrago*. Vuole l'ausiliare *essere* e anche *avere* (se riferito a persona).

nàusea *sostantivo femminile*
☞ deriva da una parola greca che significa *mal di mare*.
1 sensazione di disgusto per un sapore o un odore.
2 (senso figurato) sensazione di ripugnanza e di fastidio per qualche cosa; *esempio*: le sue parole mi danno la *nausea*.
📖 plurale: *nàusee*.

nàve *sostantivo femminile*
• ogni tipo di imbarcazione di grandi dimensioni.

navigàre *verbo intransitivo*
• viaggiare per mare, sull'acqua.
📖 indicativo presente 1ª persona singolare: io *nàvigo*.
☞ATTENZIONE: navigare si dice anche per i viaggi nello spazio; *esempio*: l'astronave *naviga* verso Marte.

naziόne *sostantivo femminile*
• l'insieme degli uomini che hanno la stessa lingua, cultura, storia, civiltà, tradizione; *esempio*: la *nazione* italiana.

nébbia *sostantivo femminile*
☞ deriva da una parola greca che significa *nuvola*.
• vapore acqueo condensato in minuscole gocce che si adagia al suolo o si solleva di poco; *esempio*: la *nebbia* impedisce la visibilità.

necessàrio *aggettivo / sostantivo maschile*
A *aggettivo*
• cosa o persona di cui non si può fare a meno.
📖 spesso è usato come neutro unito a una voce del verbo essere e costruito assolutamente (esempio: è *necessario*) o con la reggenza di un infinito (esempio: è *necessario* partire) o di una proposizione soggettiva.
B *sostantivo maschile*
• tutto ciò che serve; esempio: lo stretto *necessario*.

negàre *verbo transitivo*
1 dichiarare non vera qualcosa affermata da altri; esempio: *nego* assolutamente di averlo detto.
2 rifiutare, non concedere, non permettere.
📖 indicativo presente 1ª persona singolare: io *négo*.
Se è preceduto da **non** significa *ammettere*; esempio: non *nego* di averlo detto (*ammetto* di averlo detto).

negòzio *sostantivo maschile*
☞ deriva da una parola latina che significa *mancanza di ozio*.
• locale dove si espongono e si vendono merci.

nemìco *aggettivo / sostantivo maschile*
A *aggettivo*
1 che appartiene al paese o all'esercito con cui si è in guerra.
2 di cosa ostile; esempio: la sorte *nemica*.
B *sostantivo maschile*
• chi è ostile, avverso; avversario.
📖 plurale maschile: *nemìci*.

neologìsmo *sostantivo maschile*
• ogni vocabolo di nuova formazione oppure usato con un nuovo significato diverso da quello di origine.

neonàto *sostantivo maschile / aggettivo*
A *sostantivo maschile*
• bambino appena nato; esempio: i *neonati* si alimentano con il latte.
B *aggettivo*
• che è nato da poco, che è appena nato.

néro *aggettivo / sostantivo maschile*
A *aggettivo*
1 di colore molto scuro; del colore della notte.
2 (senso figurato) negativo, infausto; esempio: passare un periodo *nero*.
B *sostantivo maschile*

📖 **NEOLOGISMI**

Alogena (lampada)
Anfibio (scarpone)
Autovelox (controllo di velocità)
Casco blu (militare ONU)
Cellulare (telefonino)
Chiodo (giubbotto di pelle nera)
Denaro sporco (denaro illecito)
Fustino (detersivo per lavatrici)
Naziskin (movimento giovanile)
Parapendio (paracadute)
Pulizia etnica (sterminio razziale)
Sieropositivo (colpito da AIDS)
Tangentopoli (corruzione politica)
Tossico (drogato)
Ultrà (tifoso scalmanato)
Vu cumprà (venditore africano)

neonato

NERO
→MODI DI DIRE

Nero come il carbone: essere nerissimo, specialmente di pelle.
Fare nero qualcuno: prendere a botte qualcuno.
Mettere nero su bianco: mettere per iscritto un accordo, un contratto, per evitare malintesi.
Vedere tutto nero: essere molto pessimisti.

NERVO
→MODI DI DIRE

Avere i nervi saldi: non lasciarsi spaventare da nulla.
Dare ai nervi: fare innervosire.
Avere i nervi a fior di pelle: essere intrattabili e nervosi.
Essere senza nervi: essere incapaci di reagire, senza energia.
Nervi d'acciaio: capacità di controllarsi anche nelle situazioni più difficili.
Avere i nervi a pezzi: essere molto stanchi.

nido

NIDO
→MODI DI DIRE

Nido di serpi (o di vipere): ambiente in cui regna l'invidia mascherata da gentilezza.
Nido di vespe: ambiente in cui regna la discordia e il rancore.
Nido d'amore: la casa di una coppia di giovani sposi.

---

1 il colore nero; *esempio*: il *nero* della notte.
2 individuo di pelle nera.
☞ATTENZIONE: **négro** è un termine spregiativo per nero o africano; è anche usato per fascista o neofascista.

nèrvo *sostantivo maschile*
• filamento che unisce le varie parti del corpo al cervello trasmettendogli le sensazioni e i movimenti.

nessùno *aggettivo indefinito / pronome indefinito*
☞ deriva dalla locuzione latina *ne ipse unus* (neanche uno).
A *aggettivo indefinito*
1 nemmeno uno, neppure uno, neanche uno; *esempio*: non ho dato *nessuna* importanza alla cosa.
2 nelle interrogative diventa positivo: qualche; *esempio*: hai *nessun* consiglio da darmi?
📖 nel significato **1** deve essere preceduto da **non**, eccetto nel caso sia in inizio di frase; *esempio*: *nessun* segno da parte sua. Come aggettivo femminile si elide (vuole l'apostrofo) davanti a parola che comincia per vocale (*esempio*: *nessun*'altra); come maschile si tronca (senza apostrofo) davanti a nomi che cominciano per vocale e consonante che non sia *gn*, *pn*, *ps*, *s* impura, *x*, *z* (*esempi*: *nessun* altro, *nessun* dente, *nessuno* gnomo, *nessuno* pneumatico, *nessuno* psicologo, *nessuno* studente, *nessuno* xenofobo, *nessuno* zelo).
B *pronome indefinito*
• neanche uno, neppure uno.
📖 si costruisce come l'aggettivo.

nèttare *sostantivo maschile*
☞ deriva da una parola greca che significa *che trionfa sulla morte*; era infatti il nome della bevanda che rendeva immortali gli dei dell'Olimpo.
• liquido dolce dei fiori; *esempio*: le api succhiano il *nettare* per poi trasformarlo in miele.

néve *sostantivo femminile*
• insieme di cristalli piccolissimi di ghiaccio uniti in fiocchi o falde che precipitano dal cielo.

nìdo *sostantivo maschile*
• piccola costruzione degli uccelli per deporvi le uova; covo, rifugio di altri animali.

niènte *pronome indefinito / aggettivo indefinito invariabile / sostantivo maschile / avverbio*
A *pronome indefinito*

• nessuna cosa, nulla; *esempio*: non c'è *niente* da dire.
B *aggettivo indefinito invariabile*
• nessuno, nessuna (è proprio del linguaggio familiare); *esempio*: non ho *niente* voglia.
C *sostantivo maschile*
• nessuna cosa; *esempio*: non ti do un bel *niente*!
D *avverbio*
• non affatto; *esempio*: non mi importa *niente* di te.

nìnfa *sostantivo femminile*
1 stadio di sviluppo di alcuni insetti tra la larva e l'adulto.
◆**Sinonimi**: crisalide, pupa.
2 ognuna delle divinità minori greche e romane che vivevano nei boschi, nelle fonti, nei monti e nelle grotte.

nòbile *aggettivo*
1 di chi apparteneva a una classe sociale ritenuta superiore; *esempio*: baroni, duchi, conti e marchesi sono *nobili*.
2 (senso figurato) generoso; *esempio*: di animo *nobile*.

nòcciolo (1) *sostantivo maschile*
1 parte interna del frutto che contiene il seme; osso.
2 (senso figurato) punto fondamentale; *esempio*: il *nocciolo* della questione.

nocciòlo (2) *sostantivo maschile*
• albero delle Betulacee che produce le *nocciòle*.

nóce *sostantivo maschile / sostantivo femminile*
A *sostantivo maschile*
• albero delle Iuglandacee, dal legno pregiato.
B *sostantivo femminile*
• frutto del noce; *esempio*: la *noce* consta del mallo (involucro verde) e del guscio con il seme (gheriglio).

nòdo *sostantivo maschile*
1 stretta legatura con corda, spago, ecc.
2 punto in cui si incontrano più strade.
3 (senso figurato) punto centrale; significato essenziale.
4 punto ingrossato del fusto o dei rami di alcuni alberi.
5 unità di misura di velocità delle navi (1852 metri all'ora).

nòmade *aggettivo*
☞ deriva da una parola greca che significa *che pascola*.
• che non ha fissa dimora; *esempio*: popoli *nomadi*.

nóme *sostantivo maschile*
1 parola che indica persone, animali, cose; *esempio*: Ada è

ninfa

TIPI DI NODI

nodo semplice

nodo piano

nodo vaccaio

NOME
→MODI DI DIRE

Buon nome: onore e onestà.
Farsi un nome: diventare famoso.
Nome d'arte: pseudonimo.
Bel nome: di famiglia nobile.
Essere un nome: essere un personaggio conosciuto.

nome di persona; Rossi è *nome* di famiglia (cognome).
2 (senso figurato) reputazione, fama; *esempio*: buon *nome*.

nominàre *verbo transitivo*
1 pronunciare il nome di qualcuno.
2 eleggere; *esempio*: Enrico *è stato nominato* presidente.
📖 indicativo presente 1ª persona singolare: io *nòmino*.

nòrd *sostantivo maschile invariabile*
• in direzione della stella polare; settentrione.

notìzia *sostantivo femminile*
• informazione, annuncio; *esempio*: ho buone *notizie*.

nòtte *sostantivo femminile*
• tempo compreso tra il tramonto e il sorgere del sole.

nùca *sostantivo femminile*
☞ deriva da una parola araba che significa *midollo della colonna vertebrale*.
• parte posteriore del collo.
📖 plurale: *nùche*.

nùcleo *sostantivo maschile*
☞ deriva da una parola latina che significa *piccola noce* (**nòcciolo**): e infatti nòcciolo ha il senso di parte centrale.
1 parte centrale di qualcosa; *esempio*: il *nucleo* della cellula.
2 in fisica la parte centrale dell'atomo.

nùmero *sostantivo maschile*
1 quantità espressa in cifre; *esempio*: 1, 2,... sono *numeri*.
2 quantità indeterminata; *esempio*: un gran *numero*.
3 edizione di una pubblicazione quotidiana o periodica.
4 le varie parti di uno spettacolo; *esempio*: il *numero* degli acrobati è stato il più apprezzato.

nuòcere *verbo intransitivo*
• danneggiare, fare del male a qualcuno.
📖 indicativo presente: io *nuòccio* o *nòccio*, tu *nuòci*, egli *nuòce*, noi *nociàmo*, voi *nocéte*, essi *nuòcciono* o *nòcciono*.

nuòvo *aggettivo*
1 che è avvenuto o fatto o in uso da poco.
2 di cosa insolita, strana; *esempi*: la proposta mi giunge *nuova*; tutte facce *nuove*.

nùvola *sostantivo femminile*
• massa di vapore acqueo condensato e sospeso nell'aria.

NOTTE
→MODI DI DIRE

Notte in bianco: non riuscire a dormire.
Far notte: fare tardi.
Fare la notte: vegliare un malato oppure fare un turno di lavoro notturno.
La notte eterna: la morte.
Nella notte dei tempi: in tempi molto lontani.

NUMERO
→MODI DI DIRE

Dare i numeri: impazzire.
Avere dei numeri: detto di una persona che ha doti e capacità.
Essere il numero uno: essere la persona più importante.
Essere il numero due: essere la persona più importante dopo il capo.
Far numero: detto di chi fa solo presenza fisica.
Passare nel numero dei più: morire; entrare a far parte dei defunti.

nuvola

o O (**1**) *sostantivo femminile o maschile invariabile*
• quindicesima lettera dell'alfabeto italiano; vocale.
📖 ha due suoni: **aperto**, con accento grave (stòria, memòria) e **chiuso**, con accento acuto (sóle, amóre).

o (**2**) *congiunzione*
• oppure; 👉*esempio*: uno *o* l'altro.
📖 ha valore fortemente disgiuntivo; talvolta ha il valore esplicativo di *cioè*. Unita a parole che iniziano per consonante la fa raddoppiare; 👉*esempio*: *o*-vero= *ovvero*.

òasi *sostantivo femminile invariabile*
☞ deriva dall'antico egiziano e significa *stagione*.
• zona fertile e abitata in mezzo al deserto.

obbligàre *verbo transitivo*
☞ deriva dal latino *obligare* (legare a).
• costringere qualcuno, imporre; indurre.
📖 indicativo presente 1ª persona singolare: io *òbbligo*.

obiettìvo o **obbiettìvo** *aggettivo / sostantivo maschile*
A *aggettivo*
• imparziale, neutrale, che aderisce alla verità.
B *sostantivo maschile*
1 sistema di lenti di macchina fotografica o cannocchiale.
2 (senso estensivo) scopo che si vuole raggiungere.

oblìquo *aggettivo*
• inclinato, non parallelo; 👉*esempi*: al tramonto i raggi del sole sono *obliqui*; una linea *obliqua*.

oblò *sostantivo maschile invariabile*
☞ deriva da un'antica parola francese che significa *berretto*.
• finestrino circolare della nave con sportello girevole.

Ⓞ NEGLI ALTRI ALFABETI

egizio	giapponese
O fenicio	O greco
Ʋo anglosassone	tibetano
sanscrito	O o russo

oasi

òca

oca

occhiali

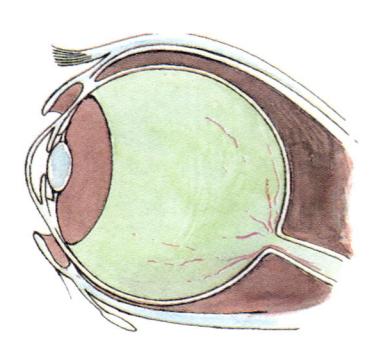

occhio (globo oculare)

🕮 OCEANI

	Superficie
Pacifico	179.650.000 km²
Atlantico	106.000.000 km²
Indiano	74.900.000 km²
Artico	14.090.000 km²

	Profondità
Pacifico	11.022 m
Atlantico	9.212 m
Indiano	7.450 m
Artico	5.450 m

òca *sostantivo femminile*
• uccello acquatico degli Anseriformi con gambe corte, le dita dei piedi palmate e il collo lungo; abile nuotatore.
ATTENZIONE: il **passo dell'oca** è un passo militare di parata in cui la gamba protesa in avanti rimane rigida.

occasióne *sostantivo femminile*
1 circostanza, momento favorevole; *esempio*: è una *occasione* per ricominciare.
2 merci vendute a poco prezzo, a buon mercato; *esempio*: una macchina d'*occasione*.

occhiàli *sostantivo maschile plurale*
• montatura con lenti per riparare gli occhi dalla luce o per correggere difetti della vista; *esempi*: *occhiali* da sole; *occhiali* da miope; *occhiali* da presbite.

òcchio *sostantivo maschile*
• ciascuno dei due organi della vista; *esempio*: l'*occhio* ha al centro l'iride di vario colore con la pupilla in mezzo ed è collocato in una cavità chiamata orbita.
 plurale: *òcchi*.
→MODI DI DIRE: chiudere gli occhi (morire); chiudere un occhio (essere indulgenti); dare nell'occhio (essere vistoso).

occórrere *verbo intransitivo*
• essere utile, essere necessario.
◆**Sinonimo**: bisognare.
 indicativo presente 1ª persona singolare: io *occórro*, ma è usato soprattutto come **impersonale** nella 3ª persona singolare e plurale.
Vuole l'ausiliare *essere*.

occupàre *verbo transitivo*
1 prendere possesso di un luogo libero; invadere.
2 ingombrare; *esempio*: il computer *occupa* poco spazio.
3 (senso figurato) impiegare, dedicare.
 indicativo presente di 1ª persona singolare: io *òccupo*.

ocèano *sostantivo maschile*
☞ è il nome di una divinità marina greca (Oceano), padre di tutti i fiumi.
• vastissima distesa di acqua salata che circonda la Terra; *esempio*: l'*oceano* Atlantico separa le Americhe dall'Europa e dall'Africa.

odiàre *verbo transitivo*
• provare avversione per cosa o persona; *esempio*: Eleonora

odia ogni prepotenza e ingiustizia.
📖 indicativo presente: io *òdio*, tu *òdi*, egli *òdia*.

odoràre *verbo transitivo / verbo intransitivo*
A *verbo transitivo*
• sentire l'odore; *esempio*: il cane *odora* la pista.
B *verbo intransitivo*
• spargere odore; *esempio*: l'aria *odorava* di rose.
📖 indicativo presente 1ª persona singolare: io *odóro*.
Vuole l'ausiliare *avere*.

offèndere *verbo transitivo*
1 arrecare danno materiale a qualcuno; *esempio*: i rumori troppo forti *offendono* l'udito.
2 danneggiare moralmente; *esempio*: la tua diffidenza mi *offende* profondamente.
📖 indicativo presente 1ª persona singolare: io *offèndo*; passato remoto: io *offési*, tu *offendésti*, egli *offése*, noi *offendémmo*, voi *offendéste*, essi *offésero*.

oggètto *sostantivo maschile*
1 cosa concreta senza ulteriori specificazioni.
2 scopo, fine; *esempio*: l'*oggetto* del discorso.

òggi *avverbio / sostantivo maschile*
A *avverbio*
• nel giorno attuale; in questi tempi.
B *sostantivo maschile*
• solo in alcune locuzioni; *esempio:* dall'*oggi* al domani:

ógni *aggettivo indefinito singolare*
1 con valore distributivo: ciascuno (di solito seguito da un numerale); *esempio*: le Olimpiadi sono *ogni* quattro anni.
2 tutti; *esempio*: *ogni* uomo nasce libero.
📖 è sempre messo prima del sostantivo.

olfàtto *sostantivo maschile*
☞ deriva da un verbo latino che significa *fiutare*.
• odorato; uno dei cinque sensi, quello con cui percepiamo gli odori.

Olimpìadi *sostantivo femminile plurale*
☞ deriva dalla città greca di Olimpia che per prima istituì le gare in onore di Zeus nel 776 a. C.
• gare sportive internazionali che si tengono ogni quattro anni in una città diversa.
✎ le prime gare del 776 a.C. erano solo gare di corsa veloce. In seguito vennero introdotte corse con carri, lotta, pugilato,

---

OFFENDERE
→DETTO CELEBRE

Tommaso Moro, mentre posava la testa sul ceppo del carnefice, spinse da parte la barba e disse:
Questa non ha offeso il re!

✎ OLIMPIADI

1896 Atene
1900 Parigi
1904 St. Louis
1908 Londra
1912 Stoccolma
1920 Anversa
1924 Parigi
1928 Amsterdam
1932 Los Angeles
1936 Berlino
1948 Londra
1952 Helsinki
1956 Melbourne
1960 Roma
1964 Tokyo
1968 Città del Messico
1972 Monaco
1976 Montreal
1980 Mosca
1984 Los Angeles
1988 Seoul
1992 Barcellona
1996 Atlanta

oliva

òlio 132

ombrello

ombrellone

📖 OMONIMI

àltero (dal verbo alterare)
altèro (superbo)

àncora (della nave)
ancóra (di nuovo; anche)

circùito (percorso circolare)
circuìto (raggirato)

cómpito (esercizio scolastico)
compìto (ben educato)

rètina (dell'occhio)
retìna (piccola rete)

lancio del disco e del giavellotto, di corsa di resistenza, ecc.

òlio *sostantivo maschile*
• sostanza liquida e grassa insolubile in acqua; 📖*esempio*: l'*olio* d'oliva, di mais, di soia sono *oli* vegetali.
📖 plurale: *òli*.

olìva *sostantivo femminile*
• frutto dell'olivo, delle Oleacee, da cui si ricava l'olio.
📖 si dice anche *ulìva* (e *ulìvo* l'albero).

óltre *avverbio / preposizione*
A *avverbio*
1 più in là; 📖*esempio*: passare *oltre*.
2 ancora, più a lungo; 📖*esempio*: non posso aspettare *oltre*.
B *preposizione*
1 di là da; 📖*esempio*: *oltre* la strada.
2 più di; 📖*esempio*: aspetto da *oltre* un'ora.
3 in aggiunta a; 📖*esempio*: *oltre* ciò che ho detto, aggiungo..
4 all'infuori di; 📖*esempio*: non lo dirò a nessuno *oltre* a te.
📖 come prefisso si unisce alla parola; 📖*esempi*: *oltre*tomba, *oltre*cortina, *oltre*modo, *oltre*oceano.

ómbra *sostantivo femminile*
1 oscurità, tenebra; 📖*esempio*: l'*ombra* della sera.
2 immagine scura proiettata da un corpo illuminato; 📖*esempio*: di sera le *ombre* si allungano.
3 piccola quantità; 📖*esempio*: non c'è *ombra* di dubbio.

ombrèllo *sostantivo maschile*
☞ deriva da una parola latina che è il diminutivo di *ombra* (lo si usava per avere riparo dal sole).
• oggetto per ripararsi dalla pioggia.

ombrellóne *sostantivo maschile*
• grande ombrello, da fissare al suolo, per ripararsi dal sole.

omicìdio *sostantivo maschile*
• uccisione di una o più persone.
📖 plurale: *omicìdi*.
✍ **omicidio premeditato**, è quello preparato prima accuratamente; **omicidio preterintenzionale**, è quello che avviene senza che l'autore volesse uccidere (ma solo danneggiare la vittima); **omicidio colposo**, è quello non voluto, ma dovuto a cause di altro genere come imprudenza.

omònimo *aggettivo*
1 che ha lo stesso nome.

2 detto di parola che si scrive o si pronuncia come un'altra, ma che ha significato diverso; esempio: il boa (serpente) e la boa (galleggiante) sono *omonimi*.

ónda *sostantivo femminile*
1 movimento ondulatorio di una massa d'acqua; flutto; esempio: le *onde* del mare.
2 (specialmente al plurale) oscillazioni e vibrazioni che si propagano in un mezzo continuo; esempio: *onde* sonore.

onèsto *aggettivo*
1 di persona che agisce in modo corretto e giusto.
◆**Sinonimo**: virtuoso. ◆**Contrario**: disonesto.
2 adeguato, conveniente; esempio: il prezzo è *onesto*.

onomàstico *sostantivo maschile*
☞ deriva da un verbo greco che significa *nominare*.
• giorno in cui si festeggia il santo di cui si porta il nome; esempio: Anna festeggia l'*onomastico* il 26 luglio.
📖 plurale: *onomàstici*.

onomatopèa *sostantivo femminile*
• formazione di parole che riproducono suoni naturali; esempio: "nei campi c'è un breve *gre gre* di ranelle" (Pascoli). *Gre gre* è una onomatopea.

onóre *sostantivo maschile*
1 integrità morale, senso di giustizia; esempio: sei disposto a giurarlo sul tuo *onore*?
2 merito; prestigio; esempio: l'*onore* della vittoria.
→MODO DI DIRE: parola d'onore (promessa solenne).

òpera *sostantivo femminile*
1 attività (materiale o ideale) diretta a uno scopo; esempi: l'*opera* educativa della scuola; l'*opera* dell'artista.
2 attività artistica; esempio: l'*opera* di Dante.
3 melodramma; esempio: le *opere* di Giuseppe Verdi.

operàio *sostantivo maschile*
• lavoratore dipendente che svolge attività per lo più manuali.
📖 plurale: *operài*.

operazióne *sostantivo femminile*
1 azione, atto diretto a un fine; esempio: montare l'armadio è stata un'*operazione* semplicissima.
2 intervento chirurgico.
3 calcolo matematico; esempio: somma, differenza, moltiplicazione e divisione sono le quattro *operazioni*

🕮 ONOMASTICI

Aldo	10 gennaio
Alessandro	27 marzo
Ambrogio	7 dicembre
Andrea	30 novembre
Angela	31 maggio
Anna	26 luglio
Antonio	13 giugno
Barbara	4 dicembre
Bruno	11 ottobre
Camillo	14 luglio
Carlo	4 novembre
Caterina	30 aprile
Cesare	9 dicembre
Claudio	18 febbraio
Corrado	21 aprile
Daniele	21 luglio
Davide	29 dicembre
Diego	12 novembre
Elena	18 agosto
Emilio	28 maggio
Enrico	15 luglio
Federico	18 luglio
Filippo	26 giugno
Francesco	4 ottobre
Fulvio	7 maggio
Giacomo	25 luglio
Giorgio	23 aprile
Giovanni	24 giugno
Giulio	12 aprile
Giuseppe	19 marzo
Guido	7 settembre
Lorenzo	10 agosto
Luca	18 ottobre
Lucia	13 dicembre
Marco	25 aprile
Maria	12 settembre
Matteo	21 settembre
Monica	4 maggio
Nicola	6 dicembre
Paolo	29 giugno
Pietro	29 giugno
Renato	12 novembre
Riccardo	3 aprile
Rosa	30 agosto
Sergio	25 settembre
Silvio	1 giugno
Stefano	26 dicembre
Ugo	1 aprile
Umberto	6 settembre
Vincenzo	19 luglio

fondamentali dell'aritmetica.

opinióne *sostantivo femminile*
1 parere personale, convinzione, idea; *esempio*: la tua *opinione* non ha fondamento.
2 stima; *esempio*: avere una buona *opinione* di qualcuno.

oppùre *congiunzione*
• o, ovvero (disgiuntiva); *esempio*: vuoi essere promosso *oppure* preferisci una bocciatura?

óra (**1**) *sostantivo femminile*
☞ deriva da una parola latina che significa *stagione*.
• periodo di 60 minuti; ventiquattresima parte del giorno.
ATTENZIONE: l'indicazione dell'ora del giorno si scrive in lettere; *esempio*: *alle cinque della sera*.

óra (**2**) *avverbio / congiunzione*
A *avverbio*
• in questo momento; *esempio*: *ora* sto meglio.
B *congiunzione*
• ma, invece (avversativa); *esempio*: credi che io stia sbagliando, *ora* ti dimostro che ho ragione.
 unita alla particella *che* forma una locuzione congiuntiva **ora che** (*adesso che*) di valore temporale o causale con il verbo all'indicativo; *esempio*: *ora che* ci penso, hai proprio ragione.

oràngo *sostantivo maschile*
☞ deriva dall'inglese *orang-outang*, che deriva a sua volta da una parola malese che significa *creatura umana selvaggia*.
• scimmia antropomorfa vegetariana del Borneo e Sumatra.
 plurale: *orànghi*.

oràrio *sostantivo maschile / aggettivo*
A *sostantivo maschile*
1 distribuzione del tempo in cui si svolge un'attività; *esempio*: *orario* delle lezioni.
2 tabella con l'indicazione delle ore stabilite per qualche cosa; *esempio*: l'*orario* dei treni.
B *aggettivo*
• che si riferisce all'ora; *esempio*: disco *orario*.

orchèstra *sostantivo femminile*
☞ deriva da un verbo greco che significa *danzare* e quindi *luogo riservato alle danze* (nelle tragedie il coro danzava sul davanti della scena).
• complesso dei suonatori e degli strumenti.

orango

orchidea

orco

orchidèa *sostantivo femminile*
☞ deriva da una parola greca che significa *testicolo*.
• pianta tropicale con fiore molto colorato.

òrco *sostantivo maschile*
1 nella mitologia romana, rappresenta l'inferno e il dio infernale Plutone.
2 il mostro delle favole che divora i bambini.
📖 plurale: *òrchi*. Il femminile è *orchéssa*.
☞ ATTENZIONE: *órci* è il plurale di *órcio* (vaso di terracotta). L'*òrca* è un grosso delfino. L'*orchìte* è una infiammazione dei testicoli (in greco *orchís*, come per orchidea) e non la malattia degli orchi!

ordinàle *aggettivo*
• indica il posto in una serie progressiva; *esempio*: primo, secondo, terzo sono numeri *ordinali*.

orécchio *sostantivo maschile*
• organo dell'udito.
📖 il plurale ha due forme: **gli orécchi** (maschile) e **le orécchie** (femminile), da *orecchia*, sostantivo femminile che si usa per lo più in senso figurato (*esempio*: orecchia del foglio); al plurale però è più comune il femminile orécchie.

òrgano *sostantivo maschile*
☞ è una parola greca che significa *strumento*.
1 parte del corpo con una certa funzione; *esempi*: gli →*organi* genitali; gli →*organi* interni.
2 strumento musicale a tastiera o elettrico.

oriènte *sostantivo maschile*
☞ deriva da un verbo latino che significa *sorgere*.
• la parte dell'orizzonte dove sorge il sole; Est, levante.

orizzónte *sostantivo maschile*
☞ deriva da una parola greca che significa *cerchio che limita*.
1 linea immaginaria in cui sembra che terra e cielo si uniscano.
2 (senso figurato) possibilità, prospettive future; *esempio*: i nuovi *orizzonti* della scienza e della tecnica.

órma *sostantivo femminile*
☞ deriva da un verbo greco che significa *fiutare*.
• impronta del piede (o della zampa) sul terreno.

orològio *sostantivo maschile*
• strumento per misurare e indicare il tempo.
☞ ATTENZIONE: l'**orologio digitale**, a cristalli liquidi, segna il

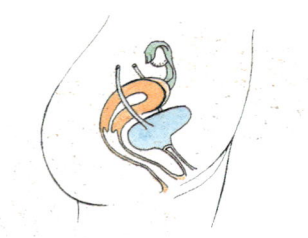

organi genitali (donna)

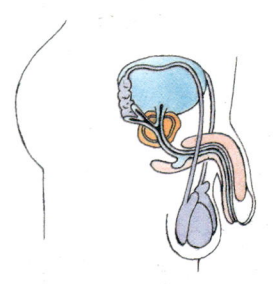

organi genitali (uomo)

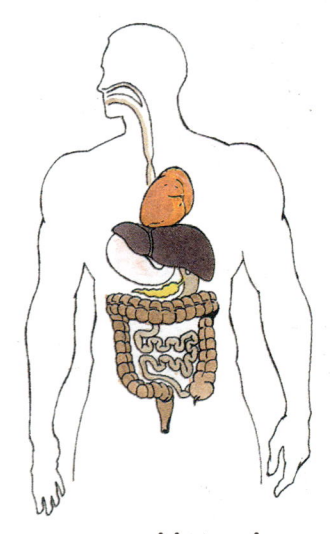

organi interni

orologi

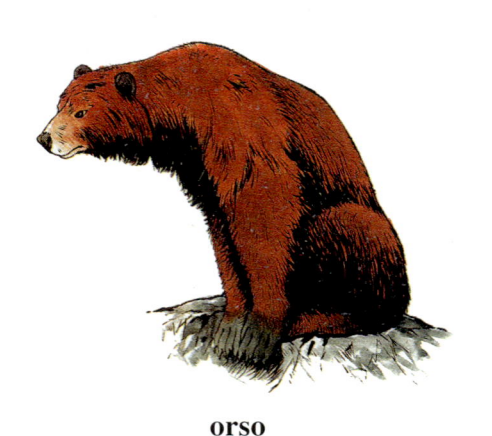

oròscopo

passaggio del tempo con gli scatti visualizzati sul quadrante.

oròscopo *sostantivo maschile*
• lettura della posizione degli astri al momento della nascita di una persona per prevederne il carattere e la vita futura.

órso *sostantivo maschile*
• grosso mammifero plantigrado e carnivoro (ma è il meno carnivoro di tutti: preferisce alimenti vegetali o il miele).
📖 femminile: *órsa*.

ortàggio *sostantivo maschile*
• ogni genere di pianta coltivata negli orti per uso alimentare; *esempio*: patate, carote, cipolle sono *ortaggi*.

osàre *verbo transitivo e intransitivo*
• avere il coraggio di fare qualcosa di rischioso.
📖 indicativo presente 1ª persona singolare: io *òso*.

osservàre *verbo transitivo*
1 guardare con attenzione; *esempio*: osservare un quadro.
2 ubbidire, rispettare.
📖 indicativo presente 1ª persona singolare: io *ossèrvo*.

ossìgeno *sostantivo maschile*
☞ deriva da una parola greca che significa *che genera acido*.
• gas contenuto nell'aria e indispensabile alla vita.

òsso *sostantivo maschile*
• ognuna delle parti solide dello scheletro dei vertebrati.
📖 plurale: **le òssa** (femminile) prese tutte insieme (le *ossa* dello scheletro) e **gli òssi** (maschile) intesi singolarmente (dare gli *ossi* al cane).

òstrica *sostantivo femminile*
• mollusco di mare dei Bivalvi con conchiglia.

òttimo *aggettivo*
• buonissimo; eccellente.

overdòse *sostantivo femminile invariabile*
☞ deriva dall'inglese *over* (troppo) e *dose* (dose).
• dose eccessiva di droga.

ozòno *sostantivo maschile*
☞ deriva da un verbo greco che significa *mandare odore*.
• gas presente nell'atmosfera, prodotto dalle scariche elettriche dei temporali o dai raggi ultravioletti.

---

orso

ortaggi

osso

ostrica (con perla)

📖 **OTTIMO**

È il superlativo irregolare di *buono*.
Il superlativo regolare è *buonissimo*.

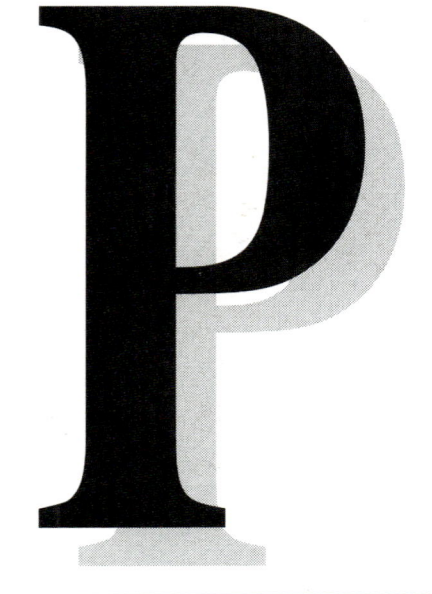

p P *sostantivo femminile o maschile invariabile*
• sedicesima lettera dell'alfabeto italiano; consonante.

pàcca *sostantivo femminile*
• manata, colpo a mano aperta (voce onomatopeica).
📖 plurale: *pàcche*.

pàcco *sostantivo maschile*
• confezione di un oggetto in un involto di carta o altro.
📖 plurale: *pàcchi*.

pàce *sostantivo femminile*
1 assenza di guerre; fine di una guerra.
2 senso di tranquillità e serenità.
→MODI DI DIRE: mettersi il cuore in pace (calmarsi, rassegnarsi); la pace eterna (la morte del giusto).

pàdre *sostantivo maschile*
1 uomo che ha generato un figlio; genitore.
2 (senso figurato) causa; *esempio*: l'ozio è il *padre* dei vizi.
📖 padre (come madre) non vuole l'articolo quando è preceduto da un *aggettivo possessivo* (*esempio*: *mio padre*), ma al plurale lo vuole (*esempio*: *i nostri padri*). Se è preceduto da un altro *aggettivo* oltre quello possessivo vuole l'articolo (*esempio*: *il nostro buon padre*).

paése *sostantivo maschile*
1 territorio in genere; stato, popolo; *esempio*: l'Italia è un *paese* dal clima mediterraneo.
2 centro abitato, per estensione è fra il villaggio e la città.

pagàre *verbo transitivo*
☞ dal latino *pacare* (pacificare), da *pax* (pace).
1 dare del denaro per acquistare qualcosa o per un servizio

ℙ NEGLI ALTRI ALFABETI

egizio	cuneiforme
fenicio	greco arcaico
tibetano	ebraico
sanscrito	russo

PAESE
→MODI DI DIRE

Mandare a quel paese: invitare qualcuno a togliersi di torno; anche, espressione di insofferenza verso qualcuno.
Andare a quel paese: levarsi di torno; anche, in alcuni casi, morire. Infatti, *quel paese*, indica talvolta l'Aldilà.

PAGINA
→ MODI DI DIRE

Voltar pagina: cambiare sistema di vita.
Pagina bianca: avvenimento o persona che non si riesce a decifrare; oppure, mancanza di informazioni su un dato argomento.

pagliaccio

♪ I PAGLIACCI
Opera di **Ruggero Leoncavallo** (1857-1919).

palazzo

ricevuto; *esempio*: *ho pagato* le bollette della luce.
2 (senso figurato) subire le conseguenze di un errore; *esempio*: chi sbaglia *paga*.
📖 indicativo presente 1ª persona singolare: io *pàgo*.

pagèlla *sostantivo femminile*
☞ deriva da un diminutivo latino di *pagina* e significa *piccola pagina*.
• documento scolastico su cui sono segnati i voti trimestrali o quadrimestrali e finali; scheda di valutazione.

pàgina *sostantivo femminile*
☞ deriva da una parola latina che significa *pergola*. Dalla regolarità del pergolato delle viti deriva il senso di colonna regolare di scrittura.
• foglio di libro, di quaderno o di giornale.
📖 plurale: *pàgine*.

pagliàccio *sostantivo maschile*
☞ deriva da paglia perché gli attori comici indossavano un costume simile a un saccone di paglia (pagliericcio).
• buffone, artista comico del circo.

pàio *sostantivo maschile*
1 insieme di due oggetti; *esempio*: un *paio* di scarpe.
2 oggetto singolo costituito di due parti uguali; *esempio*: un *paio* di forbici.
📖 al plurale diventa femminile: *le pàia*.

pàla *sostantivo femminile*
• attrezzo di metallo costituito da un piatto largo con lungo manico in legno; si usa per infornare il pane, per raccogliere la neve, ecc.

palàzzo *sostantivo maschile*
☞ deriva dal latino *Palatium*, il colle Palatino ove erano le abitazioni delle famiglie più illustri di Roma.
• casa signorile; *esempio*: *Palazzo* reale.
♪ **palazzo di vetro**: la sede delle Nazioni Unite a New York.

pàlco *sostantivo maschile*
1 piano rialzato provvisorio per spettacoli, ecc.
2 impalcatura di travi rialzate da terra per muratori.
📖 plurale: *pàlchi*.

palèstra *sostantivo femminile*
☞ deriva da una parola greca che significa *l'esercizio della lotta*.
• ampio locale attrezzato con spalliere, cavallo, parallele,

corda, ecc. per esercizi di ginnastica.

palétta *sostantivo femminile*
• arnese per raccogliere la polvere e la spazzatura minuta.
📖 diminutivo di *pala*.

pàlla *sostantivo femminile*
• qualsiasi oggetto sferico; *esempi*: *palla* di gomma; *palla* ovale da rugby.
📖 plurale: *pàlle* (in senso volgare indica i testicoli).

pallóne *sostantivo maschile*
• grossa palla ricoperta di cuoio usata nel gioco del calcio.

pàlma *sostantivo femminile*
• pianta tropicale dal fusto alto e sottile.

palombàro *sostantivo maschile*
☞ deriva da una parola latina che significa *sparviere* (per la somiglianza del tuffo verso il basso).
• chi esegue lavori sott'acqua, munito di scafandro.
📖 plurale: *palombàri*.

pàlpebra *sostantivo femminile*
• membrana che si apre e si chiude davanti all'occhio.

pànca *sostantivo femminile*
• lunga asse con sostegni su cui possono sedere più persone.
📖 plurale: *pànche*.

pància *sostantivo femminile*
• parte del corpo che contiene l'intestino.
📖 plurale: *pànce*.

pàncreas *sostantivo maschile*
☞ deriva da una parola greca che significa *tutto carne*.
• ghiandola dell'addome importante per la digestione.

pànda *sostantivo maschile invariabile*
• mammifero carnivoro bianco e nero, simile a un orsetto.

pàne *sostantivo maschile*
☞ deriva da un verbo latino che significa *nutrire*.
• alimento composto di farina e acqua, cotto al forno.
📖 se è primo elemento di parole composte si tronca in *pan*; *esempi*: *pan*forte; *pan*dolce; *pan*doro. Si tronca anche in frasi proverbiali; *esempi*: rendere *pan* per focaccia; se non è zuppa è *pan* bagnato.

palma

palombaro

panda

✍ GRANDI PAPI

Gregorio Magno	590- 604
Silvestro II	999-1003
S. Gregorio VII	1073-1085
Urbano II	1088-1099
Innocenzo IV	1243-1254
Bonifacio VIII	1294-1303
Alessandro VI	1492-1503
Giulio II	1503-1513
Pio IX	1846-1878

pappagallo

paracadute

panoràma *sostantivo maschile*
☞ deriva da una parola greca che significa *visione intera*.
• veduta di un territorio, generalmente dall'alto.
📖 plurale: *panoràmi*.

pantalóni *sostantivo maschile plurale*
☞ deriva dal nome della maschera veneziana Pantalone, che portava calzoni larghi e lunghi.
• indumento che copre le gambe dalla cintola in giù.
◆***Sinonimo***: calzoni (più appropriato).

pantèra *sostantivo femminile*
1 Leopardo.
2 (gergale) automobile della Polizia di Stato.

pàpa *sostantivo maschile*
• massima autorità della Chiesa cattolica; Santo Padre.
📖 plurale: *pàpi*.
ATTENZIONE: l'omonimo *papà* è voce familiare per padre (come *bàbbo*), di origine onomatopeica.

papàvero *sostantivo maschile*
☞ deriva da un verbo latino che significa *sbocciare*.
• pianta delle Papaveracee dai fiori rossi a quattro petali.
✍ dalla varietà coltivata in Oriente si estrae l'oppio.

pàpero *sostantivo maschile*
• oca maschio giovane.
✍ **Paperino**: nome italiano del papero creato da Walt Disney, dalla caratteristica voce stridula. Altri personaggi-paperi: Paperone (ricchissimo e avaro); Paperina, Gastone (fortunato).

papìro *sostantivo maschile*
• pianta acquatica delle Ciperacee dalle cui fibre gli antichi egizi ricavavano fogli per scrivere.

pappagàllo *sostantivo maschile*
• uccello degli Psittaciformi dalle piume variopinte.

paracadùte *sostantivo maschile invariabile*
• congegno che si apre ad ombrello e che frena la velocità di un corpo in caduta; *esempio*: lanciarsi con il *paracadute*.

paradìso *sostantivo maschile*
☞ deriva da una parola persiana e significa *luogo recintato*.
• luogo di felicità e beatitudine eterne per le anime di coloro che sono vissuti in modo onesto e giusto.
ATTENZIONE: il **paradiso terrestre** è il giardino delizioso

(Eden) in cui Dio pose Adamo ed Eva.

parafùlmine *sostantivo maschile*
• asta di metallo posta nella parte alta degli edifici per attirare i fulmini e renderne innocui gli effetti.
📖 plurale: *parafùlmini*.
✎ congegno inventato da Benjamin Franklin nel 1752.

paràlisi *sostantivo femminile invariabile*
☞ deriva da una parola greca che significa *rilassamento*.
• malattia che provoca la perdita della capacità motoria.

parassìta *sostantivo maschile*
☞ deriva da una parola greca che significa *commensale, chi mangia vicino*.
1 organismo animale o vegetale che vive a spese di altri organismi; *esempio*: pulci, acari e pidocchi sono *parassiti*.
2 (senso figurato) scroccone, chi mangia a spese di altri.
📖 plurale: *parassìti*.

paràta (1) *sostantivo femminile*
• sfoggio, mostra, esibizione.
✎ come termine militare indica una rassegna di soldati e di mezzi militari; come termine marinaresco indica lo schieramento sul ponte dell'equipaggio.

paràta (2) *sostantivo femminile*
• nel gioco del calcio, intervento del portiere per bloccare o respingere il pallone.

pàrco *sostantivo maschile*
1 grande giardino pubblico.
2 vasta area boschiva in cui si trovano specie protette di animali e piante; *esempio*: il *parco* nazionale dell'Abruzzo.
📖 plurale: *pàrchi*.

parèntesi *sostantivo femminile invariabile*
☞ deriva da un verbo greco che significa *porre dentro*.
1 frase, inserita in un periodo o in un discorso, atta a chiarirne e precisarne il senso.
2 segno grafico che indica la parentesi; *esempio*: le *parentesi* possono essere tonde ( ), quadre [ ] e graffe { }.

parére *verbo intransitivo*
• sembrare, avere l'aspetto; *esempio*: pare un altro.
📖 indicativo presente: io *pàio*, tu *pàri*, egli *pàre*, noi *paiàmo* o *pariàmo*, voi *paréte*, essi *pàiono*; imperfetto: io *parévo*; futuro: io *parrò*; passato remoto: io *pàrvi*, tu *parésti*,

parafulmine

PARATA
→MODO DI DIRE

Mala parata: situazione che volge al peggio, brutto momento che si sta preparando.

✎ **PARCHI NATURALI ITALIANI**

Stelvio (Lombardia-Trentino): camoscio, capriolo, cervo, stambecco, aquila reale, gallo cedrone, fagiano di monte, picchio nero, pernice bianca.
Gran Paradiso (Piemonte-Valle d'Aosta): stambecco, camoscio, aquila reale, ermellino.
Abruzzo: camoscio d'Abruzzo, cervo, lupo appenninico, orso marsicano, aquila reale.
Calabria: capriolo, daino, picchio nero, aquile del Bonelli, lupo appenninico.
Circeo (Lazio): cinghiale, istrice, lontra, varie specie di uccelli.

pàri

PARI
→MODI DI DIRE

Mettersi in pari: riguadagnare il tempo perduto; annullare un distacco.
Pari e patta: risultato di parità.
La *patta*, anticamente, indicava la parità di voti in una votazione (per esempio, nell'antica Repubblica di Venezia era usata per le decisioni del tribunale).

PARLARE
→DETTO CELEBRE

Parlo in spagnolo con Dio, in italiano con le donne, in francese con gli uomini e in tedesco con il mio cavallo.
Carlo V

PARLARE
→MODI DI DIRE

Parlare arabo: parlare in modo incomprensibile e oscuro. È un antico ricordo delle lotte contro i Saraceni. Altre varianti: **parlare cinese, parlare turco, parlare ostrogoto, parlare marziano.**
Parlare a vanvera: dire cose senza senso.
Parlare al muro: parlare a qualcuno che non ha nessuna voglia di ascoltare o che non mostra alcuna reazione alle nostre parole.

✍ PAROLE INCROCIATE
(o cruciverba)

Gioco enigmistico che consiste nel trovare, in base a precise definizioni, parole disposte in modo orizzontale o verticale, che hanno alcune lettere in comune (parole in croce).

---

egli *pàrve*, noi *parémmo*, voi *paréste*, essi *pàrvero*; congiuntivo presente: che io *pàia*, che tu *pàia*, che egli *pàia*, che noi *pàiamo* o *pariàmo*, che voi *paiàte* o *pariàte*, che essi *pàiano*; imperfetto: che io *paréssi*; condizionale presente: io *parrèi*; participio presente: *parvènte*; participio passato: *pàrso*. Spesso è usato come impersonale.
Vuole l'ausiliare *essere*.

pàri *aggettivo / sostantivo maschile / sostantivo maschile e femminile / avverbio*
A *aggettivo*
1 uguale; 📖*esempio*: siamo *pari* di età.
2 privo di rientranze.
3 (senso figurato) di giochi o scommesse che terminano con lo stesso punteggio.
4 numero divisibile per due; 📖*esempio*: quattro è numero *pari*.
B *sostantivo maschile*
• uguaglianza; 📖*esempio*: essere in *pari*.
C *sostantivo maschile e femminile*
• chi è dello stesso livello, grado o condizione.
D *avverbio*
• in modo uguale o simile.

parlaménto *sostantivo maschile*
• assemblea dei rappresentanti eletti dal popolo, con funzione legislativa; 📖*esempio*: il *parlamento* italiano è composto dal Senato e dalla Camera dei deputati.

parlàre *verbo intransitivo*
1 pronunciare parole, esprimersi.
2 rivelare un segreto; 📖*esempio*: ti sei deciso a *parlare*!
3 esprimersi in una lingua diversa dalla propria; 📖*esempio*: Alessandro *parla* bene l'inglese e il tedesco.

paròla *sostantivo femminile*
1 suono o complesso di suoni con un significato; vocabolo.
2 impegno, promessa; 📖*esempio*: *parola* d'onore.
💧 sono francesismi ormai entrati nell'uso: *prendere la parola, dare la parola*; in corretto italiano: *cominciare a parlare, concedere di parlare*.

pàrte *sostantivo femminile*
1 pezzo, elemento di un tutto.
2 lato, direzione; 📖*esempio*: da che *parte* vai?
3 azione scenica; 📖*esempio*: recitare la *parte* di Amleto.

partecipàre *verbo intransitivo*
• prendere parte a qualche cosa.

📖 indicativo presente 1ª persona singolare: io *partécipo*.

partènza *sostantivo femminile*
1 l'atto del partire; 📖*esempio*: il treno è in *partenza*.
2 inizio di una gara, di una corsa.
3 (senso figurato) avvio, inizio; 📖*esempio*: il punto di *partenza* del discorso è stato faticoso.

partìta *sostantivo femminile*
1 incontro, competizione sportiva.
2 registrazione in un libro contabile; 📖*esempio*: *partita* doppia è quella che registra le voci del dare e dell'avere.

partìto *sostantivo maschile*
• associazione volontaria di persone che condividono la stessa idea politica; 📖*esempio*: *partito* di opposizione.

partorìre *verbo transitivo*
• generare, dare alla luce, far nascere, mettere al mondo.
📖 indicativo presente 1ª persona singolare: io *partorìsco*.

passàre *verbo intransitivo*
1 percorrere uno spazio lungo la sua estensione.
2 spostarsi, trasferirsi; 📖*esempio*: *passare* in un altro ufficio.
3 trascorrere (detto del tempo); 📖*esempio*: gli anni *passano* in fretta.
📖 indicativo presente 1ª persona singolare: io *pàsso*.
Vuole l'ausiliare *essere*.

pàssero *sostantivo maschile*
• uccello dei Passeriformi che si nutre di insetti e di grano.

patènte *sostantivo femminile*
• documento che attesta la capacità di guidare un veicolo, di esercitare un mestiere, una attività; 📖*esempio*: darò l'esame per la *patente* di guida non appena avrò diciotto anni.

pàtria *sostantivo femminile*
• la nazione in cui si è nati e che si sente propria.

paùra *sostantivo femminile*
1 sensazione di turbamento di fronte a un pericolo.
2 preoccupazione; 📖*esempio*: avevo *paura* di non farcela.
♦**Sinonimo**: spavento.

pavóne *sostantivo maschile*
• uccello dei Galliformi con piume bellissime; il maschio ha una magnifica coda che si allarga a ruota.

📖 **PRINCIPALI PARTITI POLITICI ITALIANI**
(da destra a sinistra)

Alleanza Nazionale
Forza Italia
Centro Cristiano Democratico
Partito Popolare Italiano
Lega Nord
Riformatori
Alleanza Democratica
Partito Democratico della Sinistra
Rifondazione Comunista.

PARTITO
→MODO DI DIRE

A mal partito: in difficoltà (come se fosse in un partito sconfitto).

passero

📖 **PAVONE**

In molte civiltà orientali (Cina, Birmania, Persia) il pavone è simbolo del Sole, della pace e della prosperità. La bellezza della sua coda allargata a ruota evoca il Sole allo zenit, la Luna piena e il cielo stellato.

pècora

pecora

pellerossa

pellicano

pècora *sostantivo femminile*
• mammifero domestico dei Ruminanti.

pedàle *sostantivo maschile*
• nome generico per ogni organo meccanico azionato con il piede; *esempi*: i *pedali* della bicicletta; *pedale* del freno.

pedìna *sostantivo femminile*
• dischetto di vari materiali con cui si gioca a dama.

pedóne *sostantivo maschile*
☞ deriva da una parola latina che significa *dai piedi larghi*.
• chi cammina a piedi.

pèlle *sostantivo femminile*
• rivestimento esterno del corpo.
◆*Sinonimo*: cute.

pellegrinàggio *sostantivo maschile*
• viaggio per devozione in un luogo santo.
✍ per i Cristiani i pellegrinaggi più famosi furono nel Medioevo quelli in Terra santa; oggi quelli a Lourdes, a Loreto, a Roma; per i Musulmani il pellegrinaggio alla Mecca.

pelleróssa *sostantivo maschile* e *femminile*
☞ il nome deriva dall'uso di tingersi la pelle con terra rossa.
• nativo del Nordamerica.
📖 plurale invariabile: *pellirósse* o *pelleróssa*. Al singolare si usa anche la forma *pelliróssa* che è invariabile.

pellicàno *sostantivo maschile*
• uccello tropicale dei Pelecaniformi con grande becco per immagazzinarvi cibo.

pellìcola *sostantivo femminile*
1 membrana sottile; *esempio*: *pellicola* interna dell'uovo.
2 nastro di celluloide sensibile alla luce in grado di registrare le immagini fotografate o cineriprese.

pèndolo *sostantivo maschile*
☞ deriva da un verbo latino e significa *appeso*.
1 peso sospeso a un punto fisso che oscilla in modo regolare per effetto della gravità; *esempio*: le leggi di isocronia delle piccole oscillazioni del *pendolo* furono scoperte da Galileo Galilei (1564-1642) nel 1583 a Pisa.
2 orologio a pendolo, pendola.
✍ATTENZIONE: il diminutivo **pendolino** è anche uno strumento usato in radioestesia.

penetràre *verbo intransitivo*
1 entrare a fatica all'interno di qualcosa; 📖 *esempio*: la lama del pugnale *penetrò* nel corpo.
2 introdursi di nascosto; 📖 *esempio*: i ladri *penetrarono* in casa passando dalla finestra.
📖 indicativo presente 1ª persona singolare: io *pènetro*. Vuole l'ausiliare *essere*.

penìsola *sostantivo femminile*
• terra circondata dall'acqua tranne una parte unita al continente; 📖 *esempio*: l'Italia e la Spagna sono *penisole*.

pénna *sostantivo femminile*
1 ogni parte che costituisce il rivestimento degli uccelli.
2 strumento per scrivere.
✎ le prime penne per scrivere erano una penna d'oca appuntita in cima; poi furono sostituite da un bastoncino con pennino; oggi sono in uso le penne a sfera (biro) con una piccola sfera al posto del pennino.

pensàre *verbo intransitivo / verbo transitivo*
A *verbo intransitivo*
• ragionare, riflettere; 📖 *esempio*: non parlare senza *pensare*.
B *verbo transitivo*
• ritenere, credere; 📖 *esempio*: *penso* che sia giusto.
📖 indicativo presente 1ª persona singolare: io *pènso*. Vuole l'ausiliare *avere*.

pensióne *sostantivo femminile*
1 somma di denaro che spetta mensilmente ai lavoratori al termine del rapporto di lavoro per anzianità.
2 tipo di albergo con vitto.

perché *avverbio / congiunzione / sostantivo maschile invariabile*
A *avverbio*
• per quale ragione; 📖 *esempi*: *perché* non volete venire? mi piacerebbe sapere *perché* non rispondi.
B *congiunzione*
• per il fatto che; 📖 *esempio*: non vengo *perché* sto male.
C *sostantivo maschile invariabile*
• motivo per cui si fa o si dice qualche cosa.
📖 vuole sempre l'accento acuto: *perché*.

pèrdere *verbo transitivo*
1 non avere più; 📖 *esempio*: il papà *ha perso* la pazienza.
2 essere sconfitto; 📖 *esempio*: la mia squadra *ha perso*.
📖 indicativo presente 1ª persona singolare: io *pèrdo*; passato

---

PENNA
→MODI DI DIRE

Essere una buona penna: essere un valido scrittore, giornalista.
Essere una penna venduta: essere un giornalista corrotto.
Penna d'oro: giornalista molto famoso.
Lasciarci le penne: morire.
Lasciare nella penna: dimenticarsi di scrivere qualcosa.
Non saper tenere la penna in mano: non saper scrivere correttamente; anche, essere ignorante.

PENSARE
→DETTI CELEBRI

Si pensa come si vive.
Demostene

Pensare per agire; agire per pensare!
Goethe

Ci sono persone che parlano un momento prima di pensare.
La Bruyère

Penso, dunque sono.
Cartesio

Chi poco pensa, molto erra.
Leonardo da Vinci

PERDERE
→DETTO CELEBRE

Tutto è perduto fuorché l'onore.
(Detto dopo la sconfitta di Pavia del 1525.)
Francesco I re di Francia

perdonàre

remoto: io *pèrsi* o *perdéi* o *perdètti*, tu *perdésti*, egli *pèrse* o *perdé* o *perdètte*, noi *perdémmo*, voi *perdéste*, essi *pèrsero* o *perdérono* o *perdèttero*; participio passato: *perdùto* o *pèrso*. Vuole l'ausiliare *avere*.

perdonàre *verbo transitivo*
1 rinunciare a punire; assolvere; condonare.
2 scusare; *esempio*: *perdonate* il disturbo.
📖 indicativo presente 1ª persona singolare: io *perdóno*.

perfètto *aggettivo*
• che non ha difetti; che non gli manca nulla.
💣 è un francesismo dire *è un perfetto imbecille*, invece di *è un vero*, *un grande imbecille*.

perìcolo *sostantivo maschile*
☞ deriva da una parola latina che significa *prova*, *saggio*.
• situazione da cui potrebbe derivare un danno.
◆**Sinonimo**: rischio.

perìmetro *sostantivo maschile*
☞ deriva da una parola greca che significa *linea che misura intorno*.
• i lati che delimitano una figura geometrica.

Perissodàttili *sostantivo maschile plurale*
☞ deriva da una parola greca che significa *che ha un numero dispari* (*perissòs*) *di dita* (*dàktylos*) *per piede*.
• ordine di grossi Mammiferi erbivori degli Ungulati.

pèrla *sostantivo femminile*
☞ deriva da una parola latina che significa *piccolo prosciutto* (per la somiglianza della forma della conchiglia).
• secrezione calcarea a forma di piccola sfera di alcuni molluschi marini.

persóna *sostantivo femminile*
☞ deriva da una parola latina che significa *maschera teatrale*.
1 ogni essere umano inteso genericamente.
2 in grammatica, il nome che distingue un individuo dagli altri.

persuadére *verbo transitivo*
• indurre qualcuno a credere, dire o fare qualcosa.
💣 è **grave errore**: *persuàdere*.
📖 indicativo presente 1ª persona singolare: io *persuàdo*; passato remoto: io *persuàsi*, tu *persuadésti*, egli *persuàse*, noi *persuadémmo*, voi *persuadéste*, essi *persuàsero*; participio passato: *persuàso*.

Perissodattili

PERLA
→MODI DI DIRE

Essere una perla rara: riferito a cosa o persona preziosa, per il suo comportamento, i suoi consigli.
Dare le perle ai porci: dare qualcosa di bello a chi non lo merita o non è in grado di apprezzarlo.
Il detto è preso dal *Vangelo* (Matteo VII, 6).

🕮 PERLA COLTIVATA

La perla coltivata si ottiene introducendo artificialmente nel mollusco un frammento del suo mantello di madreperla. Il metodo risale a un biologo giapponese, Mikimoto.

pèsca (1) *sostantivo femminile*
☞ deriva da una parola latina che significa *(mela) originaria della Persia*.
• frutto del pesco, albero delle Rosacee.
📖 plurale: *pèsche*.

pésca (2) *sostantivo femminile*
1 l'atto del pescare, il prendere pesci.
2 tipo di lotteria; *esempio*: *pesca* di beneficenza.
📖 plurale: *pésche*.

pescecàne *sostantivo maschile*
• nome generico degli squali; *esempio*: il *pescecane* e il pesce martello appartengono all'ordine dei Selaci (squali).
📖 plurale: *pescicàni* o *pescecàni*.

Pésci *sostantivo maschile plurale*
1 classe di Vertebrati acquatici forniti di pinne e branchie.
2 dodicesimo segno dello Zodiaco compreso fra il 19 febbraio e il 20 marzo.

pèste *sostantivo femminile*
☞ deriva da una parola latina che significa *flagello*.
• grave malattia epidemica e contagiosa.

petròlio *sostantivo maschile*
☞ deriva dal francese *pétrole*, a sua volta dal latino *petra* (pietra) e *oleum* (olio).
• liquido oleoso estratto dal sottosuolo.

petrolièra *sostantivo femminile*
• nave cisterna per trasportare combustibili liquidi.

pèttine *sostantivo maschile*
• strumento per ravviare e acconciare i capelli.

piacére *verbo intransitivo*
• arrecare una sensazione gradevole a uno dei cinque sensi.
📖 indicativo presente: io *piàccio*, tu *piàci*, egli *piàce*, noi *piacciàmo*, voi *piacéte*, essi *piàcciono*; passato remoto: io *piàcqui*, tu *piacésti*, egli *piàcque*, noi *piacémmo*, voi *piacéste*, essi *piàcquero*.
Vuole l'ausiliare *essere*.

pianéta *sostantivo maschile*
☞ deriva da una parola greca che significa *errante*.
• corpo celeste privo di luce propria che ruota intorno al Sole o ad un altro astro; *esempio*: la Terra è un *pianeta*.

Pesci

✎ PESCI

Con il termine comune Pesci si intendono in generale tre classi: la classe degli **Agnati** (con l'unico ordine dei Ciclostomati); la classe dei **Pesci Cartilaginei** (o Condritti) ai quali appartengono i Selaci (squali), la classe dei **Pesci Ossei** (o Osteitti), che costituisce la maggioranza dei Pesci oggi viventi nelle acque di tutto il mondo (circa 20.000 specie).

Pesci (segno zodiacale)

pettine

piàngere

pianoforte

piante

🔖 PIANTE
(suddivisione)

Schizofite (Batteri e Virus)
Tallofite (Alghe, Funghi, Licheni)
Briofite (Epatiche, Muschi)
Pteridofite (Felci)
Spermatofite (Gimnosperme, Angiosperme). Il gruppo più evoluto.

piede

piàngere *verbo intransitivo*
• versare lacrime; 📖*esempio*: si *piange* anche di gioia.
📖 indicativo presente 1ª persona singolare: io *piàngo*; passato remoto: io *piànsi*, tu *piangésti*, egli *piànse*, ecc.

piàno (**1**) *sostantivo maschile*
• superficie piana; pianura.

piàno (**2**) *aggettivo / avverbio*
A *aggettivo*
• piatto e disteso, perfettamente orizzontale.
B *avverbio*
• senza fretta, adagio; 📖*esempio*: vi seguirò *piano piano*.

piàno (**3**) *sostantivo maschile singolare*
• accorciativo di pianoforte.

pianofòrte *sostantivo maschile*
• strumento musicale a tastiera; 📖*esempio*: pianoforte a coda.
📖 plurale: *pianofòrti*.

piànta *sostantivo femminile*
1 nome generico di ogni organismo vegetale; 📖*esempi*: *pianta* grassa; *pianta* da frutto; *pianta* tropicale.
2 cartina topografica; 📖*esempio*: la *pianta* della città.

picchiàre *verbo transitivo*
1 colpire qualcosa; 📖*esempio*: *picchiare* con il martello.
2 prendere a botte qualcuno.
📖 indicativo presente 1ª persona singolare: io *pìcchio*.

pìccolo *aggettivo*
1 inferiore alle misure normali.
2 scarso, di poco valore; 📖*esempio*: una *piccola* somma.
📖 il comparativo e il superlativo sono irregolari: *minore* e *minimo*; ma sono più usate le forme con *più* e *molto* (*più piccolo*, *molto piccolo*).

pièdе *sostantivo maschile*
1 estremità della gamba che poggia sul terreno.
2 (senso figurato) sostegno, base; 📖*esempi*: i *piedi* del tavolo; ai *piedi* del monte; il *piede* di un vaso.

piegàre *verbo transitivo*
1 ridurre una parte di un oggetto ad angolo rispetto alle altre parti; 📖*esempio*: *piegare* un cartone.
2 rendere curvo; 📖*esempio*: il vento *piega* i rami degli alberi.
3 (senso assoluto) vincere un avversario.

pièno *aggettivo*
1 riempito completamente, che non può contenere di più.
2 completo, totale; esempio: ho *piena* fiducia in te.
◆**Contrario**: vuoto.

pièrta *sostantivo femminile*
• ogni tipo di roccia compatta; esempio: *pietra* preziosa.
la **pietra pomice** è una roccia eruttiva spugnosa; la **pietra serena** è una pietra ben lavorabile; la **pietra di paragone** è una varietà di diaspro (tipo di pietra argillosa) che serve a saggiare l'oro; la **pietra focaia** è un calcedonio (tipo di quarzo) che produce scintille per sfregamento; la **pietra filosofale** degli alchimisti è quella in grado di trasformare ogni metallo vile in oro.

pigiàma *sostantivo maschile*
☞ è una parola inglese che ricalca un termine indiano (*paejamma*) che significa *veste* (jamma) *per le gambe* (pae).
• giacca e pantaloni indossati per andare a letto.
plurale: *pigiàma* o *pigiàmi*.

pìgro *aggettivo*
• che tende a non agire, che si mostra svogliato, indolente.

pìla *sostantivo femminile*
1 serie di oggetti sovrapposti; esempio: una *pila* di libri.
2 lampadina portatile (uso popolare).

pìllola *sostantivo femminile*
☞ deriva da una parola latina che è il diminutivo di *palla*.
• medicinale in forma di pasticca da prendersi per bocca.

pilòta *sostantivo maschile*
• chi guida un aereo, una macchina, una nave; esempio: un *pilota* di Formula 1.
plurale: *pilòti*.

pinguìno *sostantivo maschile*
• uccello acquatico degli Sfenisciformi proprio delle zone fredde e glaciali dell'emisfero australe; ottimo nuotatore.

pìnna *sostantivo femminile*
• organo dei pesci adatto al nuoto.

piòggia *sostantivo femminile*
• precipitazione atmosferica di gocce d'acqua.
plurale: *piògge*.
ATTENZIONE: la **pioggia acida** è una precipitazione in cui

PILA ELETTRICA

È stata inventata da Alessandro Volta nel 1800. Era formata da una colonna di dischi alternati di rame e di zinco separati da un feltro impregnato di liquido acido.

PILLOLA
→MODO DI DIRE

In pillole: poco alla volta, in piccole quantità.

pinguino

PIOGGIA

L'intensità della pioggia (piovosità) si misura verificando (in millimetri) quanta acqua è caduta in un determinato tempo.
La massima piovosità si registra nell'Assam (Asia meridionale) con 11.420 mm annui, la minima a Copiapó (Cile) con 8 mm all'anno.

pipistrèllo   150

l'acqua piovana, troppo acida, può risultare dannosa all'ecosistema.

pipistrèllo *sostantivo maschile*
☞ deriva da una parola latina che significa *che esce di sera*.
• mammifero dei Chirotteri con ali membranose atte a volare.

pipistrello

piràta *sostantivo maschile*
☞ deriva da un verbo greco che significa *tentare*.
• bandito di mare che attacca le navi per depredarle.
📖 plurale: *piràti*.

pistòla *sostantivo femminile*
• arma da fuoco a canna corta.
◆*Sinonimo*: rivoltella.

pitóne *sostantivo maschile*
• serpente non velenoso degli Squamati, lungo fino a 10 metri; *esempio*: il *pitone* soffoca le prede tra le spire.

pittóre *sostantivo maschile*
• chi esercita l'arte della pittura; chi dipinge.
📖 femminile: *pittrìce*.

pirata

plàstica *sostantivo femminile*
• sostanza sintetica impiegata in molteplici usi.
📖 plurale: *plàstiche*.

pluràle *sostantivo maschile*
• caso grammaticale che indica due o più persone, animali o cose; *esempio*: il *plurale* di "uomo" è "uomini".

pneumàtico *sostantivo maschile*
☞ deriva da un verbo greco che significa *soffiare*.
• copertura di gomma che riveste le ruote degli autoveicoli.
📖 plurale: *gli pneumàtici*. Al singolare *lo pneumatico*.

pistola

📖 **GRANDI PITTORI ITALIANI**

Cimabue (1240 ca.-1302)
Giotto (1267-1337)
Piero della Francesca (1420-1492)
Botticelli (1445-1510)
Giorgione (1477-1510)
Leonardo (1452-1519)
Raffaello (1483-1520)
Michelangelo (1475-1564)
Tiziano (1490-1576)
Caravaggio (1573-1610)
Tiepolo (1696-1770)

pòco *avverbio / aggettivo*
A *avverbio*
• scarsamente; *esempio*: hai studiato *poco*.
B *aggettivo*
• in piccola quantità; *esempio*: è un uomo di *poche* parole.
📖 si può troncare in *po'*; si elide nella locuzione *poc'anzi*. Superlativi: *pochissimo* e *minimamente*; comparativo: *meno*.
⚫ è errato: *pò*; *più poco*; *poco a poco* per *a poco a poco*.

poesìa *sostantivo femminile*
☞ deriva da un verbo greco che significa *fare*.

1 componimento in versi; esempio: le *poesie* di Pascoli.
2 arte di esprimere sentimenti, emozioni, ecc. in versi.

polìtica *sostantivo femminile*
• scienza e arte del governare.

polizìa *sostantivo femminile*
• agenti dell'ordine incaricati di far rispettare le leggi e di garantire la sicurezza dei cittadini; esempio: la *polizia stradale* previene e reprime i reati commessi sulle strade.

pòlline *sostantivo maschile*
☞ deriva da una parola latina che significa *fior di farina*.
• polverina gialla dei fiori indispensabile per la loro riproduzione; esempio: Diego è allergico al *polline*.

polmóne *sostantivo maschile*
• ciascuno dei due organi dell'apparato respiratorio.

pòlo *sostantivo maschile*
• ciascuno dei due punti estremi dell'asse su cui ruota la Terra; esempio: il *polo* nord è anche detto boreale o artico, il *polo* sud australe o antartico.

pòlpo *sostantivo maschile*
☞ deriva da una parola greca che significa *molti piedi*.
• mollusco marino dei Cefalopodi con otto tentacoli.

pólvere *sostantivo femminile*
• particelle minutissime di terra.

pónte *sostantivo maschile*
• costruzione in ferro, legno o muratura che consente di attraversare un corso d'acqua o una vallata.

pòpolo *sostantivo maschile*
• l'insieme degli abitanti di una stessa nazione; esempi: il *popolo* italiano; il *popolo* francese, il *popolo* egiziano.

póppa *sostantivo femminile*
• parte posteriore di una nave; esempio: l'albero di *poppa*.
◆ *Contrario*: prua.

porcospìno *sostantivo maschile*
• istrice; riccio (denominazione popolare, non scientifica).

pòrta *sostantivo femminile*
1 apertura che consente il passaggio in un luogo.

ALLERGIA AL POLLINE

Durante il cambio di stagione alcune persone possono essere soggette a forme di raffreddore, con frequenti starnuti. Soluzioni temporanee sono date da particolari medicine (antistaminici). Il vaccino specifico può essere invece un rimedio abbastanza efficace.

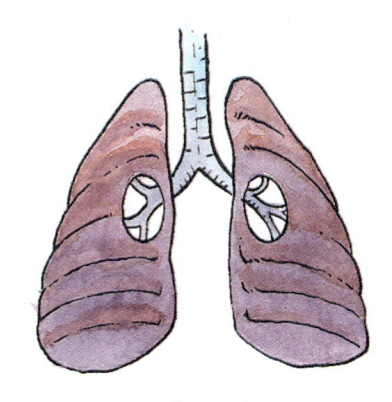

polmoni

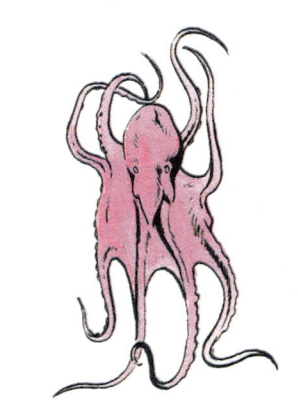

polpo

ponte

portàre

◊ PORTA
Porta Sublime

L'espressione nacque dall'antica usanza dei sovrani ottomani (turchi) di rendere giustizia sedendo davanti la porta del loro palazzo. Per estensione di significato il termine Porta venne poi usato dalla diplomazia europea per indicare la corte e il governo dell'impero.

Porta Santa

Porta murata a destra della porta principale nelle quattro basiliche maggiori di Roma (S. Pietro, S. Giovanni in Laterano, S. Paolo fuori le Mura, S. Maria Maggiore). Le quattro porte vengono aperte alla vigilia del Natale che precede l'Anno Santo e di nuovo murate nel Natale successivo.

◊ PRINCIPALI PORTI ITALIANI

GENOVA
NAPOLI
VENEZIA
TRIESTE
PALERMO
BARI
TARANTO
CAGLIARI
ANCONA
LA SPEZIA
LIVORNO
MESSINA
REGGIO CALABRIA

porto

---

2 in alcuni giochi (calcio, pallanuoto, ecc.) struttura o intelaiatura entro la quale occorre far entrare la palla.
3 portello, portiera; *esempio*: la *porta* della macchina.
☞ ATTENZIONE: in Turchia la Porta indicava la corte del sultano, il governo.

portàre *verbo transitivo*
1 sostenere su di sé; *esempio*: *portare* un peso sulle spalle.
2 consegnare; *esempio*: *hanno portato* una lettera.
3 indossare; *esempio*: Mario *porta* sempre il cappello.
4 accompagnare; *esempio*: papà ci *ha portato* all'acquario.
📖 indicativo presente 1ª persona singolare: io *pòrto*.

pòrto *sostantivo maschile*
1 luogo in cui le navi possono approdare; *esempio*: il *porto* di Genova è nel mar Ligure.
2 (senso figurato) meta, conclusione; *esempio*: l'affare andrà certamente in *porto*.

posàre *verbo transitivo / verbo intransitivo*
A *verbo transitivo*
• mettere giù, deporre con cautela; *esempio*: Annalisa *pose* il bimbo nella culla.
B *verbo intransitivo*
1 fondarsi (ausiliare *essere*); *esempio*: la statua *posa* su un piedistallo di marmo.
2 fare da modello (ausiliare *avere*); *esempio*: Daniela *ha posato* per una serie di fotografie pubblicitarie.
📖 indicativo presente 1ª persona singolare: io *pòso*.

posizióne *sostantivo femminile*
1 luogo in cui si trova una cosa; *esempio*: la scuola si trova in una splendida *posizione*.
2 (senso figurato) situazione; *esempio*: siamo in una *posizione* critica.
3 atteggiamento del corpo; *esempio*: *posizione* eretta.
4 opinione, convinzione personale; *esempio*: Silvano è irremovibile nella sua *posizione*.

possedére *verbo transitivo*
☞ deriva da un verbo latino che significa *stare in un luogo da padrone*.
1 avere beni propri; *esempio*: Beatrice *possiede* una villetta in campagna.
2 avere delle qualità; *esempio*: Marco *possiede* notevoli doti di intuizione.
📖 indicativo presente 1ª persona singolare: io *possièdo* o *possèggo*.

possìbile *aggettivo*
1 che può accadere; che può essere; *esempio*: è *possibile* che arrivi in tempo.
2 che si può realizzare; *esempio*: tutto è *possibile*.

pòsta *sostantivo femminile*
☞ deriva da una parola latina che significa *stazione* (serviva per il cambio dei cavalli degli antichi corrieri).
1 servizio pubblico per la spedizione e la consegna di pacchi o lettere; *esempio*: spedirò il pacco per *posta*.
2 corrispondenza (lettere, cartoline, telegrammi, pacchi).

posterióre *aggettivo*
☞ deriva dal comparativo latino di *posterus* (che viene dopo).
• che è dietro o che viene dopo.
✦*Contrario*: anteriore.

pósto *sostantivo maschile*
1 posizione stabilita; *esempio*: mettere le cose al loro *posto*.
2 spazio circoscritto che può essere occupato; *esempio*: una macchina a cinque *posti*.
3 località, luogo; *esempio*: era un *posto* ideale.

potére *verbo intransitivo*
1 avere la capacità di fare qualcosa; *esempio*: Giovanni *può* parlare per ore senza stancarsi.
2 avere il permesso di; *esempio*: *possiamo* entrare?
📖 indicativo presente: io *pòsso*, tu *puòi*, egli *può*, noi *possiàmo*, voi *potéte*, essi *pòssono*; imperfetto: io *potévo*; passato remoto: io *potéi*, tu *potésti*, egli *poté*, noi *potémmo*, voi *potéste*, essi *potérono*; futuro: io *potrò*; congiuntivo presente: che io *pòssa*; imperfetto: che io *potéssi*; condizionale presente: io *potréi*. Se usato da solo vuole l'ausiliare **avere**; se usato come verbo servile (seguito da un verbo all'infinito) vuole l'ausiliare del verbo che lo segue; *esempio*: *sono potuto venire presto*; se usato in senso impersonale vuole l'ausiliare **essere**; *esempio*: *non si è potuto fare*.

pòvero *aggettivo*
1 che non ha i mezzi necessari per vivere; *esempio*: la Chiesa aiuta le famiglie *povere* del quartiere.
2 (senso figurato e seguito da un complemento di privazione) scarso; *esempi*: quel ruscello è *povero* d'acqua; una terra *povera* di materie prime.

pózzo *sostantivo maschile*
• scavo verticale nel suolo per attingere acqua.

POSTO
→MODI DI DIRE

Essere a posto: essere presentabile, ben ordinato.
Mettere a posto qualcuno: richiamare qualcuno ai suoi doveri; anche, rimproverarlo.
Stare al proprio posto: comportarsi secondo la propria reale condizione (età, ambiente, ecc.).
Posto da lupi: indica un luogo poco ospitale.
Posto da capre: un luogo inaccessibile, impervio.

POTERE
→PROVERBI

Chi non può bere nell'oro, beva nel vetro.
Chi non può fare come vuole, faccia come può.
Non si può bere e fischiare.
Volere è potere.
Il potere logora chi non ce l'ha.

pozzo

precèdere

📖 POZZI DI SAN PATRIZIO

Presso **Orvieto** vi è un pozzo in cui secondo la tradizione è sufficiente gettare una moneta per vedere esaudito un desiderio.
Sull'**isola di Derg** (Irlanda) vi è una grotta che la leggenda riteneva l'ingresso del Purgatorio.
Cristo la mostrò a S. Patrizio e gli disse che chiunque vi avesse passato un giorno e una notte sarebbe stato perdonato di tutti i suoi peccati. Molti vi entrarono, ma pochi ne uscirono, finché il papa Callisto III ne ordinò la chiusura nel 1457.

📖 PREISTORIA

Si divide in tre parti:

Età della pietra
Età del bronzo
Età del ferro

In base al progresso tecnologico o economico può essere divisa in:

Paleolitico, Mesolitico, Neolitico, Era del Rame, Era del Bronzo, Era del Ferro.

presepio

→MODO DI DIRE: pozzo di San Patrizio (persona, attività che sembra inesauribile nel distribuire denaro, risorse, ecc.).

precèdere *verbo intransitivo*
• andare avanti; *esempio*: la banda *precedeva* il corteo.
📖 indicativo presente 1ª persona singolare: io *precédo*.

pregàre *verbo transitivo*
1 chiedere, implorare; *esempio*: ti *prego* di non farlo.
2 recitare le preghiere, rivolgersi a Dio.
📖 indicativo presente 1ª persona singolare: io *prègo*.

preistòria *sostantivo femminile*
• lungo periodo della storia di cui non sono rimasti documenti scritti.

prèmio *sostantivo maschile*
☞ deriva da una parola latina che significa propriamente *la prima parte di qualche cosa che si offre agli dei* (da *prae*, prima e *edere*, prendere).
• riconoscimento assegnato al vincitore di una gara; ricompensa in generale; *esempio*: *premio* Nobel.

prèndere *verbo transitivo*
1 afferrare, stringere, tenere con le mani cosa o persona; *esempio*: *prendere* per i capelli.
2 bere, mangiare; *esempio*: *prenderò* un gelato alla frutta.
3 ricevere, accettare; *esempio*: *prendi* uno stipendio alto?
4 contrarre una malattia; *esempio*: ho *preso* il morbillo.
📖 indicativo presente 1ª persona singolare: io *prèndo*; passato remoto: io *prési*, tu *prendésti*, egli *prése*, noi *prendémmo*, voi *prendéste*, essi *présero*.

presènte *aggettivo / sostantivo maschile*
A *aggettivo*
1 che è nel luogo di cui si parla; *esempio*: essere *presente*.
2 attuale, della nostra epoca; *esempio*: la *presente* situazione.
B *sostantivo maschile*
1 il tempo attuale; *esempio*: il *presente*, il passato e il futuro sono le dimensioni del tempo.
2 chi è nel luogo di cui si parla.
📖 in grammatica il **presente** è il tempo del verbo che indica un'azione contemporanea al momento in cui si parla; il **presente storico** è invece un'azione avvenuta nel passato, ma resa con il presente per dare più vivacità al discorso.

presèpio *sostantivo maschile*
☞ deriva da un verbo latino che significa *cingere con una*

siepe (quindi *recinto* e poi *stalla*).
• ricostruzione della nascita di Gesù fatta con statuine.
💣 è scorretto *presèpe*.
📖 plurale: *presèpi*.

presidènte *sostantivo maschile*
• chi è a capo di un'azienda, di un ente, ecc.; *esempio*: il *Presidente* della Repubblica è il capo dello Stato.

pressióne *sostantivo femminile*
1 forza esercitata premendo su qualcosa; *esempio*: fare *pressione* con le dita della mano.
2 (senso figurato) sollecitazione, spinta; *esempio*: farò *pressione* perché Luca accetti l'incarico.
⚠ ATTENZIONE: la **pressione atmosferica** è la forza esercitata sui corpi immersi nell'atmosfera; la **pressione del sangue** è quella esercitata dal sangue sulle pareti dei vasi in cui circola.

prète *sostantivo maschile*
☞ deriva da una parola greca che significa *più anziano*.
• sacerdote cattolico o di altre chiese cristiane.

prevedére *verbo transitivo*
• vedere ciò che deve ancora avvenire; *esempi*: *prevedere* il futuro leggendo la mano; *prevedere* il tempo che farà.
📖 indicativo presente 1ª persona singolare: io *prevédo*.

prezzémolo *sostantivo maschile*
• pianta erbacea delle Ombrellifere, utile in cucina come spezia.

prèzzo *sostantivo maschile*
• somma di denaro per comprare qualcosa; costo; valore.

prigióne *sostantivo femminile*
☞ deriva da una parola latina che significa *cattura*.
• edificio in cui sono rinchiusi i colpevoli di reati.
◆**Sinonimi**: carcere, galera.

Primàti *sostantivo maschile plurale*
• ordine di Mammiferi, il più evoluto nella scala zoologica, che comprende le scimmie, le proscimmie e l'uomo.

prìmo *aggettivo numerale ordinale*
1 che in una serie precede tutti gli altri; *esempio*: il *primo* libro che ho comprato è stato «I viaggi di Gulliver» di J. Swift.

prete

prezzemolo

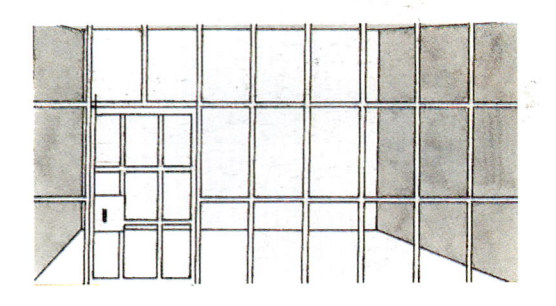

prigione

prìmula

primula

principessa

procione

2 principale, il più importante.

prìmula *sostantivo femminile*
• genere di piante erbacee delle Primulacee.

prìncipe *sostantivo maschile*
• sovrano, chi governa un regno; titolo dell'erede a un trono; *esempio*: *principe* ereditario.
📖 femminile: *principéssa*.

princìpio *sostantivo maschile*
1 l'inizio di qualche cosa; *esempio*: il *principio* del romanzo è interessante.
2 concetto basilare di una scienza; *esempio*: i *principi* della geometria.
3 causa; origine; *esempio*: Dio è il *Principio* di tutte le cose.
📖 plurale: *princìpi*.

problèma *sostantivo maschile*
☞ deriva da un verbo greco che significa *mettere avanti*.
1 quesito matematico la cui soluzione richiede ragionamento e calcoli.
2 (senso figurato) questione complicata; *esempio*: è un vero *problema* posteggiare in centro.
📖 plurale: *problèmi*.

probòscide *sostantivo femminile*
• appendice lunga e mobile del naso degli elefanti con la quale afferrano il cibo.

procèdere *verbo intransitivo*
1 andare avanti, continuare a camminare.
2 (senso figurato) agire in un certo modo; *esempio*: secondo me Tullio *procede* in modo sbagliato.
📖 indicativo presente 1ª persona singolare: io *procèdo*. Nel significato **1** vuole l'ausiliare *essere*, invece nel significato **2** vuole l'ausiliare *avere*.

procèsso *sostantivo maschile*
1 metodo, procedimento, serie di fatti che concorrono a un risultato; *esempi*: il *processo* di lavorazione della lana; *processo* storico; *processo* chimico.
2 l'insieme delle attività legate ad una causa giudiziaria; *esempio*: il *processo* di Norimberga.

procióne *sostantivo maschile*
☞ deriva da una parola greca che significa *cane che latra*.
• mammifero carnivoro tipico del Nordamerica, che bagna il

cibo prima di mangiarlo; è detto anche *orsetto lavatore*.

prodótto *sostantivo maschile*
1 ogni frutto della terra o dell'attività umana; *esempio*: i *prodotti* agricoli; i *prodotti* dell'artigianato.
2 il risultato di una moltiplicazione; *esempio*: il *prodotto* di 3 x 6 è 18.

professóre *sostantivo maschile*
• chi insegna nella scuola media superiore o nell'università; *esempio*: il *professore* di greco e latino.

profùmo *sostantivo maschile*
1 odore gradevole; *esempio*: il *profumo* del caffè.
2 miscela di essenze odorose; *esempio*: *profumo* francese.

progètto *sostantivo maschile*
1 ideazione, intenzione, proposito; *esempio*: i tuoi *progetti* mi sembrano irrealizzabili.
2 l'insieme dei piani, dei disegni e dei calcoli per la realizzazione di un'opera; *esempio*: il *progetto* di un ponte.

progràmma *sostantivo maschile*
1 proposito, piano, progetto; *esempio*: che *programmi* hai per sabato sera?
2 piano di studi di una certa materia scolastica; *esempio*: il *programma* di matematica.
3 elenco delle manifestazioni pubbliche di un certo periodo; *esempio*: i *programmi* della TV.

progrèsso *sostantivo maschile*
1 miglioramento; *esempio*: hai fatto *progressi* in scienze.
2 evoluzione, avanzamento della società; *esempio*: la nostra società ha fatto *progressi* solo nel campo scientifico.

proiettóre *sostantivo maschile*
• apparecchio che permette di riprodurre i fotogrammi di una pellicola su uno schermo.

proméssa *sostantivo femminile*
• impegno solenne; assicurazione di fare qualcosa.

promozióne *sostantivo femminile*
• avanzamento di grado; il passaggio alla classe superiore.

pròteo *sostantivo maschile*
☞ nome di una mitica divinità marina.
• anfibio degli Urodeli che vive nelle acque delle grotte.

PROGRAMMA
→MODI DI DIRE

Fuori programma: qualcosa di imprevisto.
Essere tutto un programma: riferito a qualcosa che si impone per le sue caratteristiche da divenire quasi buffo.

proiettore

PROTEO

Il Proteo, a differenza degli altri Anfibi, da adulto non perde le branchie pur possedendo anche i polmoni. Un'altra caratteristica è che la femmina può essere ovipara o vivipara a seconda delle condizioni ambientali: se la temperatura è superiore ai 15 °C depone uova, se inferiore partorisce uno o due piccoli già formati.

proteo

pròva

pròva *sostantivo femminile*
1 esame per verificare il funzionamento di una cosa o le capacità di un candidato.
2 dimostrazione; *esempio*: dammi una *prova* d'affetto.

provétta *sostantivo femminile*
• piccolo cilindro di vetro per esperimenti chimici.
ATTENZIONE: **figlio in provetta** indica una tecnica medica che permette a genitori sterili di avere un figlio proprio.

provetta

prùa *sostantivo femminile*
• la parte anteriore della nave.
◆**Sinonimo**: prora. ◆**Contrario**: poppa.

prùgna *sostantivo femminile*
• il frutto del prugno (o susino), albero delle Rosacee.
◆**Sinonimo**: susina.

prugna

pseudònimo *sostantivo maschile*
☞ deriva da una parola greca che significa *nome falso*.
• nome fittizio usato da artisti e scrittori al posto di quello vero; *esempio*: Collodi è lo *pseudonimo* di Carlo Lorenzini.

pùgile *sostantivo maschile*
• chi pratica il pugilato (combattimento a due con i soli pugni).

pugnàle *sostantivo maschile*
• arma bianca, corta, con punta, simile a un coltello.

pugnale

pùlce *sostantivo femminile*
• insetto degli Afanitteri, parassita e grande saltatore.

pulcinèlla *sostantivo maschile invariabile*
☞ deriva da una parola latina che significa *pulcino* (per la somiglianza dei colori).
• maschera napoletana con vestito bianco e mascherina nera sul viso.

pùnto *sostantivo maschile*
1 segno grafico costituito da un tondino che si mette anche alla fine di un periodo; *esempio*: mettere il *punto* sulla "i".
2 luogo, posto; *esempi*: *punto* di arrivo; *punto* di partenza.

pupìlla *sostantivo femminile*
☞ deriva da una parola latina che significa *bambolina* (perché la pupilla riflette una piccola immagine)
• forellino al centro dell'iride dell'occhio; *esempio*: le *pupille* del gatto si dilatano al buio.

pulce

Q

q Q *sostantivo femminile o maschile invariabile*
• diciassettesima lettera dell'alfabeto italiano; consonante.
📖 si raddoppia solo nella parola *soqquadro*; negli altri casi si rafforza con **c** (*esempio: acqua*).

qua *avverbio*
• in questo luogo (vicino a chi parla).
💣 non si accenta mai.

quadèrno *sostantivo maschile*
☞ deriva da una parola latina che significa *quattro per volta* (la legatura dei fogli avveniva a quattro a quattro).
• fascicolo di fogli cuciti insieme e con copertina cartonata.

quadràto (**1**) *sostantivo maschile*
• figura geometrica con quattro lati e quattro angoli uguali.

quadràto (**2**) *aggettivo*
• a forma di quadrato; *esempio*: una tavola *quadrata*.

quadrifòglio *sostantivo maschile*
• pianticella di trifoglio con quattro foglie invece di tre, considerata portafortuna.

quadrimèstre *sostantivo maschile*
• periodo di quattro mesi; *esempio*: l'anno scolastico si divide in due *quadrimestri*.

quàdro *sostantivo maschile*
1 pittura su tela, legno o altro; dipinto.
2 (senso figurato) descrizione precisa e accurata.
📖 il plurale, *quàdri*, può indicare anche i dirigenti di un partito o uno dei quattro semi delle carte da gioco francesi; *esempio*: il re di *quadri*.

Q NEGLI ALTRI ALFABETI

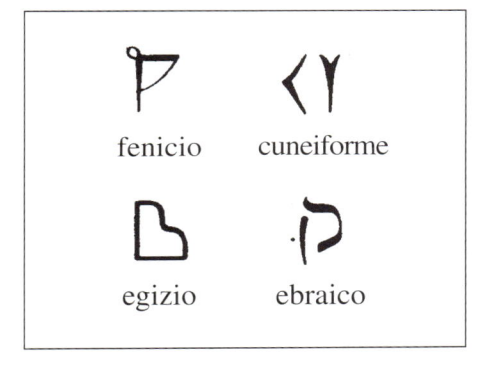

fenicio   cuneiforme

egizio   ebraico

quaderno

quadrifoglio

qualcùno *pronome indefinito singolare*
• qualche persona o cosa in quantità indefinita.
📖 non ha plurale; è composto da *qualche* e *uno*.

qualità *sostantivo femminile invariabile*
1 l'insieme degli elementi materiali che definiscono la natura di qualcuno o di qualcosa.
2 pregio, virtù; *esempio*: Gianni ha ottime *qualità*.
☛ è improprio dire *in qualità di*, meglio: *con il grado di*.

quàndo *avverbio / congiunzione*
A *avverbio*
• in quale tempo; *esempio*: *quando* ritornerai?
B *congiunzione*
• nel momento in cui, dal momento che.

quartière *sostantivo maschile*
• zona, parte di una città; rione; *esempio*: *quartiere* povero.
✎ le città romane, sorte su un accampamento militare, erano divise in quattro parti o quartieri.

quéllo *aggettivo* e *pronome dimostrativo*
• indica persona o cosa lontana da chi parla e da chi ascolta.
📖 si apostrofa davanti a parola che inizia per vocale (*quell'*uomo), si tronca davanti a nomi maschili che iniziano per consonante (*quel* libro, *quei* libri).

quèrcia *sostantivo femminile*
• albero delle Fagacee i cui frutti sono le ghiande.
📖 plurale: *quèrce*.

quésto *aggettivo / pronome dimostrativo*
• indica persona, animale o cosa vicino a chi parla.

quòta *sostantivo femminile*
1 altitudine, altezza sul livello del mare.
2 parte di una somma già versata o da riscuotere; rata.

quotidiàno *aggettivo / sostantivo maschile*
A *aggettivo*
• giornaliero, di ogni giorno; *esempio*: lavori *quotidiani*.
B *sostantivo maschile*
• giornale pubblicato ogni giorno.

quoziènte *sostantivo maschile*
• il risultato di una divisione.
☞ATTENZIONE: il **quoziente di intelligenza** è la valutazione dell'intelligenza in base a particolari test.

QUARTIERE
→MODI DI DIRE

Quartier generale: (in senso figurato) è il luogo in cui si svolge abitualmente l'attività di un gruppo.
Lotta senza quartiere: lotta senza tregua, senza sosta.

QUERCIA
→MODO DI DIRE

Essere una quercia: si dice di una persona forte e robusta.

quercia

QUOTA
→MODO DI DIRE

Perdere quota: è riferito in generale alla perdita di successo, di notorietà.

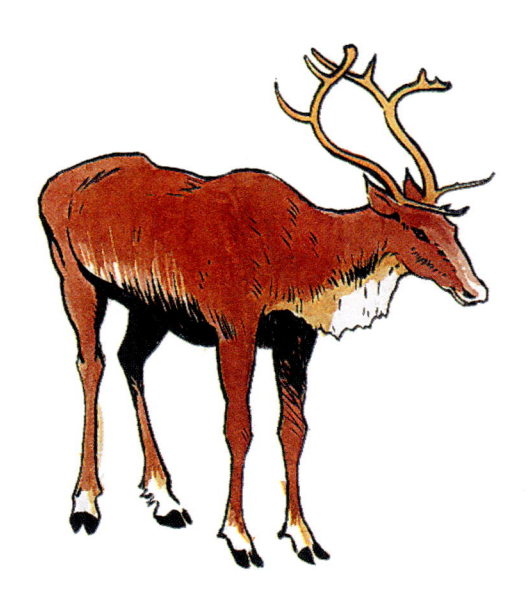

r R *sostantivo femminile o maschile invariabile*
• diciottesima lettera dell'alfabeto italiano; consonante.

ràbbia *sostantivo femminile*
1 malattia virale che colpisce cani, gatti, lupi.
✦*Sinonimo*: idrofobia.
2 (senso figurato) ira, collera improvvisa.
✎ tra i sintomi della malattia, vi è la paura dell'acqua: da cui il termine idrofobia (= paura dell'acqua).

rabbrividìre *verbo intransitivo*
• sentire brividi sul corpo per freddo, paura, febbre.
📖 indicativo presente 1ª persona singolare: io *rabbrividìsco*.

racchétta *sostantivo femminile*
• attrezzo per giocare a tennis o a ping-pong.

raccògliere *verbo transitivo*
1 prendere ciò che è caduto a terra.
2 prendere i frutti della terra; *esempio*: è tempo di *raccogliere* le mele.
3 radunare, concentrare, riunire in uno stesso posto.
📖 indicativo presente 1ª persona singolare: io *raccólgo*.

raccontàre *verbo transitivo*
• narrare, riferire, esporre a voce fatti reali o immaginari; *esempi*: *raccontare* un sogno; *raccontare* una fiaba.
📖 indicativo presente 1ª persona singolare: io *raccónto*.

ràdar *sostantivo maschile invariabile*
☞ è la sigla dalle parole inglesi **Ra**dio **D**etection **A**nd **R**ancing (apparecchio radio che scopre e localizza).
• apparecchio che consente di individuare un oggetto non visibile e di stabilirne la posizione; *esempio*: i primi a

R NEGLI ALTRI ALFABETI

egizio	cuneiforme
fenicio	greco arcaico
arabo	ebraico
sanscrito	russo

racchetta

ràdere

usare il *radar* furono gli Inglesi nel 1939.

ràdere *verbo transitivo*
1 tagliare i peli (di barba e baffi) con rasoio o lametta.
2 (senso figurato) distruggere, demolire.
📖 indicativo presente 1ª persona singolare: io *ràdo*; passato remoto: io *ràsi*, tu *radésti*, egli *ràse*, noi *radémmo*, voi *radéste*, essi *ràsero*; participio passato: *ràso*.

radìce *sostantivo femminile*
• organo delle piante che si fissa nel terreno da cui assorbe acqua e sostanze nutritive; *esempio*: le *radici* degli alberi.

ràdio *sostantivo femminile invariabile*
1 sistema di trasmissione dei suoni senza fili; *esempio*: l'invenzione della *radio* risale a Guglielmo Marconi nel 1894.
2 stazione di trasmissione di programmi radiofonici.
3 apparecchio che riceve le trasmissioni radiofoniche.

radioattìvo *aggettivo*
• che emana radiazioni corpuscolari o elettromagnetiche; *esempio*: l'uranio, il radio e il tornio sono *radioattivi*.

ràdo *aggettivo*
• non fitto, non folto; *esempi*: bosco *rado*; capelli *radi*.
♦ *Sinonimo*: raro, ma con sfumatura di significato perché **rado** si usa per *non compatto*, **raro** per *non frequente*.

radunàre *verbo transitivo*
• raccogliere, mettere insieme; *esempio*: *radunammo* tutti gli amici per la festa.
📖 indicativo presente 1ª persona singolare: io *radùno*.

ragàzzo *sostantivo maschile*
☞ deriva da una parola araba che significa *messaggero* (giovane in grado di correre).
• adolescente, uomo giovane.

ràggio *sostantivo maschile*
1 linea retta lungo la quale si propagano la luce e il calore; *esempio*: i *raggi* del sole.
2 in un cerchio, ogni retta che va dal centro ad un punto qualsiasi della circonferenza.
📖 plurale: *ràggi*.

ragióne *sostantivo femminile*
☞ deriva da un verbo latino che significa *calcolare*.
1 capacità di pensare e giudicare.

radar

RADICE
→MODO DI DIRE

Metter radici: (significato figurato) stabilirsi in un dato luogo, fermandosi più del necessario.

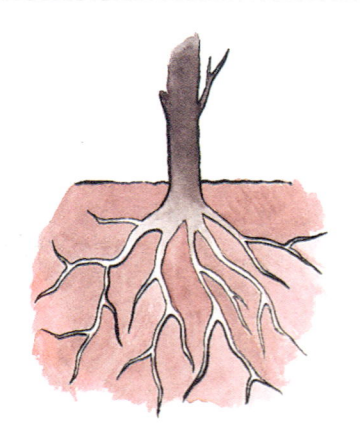

radice

radio

2 causa, motivo; ⌂*esempio*: per quale *ragione* non parli?

ràgno *sostantivo maschile*
• insetto degli Aracnidi con otto zampe, che tesse ragnatele.

rallentàre *verbo transitivo*
• rendere lento; ⌂*esempio*: rallentare la velocità.
📖 indicativo presente 1ª persona singolare: io *rallènto*.

rally [pronuncia: *rèlli*] *sostantivo maschile invariabile*
☞ è una parola inglese che significa *adunata*, *riunione*.
• gara automobilistica di velocità su percorso obbligato.

ramadàn *sostantivo maschile invariabile*
• nono mese del calendario musulmano; ⌂*esempio*: durante il *ramadan* i musulmani digiunano dall'alba al tramonto.

ràmo *sostantivo maschile*
1 le parti degli alberi che si diramano dal tronco; ⌂*esempio*: i *rami* del pesco sono carichi di frutti.
2 (senso figurato) suddivisione di una scienza..

ràna *sostantivo femminile*
☞ nome onomatopeico dal suo gracidare (*ra, ra*).
• anfibio degli Anuri che vive negli stagni.

ràro *aggettivo*
• difficile da trovare, non comune, non frequente; ⌂*esempio*: è un *raro* esemplare di una specie in via di estinzione.

rasóio *sostantivo maschile*
• tipo di coltello molto affilato o strumento elettrico per radere barba e capelli.

ràtto *sostantivo maschile*
• grosso topo di fogna (*Rattus rattus*).

ravanèllo *sostantivo maschile*
• piantina delle Crocifere, con radici rosse, commestibili.
💣 errato: *rapanèllo*.

razionàle *aggettivo*
• che riguarda o ha la ragione; ⌂*esempio*: l'uomo è un animale *razionale*.

ràzza (1) *sostantivo femminile*
1 insieme di uomini, animali o piante che si differenziano dalla stessa specie per alcune caratteristiche che possono

ragno

rana

rasoio (elettrico e di sicurezza)

ravanello

ràzza

razza

RAZZA
→MODI DI DIRE

Di razza: (significato figurato) di grande valore.
Far razza a sé: (significato figurato) non fare amicizia, vivere isolati.

🖎 GRANDI REGINE

Nefertiti (Egitto)	XIV sec. a.C.
Semiramide (Assiria)	IX sec. a.C.
Cleopatra (Egitto)	I sec. a.C.
Teodora (Bisanzio)	VI sec. d.C.
Teodolinda (Regno Longobardo)	VII sec.
Isabella (Castiglia)	XV sec.
Elisabetta I (Inghilterra)	XVI sec.
Caterina II (Russia)	XVIII sec.
Maria Teresa (Austria)	XVIII sec.
Vittoria (Inghilterra)	XIX sec.

REBUS
→MODO DI DIRE

Essere un rebus: (significato figurato) essere difficile da capire.

---

essere trasmesse ai discendenti; 📖*esempio*: la *razza* bianca.
2 (senso figurato) genere; 📖*esempio*: che *razza* di modi!

ràzza (**2**) *sostantivo femminile*
• pesce dei Raiformi con corpo a forma di rombo.

razzìsmo *sostantivo maschile*
☞ deriva dal francese *racisme*, da *race* (razza).
• teoria secondo cui esistono razze di uomini superiori e razze inferiori; 📖*esempio*: il *razzismo* nella ex Jugoslavia.

re *sostantivo maschile invariabile*
• sovrano, monarca, capo di un regno.
📖 femminile: *regìna*.

realtà *sostantivo femminile invariabile*
• ciò che esiste; l'insieme delle cose concrete; 📖*esempio*: i sogni non sono *realtà*.

rèbus *sostantivo maschile invariabile*
☞ è una parola latina che significa *con le cose*.
• indovinello da risolvere mediante disegni di cose.

recìnto *sostantivo maschile*
1 spazio delimitato da un muro, steccato, siepe o altro.
2 il muro o lo steccato stesso che delimita uno spazio.

rècord *sostantivo maschile invariabile*
☞ è una parola inglese che significa *registrazione*.
• il migliore risultato ottenuto specialmente in gare sportive. 📖*esempio*: quell'atleta detiene il *record* del salto in lungo.

redattóre *sostantivo maschile*
• chi si occupa della pubblicazione e correzione di articoli, libri, riviste.

referèndum *sostantivo maschile invariabile*
☞ è un verbo latino che significa *rispondere* (*referre*).
• votazione in cui i cittadini sono chiamati per decidere su importanti problemi di interesse nazionale.

regàlo *sostantivo maschile*
• oggetto che si dà in premio come omaggio o come segno di affetto, di riconoscenza, ecc.
♦*Sinonimo*: dono

regàta *sostantivo femminile*
• gara di velocità fra barche a vela, a motore o a remi.

règgere *verbo transitivo*
1 tenere fermo un oggetto; sorreggere.
2 tollerare; *esempio*: Mauro non *regge* il vino.
3 governare; *esempio*: *reggere* uno Stato.
indicativo presente 1ª persona singolare: io *règgo*; passato remoto: io *rèssi*, tu *reggésti*, egli *rèsse*, noi *reggémmo*, voi *reggéste*, essi *rèssero*.

reggiséno *sostantivo maschile*
• fascia di tessuto che sorregge o copre il seno.
plurale: *reggiséni*.

regìa *sostantivo femminile*
• direzione artistica di uno spettacolo pubblico.
plurale: *regìe*.

regióne *sostantivo femminile*
1 parte di un territorio; *esempio*: una *regione* montuosa.
2 circoscrizione territoriale che costituisce un'unità amministrativa; *esempio*: l'Italia è divisa in 20 *regioni* (Valle d'Aosta, Piemonte, Lombardia, Trentino-Alto Adige, Veneto, Friuli-Venezia Giulia, Liguria, Emilia-Romagna, Toscana, Umbria, Marche, Lazio, Abruzzo, Molise, Campania, Puglia, Basilicata, Calabria, Sicilia, Sardegna).

règola *sostantivo femminile*
☞ deriva da una parola latina che vuol dire *asticella*, poi *norma*.
1 modo normale di procedere; *esempio*: fare un'eccezione alla *regola*.
2 norma, legge, precetto; *esempio*: le *regole* grammaticali.

religióne *sostantivo femminile*
• complesso di credenze e riti atti a manifestare la fede in una o più divinità, oggetto di culto per il credente.

rèmo *sostantivo maschile*
• pala di legno per far muovere e dirigere un'imbarcazione.

rèndere *verbo transitivo*
1 restituire, ridare indietro; *esempio*: Guido mi *ha reso* il libro che gli avevo imprestato.
2 procurare un guadagno (in senso assoluto).
indicativo presente 1ª persona singolare: io *rèndo*; passato remoto: io *rési*, tu *rendésti*; participio passato: *réso*.

rène *sostantivo maschile*
• ciascuno dei due organi dell'apparato urinario situati nella

REGIA

Comprende la direzione degli attori e il controllo delle scene, dei costumi e delle luci, delle musiche, delle danze, delle macchine. Esiste fin dalle origini del teatro ed era affidata all'inizio agli autori, poi agli attori capocomici o agli scenografi. Diventa attività autonoma alla fine del XIX secolo in risposta alle più complesse esigenze del teatro moderno.

GRANDI RELIGIONI
(nel mondo)

Cristianesimo
Islamismo
Ebraismo
Buddismo
Confucianesimo
Scintoismo
Induismo
Giainismo

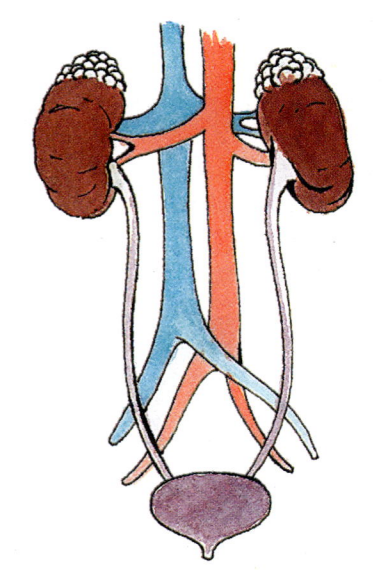

remo

reni

renna

RETE
→MODO DI DIRE

Cadere nella rete: (significato figurato) cadere in un tranello.

✎ RETTILI

La classe dei Rettili si divide in quattro ordini:

Cheloni (Tartarughe)
Rincocefali
Coccodrilli
Squamati (Sauri e Serpenti).

Al sottordine dei **Sauri** appartengono: Gechi, Iguane, Varani, Lucertole, Ramarri, Camaleonti.

Rettili

parte alta dell'addome; *esempio*: i *reni* filtrano il sangue depurandolo dalle sostanze di rifiuto.

rènna *sostantivo femminile*
• ruminante degli Artiodattili delle regioni artiche.

repùbblica *sostantivo femminile*
• forma di governo in cui il titolo di capo dello Stato è attribuito a un presidente liberamente eletto.
✎ la **repubblica presidenziale** si ha quando il presidente è eletto direttamente dal popolo ed è anche capo del governo (Francia, Stati Uniti); la **repubblica parlamentare** si ha quando il presidente è eletto dal parlamento (Italia).

respìngere *verbo transitivo*
1 mandare indietro; *esempio*: Claudia *respinse* la lettera.
2 bocciare; *esempio*: Luigi *è stato respinto* agli esami.
📖 indicativo presente di 1ª persona singolare: io *respìngo*.

respirazióne *sostantivo femminile*
• processo fisiologico degli esseri viventi che assorbono ossigeno dall'ambiente ed eliminano anidride carbonica; *esempio*: i pesci hanno una *respirazione* branchiale.

restàre *verbo intransitivo*
1 rimanere, stare, trattenersi in un posto.
2 essere di avanzo; *esempio*: mi *restano* ancora molti compiti da fare.
📖 indicativo presente 1ª persona singolare: io *rèsto*.
Vuole l'ausiliare *essere*.

rèsto *sostantivo maschile*
1 ciò che avanza di una quantità; residuo.
2 il risultato di una sottrazione; *esempio*: 9 : 2 fa 4 con il *resto* di 1.

réte *sostantivo femminile*
1 insieme di fili intrecciati a maglie; *esempio*: *rete* da pesca.
2 emittente radiotelevisiva.

rètta (**1**) *sostantivo femminile*
• la linea più corta che congiunge due punti.

rètta (**2**) *sostantivo femminile*
• somma che si paga per il servizio di vitto e alloggio.

rèttile *sostantivo maschile*
☞ deriva da un verbo latino che significa *strisciare*.

• animale vertebrato a sangue freddo; esempio: i serpenti, i coccodrilli e le tartarughe sono *rettili*.

reumatìsmo *sostantivo maschile*
☞ deriva da un verbo greco che significa *scorrere*.
• infiammazione che colpisce le ossa e le articolazioni.

riassùmere *verbo transitivo*
• sintetizzare, esporre in breve; esempio: *riassumete* il brano letto in classe.
📖 indicativo presente 1ª persona singolare: io *riassùmo*.

ribellióne *sostantivo femminile*
☞ deriva da una parola latina che significa *di nuovo in guerra* (*re-bellum*).
• rivolta, insurrezione, soprattutto contro lo Stato.

ricadére *verbo intransitivo*
1 cadere di nuovo; esempio: *ricadere* nello stesso errore!
2 riversarsi, gravare; esempio: la responsabilità *ricade* sempre su di noi.
📖 indicativo presente 1ª persona singolare: io *ricàdo*. Vuole l'ausiliare *essere*.

ricàmo *sostantivo maschile*
• decorazione con ago e filo su tessuto.

ricattàre *verbo transitivo*
• estorcere denaro con le minacce.
📖 indicativo presente di 1ª persona singolare: io *ricàtto*.

ricchézza *sostantivo femminile*
1 condizione di chi dispone di denaro e di beni materiali.
2 quantità di denaro e di beni che qualcuno possiede.

rìccio (1) *sostantivo maschile*
1 piccolo mammifero degli Insettivori, rivestito di aculei.
2 animale marino (Echino) rivestito da una corazza coperta di aculei mobili.
3 la scorza spinosa delle castagne.
📖 plurale: *rìcci*.

rìccio (2) *sostantivo maschile*
• ricciolo, ciocca di capelli ad anello.

ricérca *sostantivo femminile*
1 indagine approfondita su un determinato argomento di una disciplina; esempio: ho fatto una *ricerca* sugli oceani.

ricamo

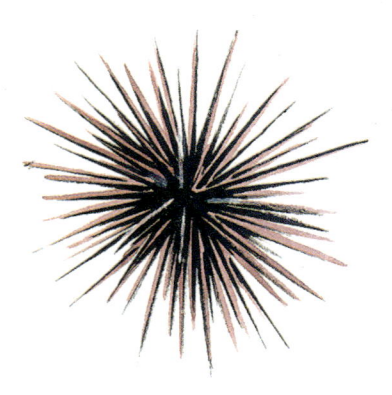

riccio di mare

riccio (di castagna)

RICCIO
→MODO DI DIRE

Chiudersi come un riccio: (significato figurato) assumere un atteggiamento chiuso.

ricètta

2 attività per ritrovare qualcuno o qualcosa.

ricètta *sostantivo femminile*
☞ le antiche prescrizioni latine iniziavano con l'imperativo *recípe* (prendi).
1 prescrizione scritta dal medico in cui viene indicato il medicinale da prendere e le sue dosi.
2 ingredienti per la preparazione di qualche vivanda; *esempio*: è una *ricetta* della cucina francese.

ricévere *verbo transitivo*
1 prendere, accettare ciò che viene offerto; *esempio*: Sandro *ha ricevuto* molti regali per il compleanno.
2 ospitare; *esempio*: l'*abbiamo ricevuto* con piacere.
📖 indicativo presente 1ª persona singolare: io *ricévo*; passato remoto: io *ricevètti* o *ricevéi*, tu *ricevésti*, egli *ricevètte* o *ricevé*, noi *ricevémmo*, voi *ricevéste*, essi *ricevèttero* o *ricevérono*.

ricordàre *verbo transitivo*
☞ deriva da un verbo latino che significa *riporre nel cuore* (il cuore era ritenuto sede della memoria).
1 conservare nella memoria; *esempio*: *ricordo* ogni tua parola.
2 richiamare alla memoria; *esempio*: quel nome mi *ricorda* molte cose.
📖 indicativo presente 1ª persona singolare: io *ricòrdo*.

ricreazióne *sostantivo femminile*
• intervallo, pausa di svago tra una lezione e l'altra.

rìdere *verbo intransitivo*
• manifestare allegria con movimenti particolari della bocca.
📖 indicativo presente 1ª persona singolare: io *rìdo*; passato remoto: io *rìsi*, tu *ridésti*, egli *rìse*, noi *ridémmo*, voi *ridéste*, essi *rìsero*.
Vuole l'ausiliare *avere*.

rifórma *sostantivo femminile*
1 insieme delle attività volte a dare un ordine migliore alla società, a una situazione, ecc.
2 l'insieme dei movimenti religiosi nati dalla predicazione di Lutero nel XVI secolo in Germania.

rifùgio *sostantivo maschile*
• nascondiglio, luogo sicuro in cui ripararsi.
✎ il **rifugio alpino** è una costruzione di montagna con posti letto per alpinisti ed escursionisti.
📖 plurale: *rifùgi*.

✎ **RIFORMA PROTESTANTE**

Il documento fondamentale della protesta di **Lutero** sono le *95 tesi* del 1517 affisse nella chiesa di Wittenberg.
I pricipi della Riforma sono: eliminazione dei Sacramenti, eccetto il Battesimo e l'Eucarestia, condanna della corruzione del clero del suo tempo, ritorno alle regole originarie del Vangelo.

La **RIFORMA CATTOLICA** (XV-XVI sec.) è l'insieme delle misure prese dalla Chiesa contro ogni forma di corruzione e contro l'ignoranza di laici ed ecclesiatici. Tra i promotori: Erasmo da Rotterdam e Niccolò Cusano.

La **CONTRORIFORMA** è invece la risposta della Chiesa cattolica alla Riforma protestante, con la condanna delle tesi di Lutero, la nascita del Sant'Uffizio (tribunale per gli eretici) e la congregazione dell'Indice (censura).

rifugio

rìga *sostantivo femminile*
1 linea diritta, orizzontale o verticale.
2 in un foglio, serie di parole scritte su una stessa linea.
3 gruppo di persone (soprattutto soldati) disposti in modo da formare un'unica linea.
4 stecca piatta e sottile per tracciare linee diritte.
📖 plurale: *rìghe*.
ATTENZIONE: **essere in riga** (dal significato **3**) si distingue dallo **stare in fila** che è stare l'uno dietro l'altro.

rìma *sostantivo femminile*
• identità di suono tra due o più sillabe finali di una parola con quelle di un'altra; *esempio*: rosa fa *rima* con sposa.
📖 secondo l'ordine con cui sono disposte nella strofe le rime sono **baciate** se i due versi sono consecutivi e **alternate** quando il 1° verso rima con il 3° e il 2° con il 4°.

rimediàre *verbo intransitivo*
• riparare; portare rimedio; *esempio*: hanno *rimediato* immediatamente ai danni dell'alluvione.
📖 indicativo presente 1ª persona singolare: io *rimèdio*.

rimorchiatóre *sostantivo maschile*
• piccola, ma potente nave che serve a trainare altre navi anche di dimensioni maggiori.

rimproveràre *verbo transitivo*
• sgridare, ammonire per qualche mancanza.
📖 indicativo presente 1ª persona singolare: io *rimpròvero*.

rinforzàre *verbo transitivo / verbo intransitivo pronominale*
A *verbo transitivo*
• rendere più forte; *esempi*: lo sport *rinforza* i muscoli; occorre *rinforzare* la vecchia poltrona.
B *verbo intransitivo pronominale*
• diventare più violento; *esempio*: il vento *si è rinforzato*.
📖 indicativo presente 1ª persona singolare: io *rinfòrzo*.

ring [pronuncia: *rìng*] *sostantivo maschile invariabile*
☞ è parola inglese che significa propriamente *anello* (nelle prime gare gli spettatori facevano circolo, anello, intorno ai due pugili in lotta).
• quadrato su cui avvengono gli incontri di pugilato.

rinocerónte *sostantivo maschile*
☞ deriva dal greco *rinókeros* (che ha un corno sul naso).
• grosso mammifero dei Perissodattili con uno o due corni sul naso; vive in Africa e in Asia.

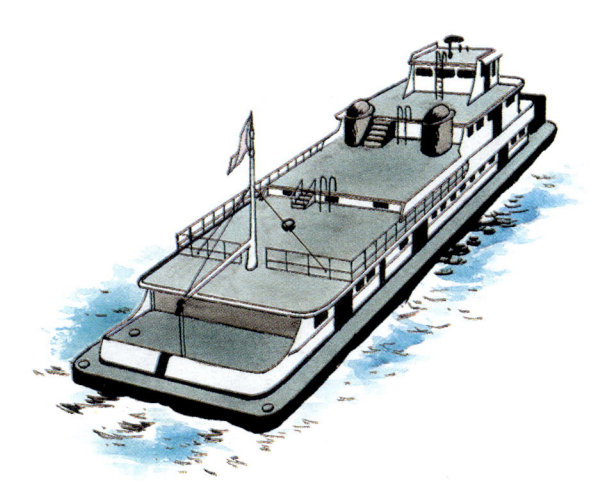

rimorchiatore

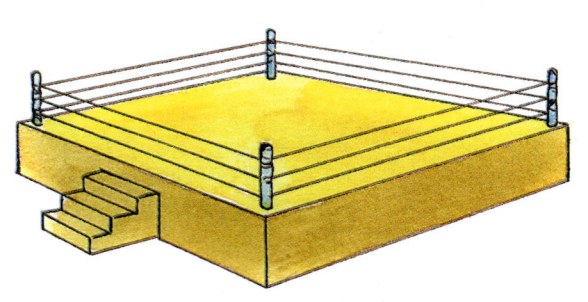

ring

rinoceronte

rinunciàre

✎ RIPRODUZIONE

È la funzione propria degli organismi viventi di generare individui della stessa specie.
Sessuale: quando lo spermatozoo (gamete maschile) si fonde con l'uovo (gamete femminile) nel processo, detto *fecondazione*, che dà vita a una cellula derivata (zigote).
Asessuale: quando la riproduzione avviene senza l'intervento dei gameti (spermatozoo e uovo).

risciò

RISO
→ MODO DI DIRE

Sbellicarsi dalle risa: ridere senza riuscire a trattenersi.

RISO/RIDERE
→ PROVERBI

Il riso fa buon sangue.
Il riso abbonda sulla bocca degli stolti.
Ride bene chi ride ultimo.
Chi presto ride, presto piange.
Chi ride oggi, piangerà domani.
Chi ride senza un perché, o è matto, o ride di me.
Chi ride senza ragione, ha ancora bisogno di educazione.

---

rinunciàre o **rinunziàre** *verbo intransitivo*
1 rifiutare, non accettare; *esempio*: rinunciò al premio.
2 fare a meno; *esempio*: Clara *ha rinunciato* alle vacanze.
📖 indicativo presente 1ª persona singolare: io *rinùncio*.

rinviàre *verbo transitivo*
1 spedire indietro; *esempio*: *rinviare* un pacco al mittente.
2 spostare ad altra data; *esempio*: *rinviare* l'inaugurazione.
📖 indicativo presente 1ª persona singolare: io *rinvìo*.

riparàre *verbo transitivo*
1 proteggere; *esempio*: i guanti *riparano* dal freddo.
2 aggiustare, rimettere in uso, accomodare.
📖 indicativo presente 1ª persona singolare: io *ripàro*.

ripassàre *verbo transitivo*
• rileggere quanto già studiato; rivedere, controllare.

ripètere *verbo transitivo*
1 fare o dire qualcosa per una seconda volta; *esempio*: l'insegnante *ha ripetuto* la lezione.
2 frequentare di nuovo la stessa classe.
📖 indicativo presente 1ª persona singolare: io *ripèto*.

riproduzióne *sostantivo femminile*
• processo biologico mediante cui gli esseri viventi generano nuovi individui e propagano la specie.

risciò *sostantivo maschile*
• carrozzella cinese di legno trainata da un uomo.

rìso (**1**) *sostantivo maschile*
• pianta erbacea delle Graminacee con chicchi commestibili.
📖 plurale: i *rìsi*.
✎ il riso, pianta di origine orientale, era già noto in Grecia all'epoca di Alessandro Magno (356-323 a.C.) con il nome di *oryza*, ma era usato solo in medicina.

rìso (**2**) *sostantivo maschile*
• atto del ridere.
📖 plurale: *le rìsa* (diventa femminile).

risparmiàre *verbo transitivo*
1 non sprecare, conservare; *esempio*: dobbiamo *risparmiare* le forze.
2 spendere il meno possibile; fare economia; *esempio*: Lorenzo è così avaro che per *risparmiare* mangia poco.
📖 indicativo presente 1ª persona singolare: io *rispàrmio*.

rispettàre *verbo transitivo*
1 trattare qualcuno con riguardo; *esempio*: devi sempre *rispettare* i tuoi genitori.
2 obbedire, osservare; *esempio*: *rispettare* le regole.
📖 indicativo presente 1ª persona singolare: io *rispètto*.

rispósta *sostantivo femminile*
• il rispondere a una domanda, a voce o per iscritto.

ristorànte *sostantivo maschile*
• locale pubblico dove si consumano pasti.
ATTENZIONE: differisce dalla **trattoria** perché il servizio è più curato e i piatti sono più raffinati.

risultàto *sostantivo maschile*
• conseguenza ultima che si ottiene da una attività; *esempi*: i *risultati* delle partite; i *risultati* scolastici.

risvegliàre *verbo transitivo / verbo intransitivo pronominale*
A *verbo transitivo*
• stimolare, eccitare; *esempio*: quel profumo ha *risvegliato* il mio appetito!
B *verbo intransitivo pronominale*
• svegliarsi dopo aver dormito.
📖 indicativo presente 1ª persona singolare: io *risvéglio*.

ritiràre *verbo transitivo*
1 tirare indietro; *esempio*: *ritirò* la mano appena in tempo.
2 far tornare indietro; *esempio*: *ritirare* i soldati dal fronte.
📖 indicativo presente 1ª persona singolare: io *ritìro*.

rìtmo *sostantivo maschile*
• successione ordinata di movimenti o suoni; *esempi*: a *ritmo* di musica; il *ritmo* delle stagioni non cambia mai.

rìto *sostantivo maschile*
1 usanza religiosa; *esempio*: il *rito* cattolico.
2 usanza stabilita dalla legge o dalle consuetudini o da un certo regolamento; *esempi*: *rito* magico; hanno celebrato il matrimonio con il solo *rito* civile.

ritràtto *sostantivo maschile*
• fotografia o disegno che riproduce la figura umana.

rivoluzióne *sostantivo femminile*
1 cambiamento totale della situazione politica e sociale di un paese; *esempio*: la *Rivoluzione* francese del 1789.
2 (senso figurato) profondo mutamento del modo di pensare,

ritratto

🔖 PRINCIPALI RIVOLUZIONI

Rivoluzione inglese (1642-46): il re Carlo I è decapitato; nasce la repubblica di Oliver Cromwell.

Rivoluzione americana (1774-82): dalla protesta dei coloni americani contro la madrepatria inglese nasce una rivoluzione che ben presto si trasforma in una guerra di indipendenza. Celebre la battaglia di *Saratoga* del 1777.

Rivoluzione francese (1789-99): complesso movimento che abbattè la monarchia di Francia (*Luigi XVI* venne ghigliottinato nel gennaio del 1793), tutti i privilegi dei nobili e del clero. Gli eventi più significativi sono la presa della *Bastiglia* (14 luglio 1792) e la *Dichiarazione dei diritti dell'uomo e del cittadino*.

Rivoluzione russa (febbraio-ottobre 1917): nasce una repubblica liberaldemocratica che depone lo zar *Nicola II*. Nell'ottobre successivo, *Lenin* abbatte la repubblica e assume i pieni poteri con il titolo di *commissario del popolo*, instaurando un regime di tipo comunista. Durante la guerra civile contro gli zaristi (*Bianchi*) lo zar e la sua famiglia sono uccisi.

ròccia

Roditori

rospo

Ruminanti

ruota

dei costumi, ecc.; *esempio*: la *rivoluzione* scientifica.
3 movimento di un corpo celeste intorno a un altro; *esempio*: la Terra compie una *rivoluzione* intorno al Sole in un anno.

ròccia *sostantivo femminile*
1 agglomerato di minerale solido; *esempio*: le *rocce* possono essere semplici o composte.
2 rupe, sasso, masso di pietra; *esempio*: ho visitato una grotta naturale scavata nella *roccia*.
📖 plurale: *ròcce*.

Roditóri *sostantivo maschile plurale*
• ordine di Mammiferi con denti incisivi forti e robusti adatti a rodere; *esempio*: il topo e il coniglio sono *roditori*.

rómpere *verbo transitivo*
1 ridurre in pezzi, spezzare; *esempio*: Lucia *ha rotto* la sua bambola.
2 (senso figurato) interrompere; *esempio*: *rompere* il silenzio.
📖 indicativo presente 1ª persona singolare: io *rómpo*; passato remoto: io *rùppi*, tu *rompésti*, egli *rùppe*, noi *rompémmo*, voi *rompéste*, essi *rùppero*.

ròspo *sostantivo maschile*
• animale anfibio degli Anuri simile alla rana.

rotazióne *sostantivo femminile*
• movimento di un corpo celeste intorno al proprio asse; *esempio*: il movimento di *rotazione* della Terra determina il giorno e la notte.

rubàre *verbo transitivo*
• sottrarre, senza averne diritto, qualcosa; portare via.
📖 indicativo presente 1ª persona singolare: io *rùbo*.

rùggine *sostantivo femminile*
• incrostazione che si forma sugli oggetti di ferro per effetto dell'aria e dell'umidità; *esempio*: la *ruggine* corrode il ferro.

Ruminànti *sostantivo maschile plurale*
• gruppo di Mammiferi degli Artiodattili con stomaco composto di quattro cavità; *esempio*: la pecora, la giraffa, il cervo, il toro, il cammello sono *ruminanti*.

ruòta *sostantivo femminile*
• strumento meccanico a forma di cerchio che gira attorno a un asse e consente ai veicoli di muoversi.

s S *sostantivo femminile* o *maschile invariabile*
• diciannovesima lettera dell'alfabeto italiano; consonante.
📖 la **s** ha due suoni: uno aspro (o sordo) come in *falso* e uno dolce (o sonoro) come in *musica*. Seguita da una consonante è detta **s impura** e vuole come articolo determinativo *lo*, *gli* (lo scienziato, gli scienziati) e come indeterminativo *uno*. La **S** maiuscola è abbreviazione di *santo* o di *san* e di *sud*; in chimica è il simbolo dello *zolfo*.

sàbbia *sostantivo femminile*
• granellini di rocce sgretolate dagli agenti atmosferici o dall'azione dei fiumi o del mare.
ATTENZIONE: le **sabbie mobili** sono sabbie instabili, impregnate di acqua, che cedono sotto i piedi.

sàcco *sostantivo maschile*
☞ deriva dal fenicio *sáq* (stoffa grossa).
1 contenitore di tela con apertura in alto.
2 (senso figurato) gran quantità, mucchio; *esempio*: abbiamo incontrato un *sacco* di gente.
📖 plurale: *sàcchi*.

sàcro *aggettivo*
1 dedicato a Dio o alle cose sacre; *esempio*: la Bibbia è detta anche le *Sacre* Scritture.
2 (senso estensivo) di grande valore e quindi degno del massimo rispetto; *esempio*: l'ospite è *sacro*.

sàggio (1) *sostantivo maschile*
1 prova, dimostrazione, esibizione; *esempio*: oggi in pista Ettore ci ha dato un *saggio* della sua bravura.
2 quantità di sostanza da esaminare; campione; *esempio*: un *saggio* di vino.
📖 plurale: *sàggi*.

S NEGLI ALTRI ALFABETI

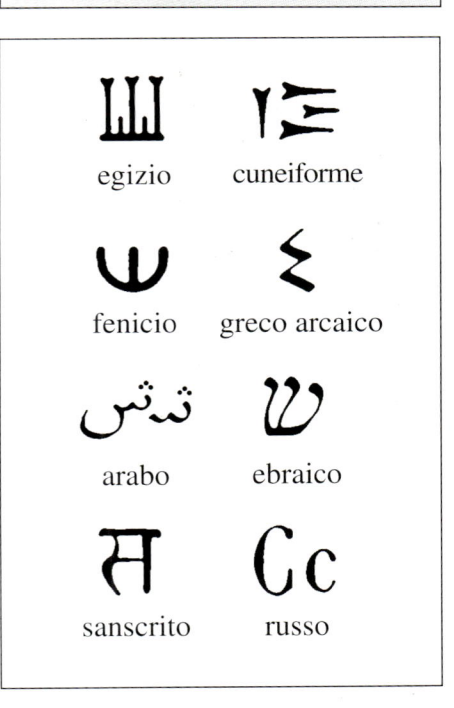

𒀭 egizio	𒁹 cuneiforme
ω fenicio	ξ greco arcaico
ش arabo	ש ebraico
sanscrito	Cc russo

SACCO
→MODI DI DIRE

Mettere nel sacco: ingannare qualcuno.

Vuotare il sacco: rivelare tutto quello che si sa; anche, fare una delazione.

Come un sacco di patate: di persona goffa e pesante.

sàggio

Sagittario (segno zodiacale)

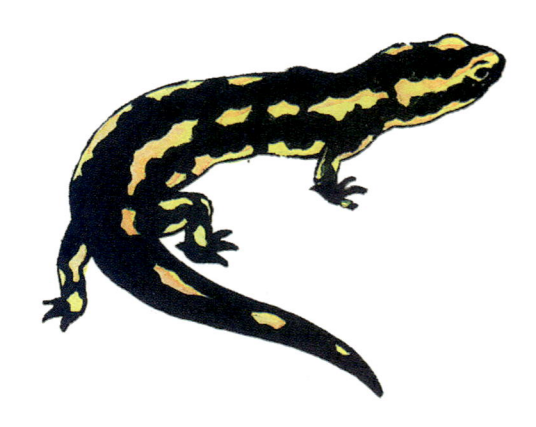

salamandra

SALE
→MODI DI DIRE

Rimanere di sale: rimanere stupefatti. La moglie di Lot (*Genesi* XIX, 24), nonostante la proibizione di Dio, si voltò indietro a guardare la distruzione della città di Sodoma e fu così trasformata in una statua di sale.
Avere poco sale in zucca: essere poco intelligenti.
Sapere di sale: essere difficile da sopportare.
Allude al verso della *Divina Commedia*: "proverai come sa di sale lo pane altrui" (*Paradiso*, XVII, 58-59), con cui Cacciaguida predice a Dante le amarezze del futuro esilio.

sàggio (**2**) *sostantivo maschile*
• studio, ricerca, monografia su un determinato argomento; *esempio*: Maria ha letto un *saggio* sulla poesia araba.
📖 plurale: *sàggi*.

sàggio (**3**) *aggettivo*
• di persona prudente, assennata e giudiziosa.
📖 plurale maschile: *sàggi*; femminile: *sàgge*.

Sagittàrio *sostantivo maschile*
• nono segno dello Zodiaco, dal 23 novembre al 21 dicembre.

sàgoma *sostantivo femminile*
1 contorno, profilo; *esempio*: *sagoma* di un'auto da corsa.
2 (senso scherzoso) persona spiritosa e simpatica.

sàla *sostantivo femminile*
• ampia stanza interna ad un edificio, destinata a vari usi; *esempi*: *sala* d'aspetto; *sala* da pranzo; *sala* conferenze.

salamàndra *sostantivo femminile*
• anfibio degli Urodeli con il corpo a macchie gialle e nere.

salàrio *sostantivo maschile*
☞ deriva da una parola latina che significa *razione di sale* (era una antica forma di retribuzione perché era prezioso).
• paga, retribuzione di un lavoratore dipendente.
◆**Sinonimo**: stipendio.

sàle *sostantivo maschile*
• cloruro di sodio (NaCl) che si ricava dall'acqua marina o è presente in natura come minerale in cristalli cubici.
→MODO DI DIRE: aver poco sale in zucca (essere poco intelligenti, essere sciocchi).

salìre *verbo intransitivo*
1 andare verso l'alto; *esempio*: *salire* sulla torre.
2 (senso figurato) aumentare di valore, di intensità; *esempio*: la temperatura *sale* in estate e scende in inverno.
📖 indicativo presente: io *sàlgo*, tu *sàli*, egli *sàle*, noi *saliàmo*, voi *salìte*, essi *sàlgono*; passato remoto: io *salìi*; congiuntivo presente: che io *sàlga*.
Vuole l'ausiliare *essere*. ◆**Contrario**: scendere.

salìva *sostantivo femminile*
• umore prodotto dalle ghiandole della bocca.
✎ la saliva favorisce la masticazione, trasforma gli amidi dei cibi in zuccheri e ha proprietà antibatteriche.

salmóne *sostantivo maschile*
• pesce dei Salmonidi che vive nell'Atlantico e nei mari settentrionali, ma nel periodo della riproduzione si trasferisce nei fiumi per deporvi le uova.

salsìccia *sostantivo femminile*
☞ deriva da una parola latina che significa *pezzetti di carne con sale*.
• carne suina tritata, aromatizzata e salata.
📖 plurale: *salsìcce*. 💣 errato: *salcìccia*.

saltàre *verbo intransitivo / verbo transitivo*
A *verbo intransitivo*
1 slanciarsi in alto; balzare in avanti.
2 lasciarsi cadere a terra da una certa altezza; *esempio*: Piero *saltò* dalla sedia.
B *verbo transitivo*
1 oltrepassare un ostacolo; *esempio*: *saltare* un fosso.
2 (senso figurato) dimenticare, omettere; *esempio*: nella lettura *abbiamo saltato* tre pagine.
📖 indicativo presente 1ª persona singolare: io *sàlto*. Come verbo intransitivo vuole l'ausiliare *avere* quando l'azione è considerata in sé, l'ausiliare *essere* quando c'è l'indicazione dello spostamento da un punto all'altro.

salùbre *aggettivo*
• salutare, igienico, che giova alla salute.
📖 superlativo: *salubèrrimo*. 💣 errato: *sàlubre*.

salùte *sostantivo femminile*
• condizionze di chi sta bene; *esempio*: Corrado ha una *salute* di ferro.

salvadanàio *sostantivo maschile*
• contenitore con una fessura in cui si introducono le monete; per prendere il denaro bisogna talvolta romperlo.
📖 plurale: *salvadanài*. Si usa anche la forma *salvadanàro*.

salvagènte *sostantivo maschile*
1 galleggiante a forma di ciambella che tiene a galla una persona in mare.
2 banchina rialzata al centro di una strada per chi aspetta l'autobus o deve attraversare.
📖 plurale del senso **1**: *salvagènte*, del senso **2**: *salvagènti*.

salvàre *verbo transitivo*
1 liberare qualcuno da un pericolo; *esempio*: i naufraghi *furono salvati* da un elicottero.

salmone

SALTARE
→MODI DI DIRE

Saltar fuori: apparire improvvisamente.
Saltare in aria: esplodere, essere distrutti da un'esplosione; oppure (in senso figurato) fallire economicamente; oppure, ancora, dare in escandescenze.
Saltar su: reagire in modo sgarbato.
Saltare in testa: venire in mente improvvisamente.
Saltare addosso: aggredire verbalmente qualcuno.

salvadanaio

sàndalo

sandalo

SANGUE

I vasi sanguigni che portano il sangue dal cuore alle altre parti del corpo si chiamano **arterie**; quelli che riportano il sangue al cuore si chiamano **vene**.
Esistono anche altri tipi di vasi sanguigni, molto sottili, detti **capillari**, nei quali si ramificano le arterie e le vene.

SAPERE
→DETTI CELEBRI

Sapere sia di sapere una cosa, sia di non saperla: questa è conoscenza.
Confucio

Difficile non è sapere, ma sapere fare uso di ciò che si sa.
Han Fei

Chi sa non parla, chi parla non sa.
Lao Tzû

Fingere di sapere quando non si sa è una malattia.
Lao Tzû

È molto più bello sapere qualcosa di tutto, che sapere tutto di una cosa.
Pascal

2 proteggere, custodire, preservare; *esempio*: una mano di vernice *salva* il ferro dalla ruggine.
📖 indicativo presente 1ª persona singolare: io *sàlvo*.

sàndalo *sostantivo maschile*
• calzatura bassa, estiva, aperta, legata con strisce di cuoio.

sàngue *sostantivo maschile*
• fluido rosso che circola nelle vene e nelle arterie dell'uomo e degli altri vertebrati; *esempio*: il *sangue* è costituito da plasma, da globuli rossi, da globuli bianchi e da piastrine.
→MODI DI DIRE: avere sangue blu (essere nobile); a sangue caldo (senza riflettere); a sangue freddo (razionalmente).

sàno *aggettivo*
1 detto di persona o animale che è in buona salute.
2 (senso figurato) retto, onesto; *esempio*: è stato educato secondo *sani* principi morali.

sànto *aggettivo*
1 ciò che è sacro, oggetto di venerazione; *esempi*: la Santa Chiesa; le *sante* reliquie, gli oggetti *santi* del culto.
2 detto di persona dichiarata dalla Chiesa degna di devozione e di culto per i suoi meriti.
📖 se è seguito dal nome proprio si può scrivere sia maiuscolo sia minuscolo. Si elide in *sant'* con i nomi femminili che iniziano con A e i maschili che iniziano con vocale (*sant'Andrea*, *sant'Eligio*); si tronca in *san* davanti a nome maschile che inizia con consonante che non sia *s* impura (*san Giorgio*, *santo Stefano*). Come attributo è sempre maiuscolo (*Sant'Uffizio*, *Santa Chiesa*).

sapére *verbo transitivo*
1 conoscere mediante lo studio o l'insegnamento.
2 essere capace, essere in grado; *esempio*: *sai* guidare?
📖 indicativo presente: io *so*, tu *sài*, egli *sa*, noi *sappiàmo*, voi *sapéte*, essi *sànno*; futuro: io *saprò*; passato remoto: io *sèppi*, tu *sapésti*, egli *sèppe*, noi *sapémmo*, voi *sapéste*, essi *sèppero*; congiuntivo presente: che io *sàppia*; condizionale presente: io *saprèi*.
La **forma intransitiva**, *avere sapore di*, riflette il significato originario del verbo latino da cui deriva.

sapóne *sostantivo maschile*
☞ deriva da una parola latina che indicava la miscela che i Galli usavano per tingersi i capelli di rosso.
• prodotto detergente che serve per lavare e sgrassare, preparato con olio, grassi, acqua e soda o potassa.

sapóre *sostantivo maschile*
• sensazione degli organi del gusto, percepita dalle papille della lingua; *esempio*: l'aglio ha un *sapore* acre.

saracinésca *sostantivo femminile*
• porta di lamiera ondulata che si avvolge su rullo.
📖 plurale: *saracinésche*.

Sàtana *sostantivo maschile invariabile*
• nome proprio dello spirito del male.

satèllite *sostantivo maschile*
☞ deriva da una parola latina che significa *guardia del corpo*.
• corpo celeste che ruota intorno a un pianeta; *esempi*: la Luna è il *satellite* della Terra; Phobos e Deimos sono i *satelliti* di Marte; Giove ha quattro *satelliti* maggiori: Io, Ganimede, Europa, Callisto; Saturno ha 18 *satelliti*.
ATTENZIONE: il **satellite artificiale** è un veicolo spaziale lanciato in orbita dalla Terra per osservazioni scientifiche.

sàtiro *sostantivo maschile*
• nella mitologia classica, divinità dei boschi con zampe e coda di capra; con le ninfe formavano il corteo del dio Dioniso.

sàuna *sostantivo femminile*
☞ è una parola finnica.
• bagno a vapore molto caldo, alternato a massaggio e a doccia fredda.

sbàglio *sostantivo maschile*
1 errore, imprecisione; *esempio*: uno *sbaglio* di calcolo.
2 disattenzione; *esempio*: ho aperto il pacco per *sbaglio*.

sbocciàre *verbo intransitivo*
1 fiorire, aprirsi di fiore; *esempio*: nel mese di maggio *sbocciano* le rose.
2 (senso figurato) nascere; *esempio*: fra Riccardo e Silvana è *sbocciata* un'affettuosa amicizia.
📖 indicativo presente 1ª persona singolare: io *sbòccio*. Vuole l'ausiliare *essere*.

scàcco *sostantivo maschile*
☞ deriva da una parola persiana che significa *re*.
• ciascuno dei 32 pezzi del gioco detto degli scacchi.
📖 plurale: *scàcchi*.
✎ la mossa definitiva che permette di vincere la partita si chiama **scacco matto** che significa *il re è morto* (da *sah*, re e *mat*, morto).

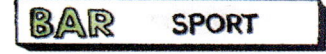

saracinesca

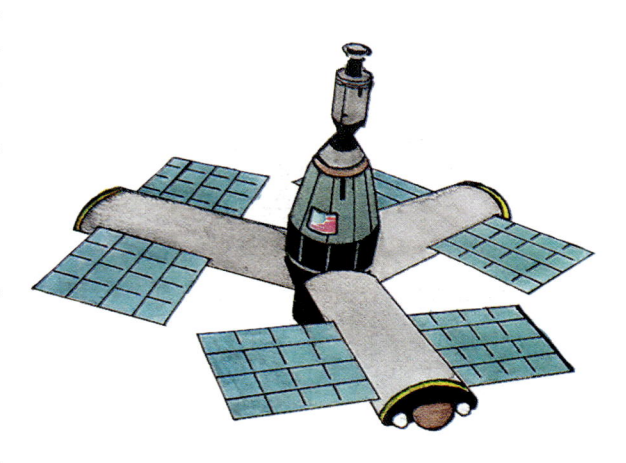

satellite

satiro

scaffàle

scaffale

TIPI DI SCARPE

scarpa di Luigi XIII
di Francia (1601-1643)

scarpa araba

scarpa di Elisabetta I
d'Inghilterra (1533-1603)

scarpa di Madame
Pompadour (1721-1764)

scaffàle *sostantivo maschile*
☞ deriva da una parola longobarda (*skafa*) che significa *ripiano in legno*.
• mobile con vari ripiani per libri o altri oggetti.

scàla *sostantivo femminile*
1 insieme di gradini per superare un dislivello.
2 elementi in successione secondo un ordine; *esempi*: *scala* musicale; *scala* reale (nel gioco di carte del poker).
✎ nel linguaggio scientifico è molto usato il significato **2** per evidenziare un fenomeno; *esempi*: **scala sismica** o **Mercalli** (classificazione dell'intensità dei terremoti); **scala dei venti** o **Beaufort** (per la forza dei venti); **scala delle durezze** o di **Mohs** (per la durezza dei minerali).

scaldàre *verbo transitivo*
1 rendere caldo; *esempio*: *scaldare* l'acqua sul fuoco.
2 (senso figurato) eccitare; *esempio*: il discorso di Giulio *scaldò* il pubblico.
📖 indicativo presente 1ª persona singolare: io *scàldo*.

scalpèllo *sostantivo maschile*
☞ deriva da un verbo latino che significa *incidere*, *tagliare*.
• utensile molto tagliente per lavorare i metalli o il legno.

scàlpo *sostantivo maschile*
• capelli e pelle del cranio, strappati al nemico ucciso e conservati dai Pellerossa come trofeo di guerra.

scàndalo *sostantivo maschile*
☞ deriva da una parola greca che significa *pietra in cui si inciampa*, quindi *insidia* e *tranello*.
• comportamento che suscita indignazione; *esempi*: lo *scandalo* delle raccomandazioni; lo *scandalo* degli affitti.

scandìre *verbo transitivo*
• pronunciare in modo chiaro le sillabe di una parola.
📖 indicativo presente 1ª persona singolare: io *scandìsco*.

scappàre *verbo intransitivo*
• correre via, fuggire (per paura o per evitare un pericolo).
📖 indicativo presente 1ª persona singolare: io *scàppo*.
Vuole l'ausiliare *essere*.

scàrpa *sostantivo femminile*
☞ deriva da una parola germanica che significa *tasca di pelle*.
• calzatura che copre il piede; *esempio*: la parte inferiore della *scarpa* è la suola con il tacco; la superiore la tomaia.

scarpóne *sostantivo maschile*
• scarpa robusta da sci, da roccia, da campagna.

scartàre (**1**) *verbo transitivo*
1 togliere una cosa dalla carta che la rifascia.
2 eliminare; *esempio*: il vostro piano *è stato scartato*.
📖 indicativo presente 1ª persona singolare: io *scàrto*.

scartàre (**2**) *verbo transitivo*
• nel linguaggio sportivo del calcio è sinonimo di dribblare; *esempio*: l'attaccante *scartò* l'avversario e segnò la rete.
📖 indicativo presente 1ª persona singolare: io *scàrto*.

scàtola *sostantivo femminile*
• contenitore non molto grosso e con coperchio.

scavàre *verbo transitivo*
1 fare un buco nel terreno; *esempio*: i soldati al fronte *scavarono* trincee.
2 incavare, rendere cavo; *esempio*: *scavare* un tronco per fare una canoa.
📖 indicativo presente 1ª persona singolare: io *scàvo*.

scégliere *verbo transitivo*
• preferire una o più persone o cose tra tutte le altre.
📖 indicativo presente 1ª persona singolare: io *scélgo;* passato remoto: io *scélsi*, tu *scegliésti*, egli *scélse*, noi *scegliémmo*, voi *scegliéste*, essi *scélsero*.

scèna *sostantivo femminile*
☞ deriva da una parola greca che significa *tenda*.
1 piattaforma su cui recitano gli attori in un teatro.
2 ogni parte di un atto; *esempio*: atto 1°, *scena* terza.
3 (senso estensivo) spettacolo (reale o naturale) grandioso.

scéndere *verbo intansitivo*
1 andare verso il basso.
2 discendere, smontare; *esempio*: *scendere* da cavallo.
3 calare, diminuire; *esempio*: la temperatura *è scesa*.
📖 indicativo presente 1ª persona singolare: io *scéndo*.

scerìffo *sostantivo maschile*
• in Gran Bretagna, magistrato con funzioni amministrative e giudiziarie; negli Usa, capo della polizia.
✎ nel vecchio West era nominato dai cittadini.

schèda *sostantivo femminile*
• cartoncino sul quale registrare dati o appunti; *esempio*:

SCENA
→MODI DI DIRE

Entrare in scena: presentarsi pubblicamente o di fronte a un gruppo.
Fare scena muta: in una interrogazione, non sapere che cosa rispondere.
Fare una scena madre: fare una scenata oppure una sfuriata violenta.
Calcare le scene: diventare attore o cantante.

SCATOLA
→MODI DI DIRE

Comprare a scatola chiusa: acquistare qualcosa senza controllare la qualità del prodotto.
Gioco delle scatole cinesi: situazione in cui non si riesce a scorgere la fine.
Il gioco delle *scatole cinesi* consiste in una serie di scatole di misura sempre decrescente, contenute le une nelle altre.

sceriffo

schèletro

LO SCHELETRO UMANO

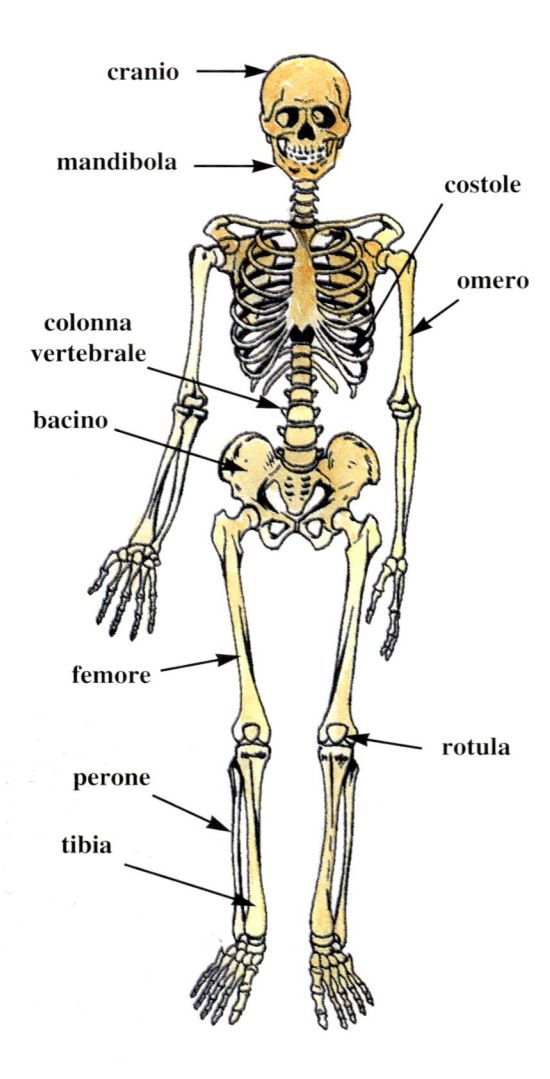

- cranio
- mandibola
- costole
- omero
- colonna vertebrale
- bacino
- femore
- rotula
- perone
- tibia

✍ SCHELETRO

Lo scheletro è costituito dalle ossa, parti dure, rigide, di lunga durata che, come un'armatura, sostengono l'intera struttura corporea.
Le ossa dello scheletro umano sono 206: il più grosso è il femore, il più piccolo la staffa (osso all'interno dell'orecchio medio). Possono essere lunghe come l'omero e il femore, larghe o piatte come l'osso iliaco, brevi o corte come le vertebre.

---

la biblioteca ha una *scheda* per ogni libro.
☞ATTENZIONE: **scheda elettorale** è quella su cui ogni elettore indica il suo voto; **scheda nulla** è quella non valida per l'attribuzione di un voto; **scheda bianca** è quella su cui l'elettore non ha espresso alcun voto.

schèletro *sostantivo maschile*
☞ deriva da una parola greca che significa *disseccato*.
• il complesso delle ossa dell'uomo e degli animali vertebrati.

schèma *sostantivo maschile*
☞ deriva da una parola greca che significa *figura*.
1 disegno a linee essenziali di un oggetto o fenomeno; *esempio*: lo *schema* di una radio.
2 modello; *esempio*: lo *schema* di una nave.
📖 plurale: *schèmi*.

schérma *sostantivo femminile*
• sport in cui si combatte con la sciabola, il fioretto o la spada.
✍ la **sciabola** è ricurva, la **spada** è tagliente dalle due parti, il **fioretto** è sottile e ha un bottone (*fioretto*) sulla punta.

schérmo *sostantivo maschile*
1 riparo, difesa; *esempio*: farsi *schermo* con le mani.
2 superficie su cui proiettare immagini.

scherzàre *verbo intransitivo*
1 non parlare seriamente; *esempio*: stai *scherzando*?
2 comportarsi in modo da divertire; *esempio*: è un ragazzo allegro e *scherza* sempre.
📖 indicativo presente 1ª persona singolare: io *schérzo*.

schiàffo *sostantivo maschile*
• colpo dato sul viso con la mano aperta.
◆*Sinonimi*: ceffone, manata.

schiàvo *sostantivo maschile*
• chi è privo della libertà e di ogni diritto; *esempio*: in America gli *schiavi* ottennero la libertà solo nel 1865.

schièna *sostantivo femminile*
• la parte posteriore del corpo.
◆*Sinonimi*: dorso, tergo (uso letterario).

schiùma *sostantivo femminile*
• bollicine che si formano sulla superficie di un liquido in ebollizione o agitato fortemente o in fermentazione; *esempi*: la *schiuma* della birra; la *schiuma* del latte.

sci *sostantivo maschile invariabile*
1 gli attrezzi usati per scivolare sulla neve o sull'acqua.
2 lo sport praticato con gli sci; *esempio*: *sci* nautico.

scìa *sostantivo femminile*
1 traccia lasciata sull'acqua da un'imbarcazione.
2 (senso estensivo) traccia di fumo, di profumo, ecc.
plurale: *scìe*.

sciàme *sostantivo maschile*
• insieme di api (o di vespe); le api di un alveare.

sciènza *sostantivo femminile*
• l'insieme delle conoscenze, delle ricerche e degli studi su determinati argomenti; *esempi*: la *scienza* medica; la *scienza* fisica; le *scienze* naturali.

scìmmia *sostantivo femminile*
☞ deriva da una parola latina che significa *con il naso schiacciato*.
• nome generico dei mammiferi dell'ordine dei Primati.
✎ le scimmie più vicine all'uomo sono quelle della famiglia dei Pongidi, dette anche antropomorfe e sono il **Gibbone**, l'**Orango**, il **Gorilla** e lo **Scimpanzé**.

scintìlla *sostantivo femminile*
1 frammento di fiamma, particella infuocata.
2 effetto luminoso prodotto da una scarica elettrica.

sciòpero *sostantivo maschile*
• astensione dal lavoro come forma di protesta e lotta dei lavoratori dipendenti nei confronti dei datori di lavoro.

sciròppo *sostantivo maschile*
☞ deriva da una parola araba che significa *bevanda*.
• liquido denso di acqua e frutta spesso mescolato a medicinali; *esempio*: *sciroppo* per la tosse.

scivolàre *verbo intransitivo*
• detto di corpo che scorre con facilità sfiorando una superficie.
indicativo presente 1ª persona singolare: io *scìvolo*.

scoiàttolo *sostantivo maschile*
☞ è una parola greca che significa *che fa ombra con la coda*.
• piccolo mammifero dei Roditori dalla lunga coda.

scolàro *sostantivo maschile*
• chi frequenta una scuola (elementari e medie inferiori).

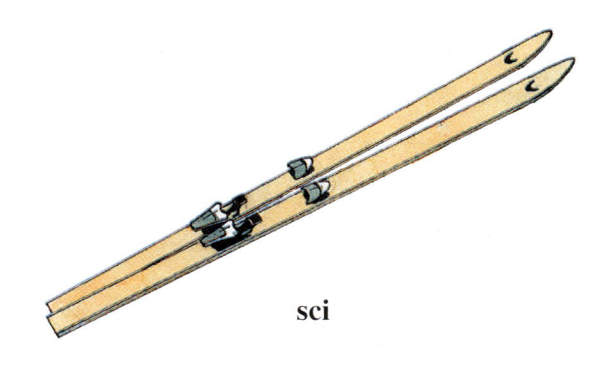

sci

TIPI DI SCIMMIE

macaco

orango

scoiattolo

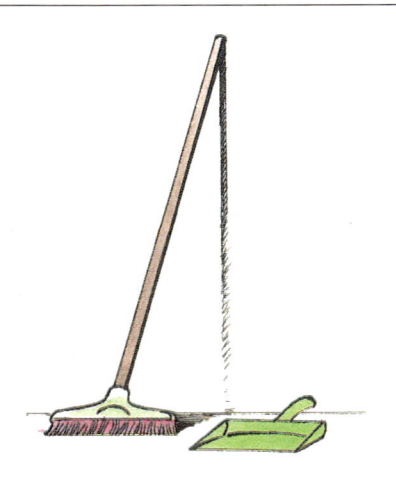

scopa (e paletta)

SCOPERTA
→DETTO CELEBRE

L'americano che scoprì per primo Colombo fece una brutta scoperta.
Lichtenberg

scorpione (*Pandinus imperator*)

Scorpione (segno zodiacale)

scomméssa *sostantivo femminile*
• accordo fra due o più persone in cui chi ha torto si impegna a dare il denaro fissato a chi ha ragione (o vince).

scomùnica *sostantivo femminile*
• pena inflitta dalla Chiesa cattolica che esclude dal partecipare ai culti e ai sacramenti chi ha commesso reati contro la religione o contro la Chiesa stessa.

sconfiggere *verbo transitivo*
1 vincere in battaglia; *esempio*: sconfiggere il nemico.
2 battere, superare gli avversari in una gara sportiva.
📖 indicativo presente 1ª persona singolare: io *sconfìggo*.

scópa *sostantivo femminile*
• arnese a forma di grossa spazzola, per pulire i pavimenti.
◆*Sinonimo*: ramazza.

scopèrta *sostantivo femminile*
• il rinvenire qualcosa prima sconosciuto; *esempio*: la scoperta dell'America è avvenuta nel 1492.

scòpo *sostantivo maschile*
☞ deriva da una parola greca che significa *bersaglio*.
• risultato che si vuole raggiungere, fine, intento, obiettivo; *esempio*: Lucia aveva uno *scopo* preciso.

scoppiàre *verbo intransitivo*
1 rompersi rumorosamente e all'improvviso; *esempio*: il pallone è scoppiato.
2 manifestarsi in modo improvviso e violento; *esempi*: Carla scoppiò a piangere; scoppierà una rivoluzione.
📖 indicativo presente 1ª persona singolare: io *scòppio*.
Vuole l'ausiliare *essere*.

scorciatóia *sostantivo femminile*
• via secondaria più breve di quella principale.

scorpióne *sostantivo maschile*
1 aracnide con pungiglione ricurvo e velenoso.
2 ottavo segno dello Zodiaco, dal 24 ottobre al 22 novembre.

scórrere *verbo intransitivo*
1 muoversi di un liquido lungo un percorso; fluire; *esempi*: il fiume *scorre* verso il mare; il sangue *scorre* nelle vene.
2 (senso figurato) il passare veloce del tempo.
📖 indicativo presente 1ª persona singolare: io *scòrro*.

Si coniuga come *correre*. Vuole l'ausiliare *essere*.

scòrta *sostantivo femminile*
1 chi ha il compito di controllare o di proteggere qualcuno; *esempi*: guardia di *scorta*; *scorta* d'onore.
2 provviste accumulate in un certo periodo di tempo; *esempio*: prima di partire, facciamo *scorta* di acqua.

scout [pronuncia: *scàut*] *sostantivo maschile invariabile*
☞ è una parola inglese che significa *esploratore*.
• giovane esploratore iscritto in una associazione giovanile internazionale.
✎ l'associazione fu istituita in Inghilterra nel 1908 da Baden-Powell: i principi educativi sono la solidarietà, l'autonomia, la responsabilità e il contatto con la natura.

scrìvere *verbo transitivo*
1 esprimersi tracciando segni convenzionali per formare parole, lettere e numeri.
2 comporre; *esempio*: *scrivete* un raccontino.
📖 indicativo presente 1ª persona singolare: io *scrivo;* passato prossimo: io *scrissi,* tu *scrivésti,* egli *scrisse,* noi *scrivémmo,* voi *scrivéste,* essi *scrìssero.*

scrutìnio *sostantivo maschile*
☞ deriva da una parola latina che significa *cercare*.
1 controllo dei voti al termine di una votazione.
2 valutazione del profitto scolastico.
📖 plurale: *scrutìni*.

scudétto *sostantivo maschile*
• distintivo tricolore che spetta a chi vince un campionato nazionale; *esempio*: la Juventus ha vinto lo *scudetto*.

scùdo *sostantivo maschile*
• arma difensiva che si portava al braccio sinistro per parare i colpi dei nemici.

scultùra *sostantivo femminile*
1 arte e tecnica dello scolpire nel marmo, nel legno, ecc.
2 opera d'arte scolpita; statua; *esempio*: la Pietà è una *scultura* di Michelangelo.

scuòla *sostantivo femminile*
☞ deriva da una parola greca che significa *tempo libero* (da dedicare allo studio).
1 istituzione sociale il cui scopo è l'attività didattica e formativa dei giovani.

SCRIVERE
→DETTI CELEBRI

Niente insegna a scrivere bene quanto leggere cattivi scrittori.
Léautaud

La gloria o il merito di certi uomini è scrivere bene; di altri, non scrivere affatto.
La Bruyère

Bisogna prendere speciali precauzioni contro la malattia dello scrivere, perché è un male pericoloso e contagioso.
Abelardo

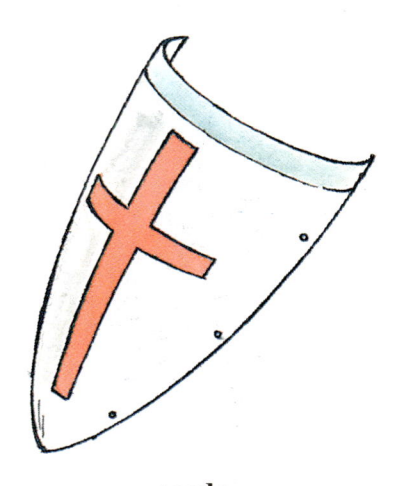

scudo

✎ LA SCULTURA IN ITALIA

Arnolfo di Cambio (1245-1302)
Brunelleschi (1377-1446)
Ghiberti (1378-1455)
Donatello (1386-1466)
Michelangelo (1475-1564)
Cellini (1500-1571)
Bernini (1598-1680)
Canova (1757-1822)
Modigliani (1884-1920)

scùre

secchio

🪣 SECOLO

I	secolo	0-99
II	secolo	100-199
III	secolo	200-299
IV	secolo	300-399
V	secolo	400-499
VI	secolo	500-599
VII	secolo	600-699
VIII	secolo	700-799
IX	secolo	800-899
X	secolo	900-999
XI	secolo	1000-1099
XII	secolo	1100-1199
XIII	secolo	1200-1299
XIV	secolo	1300-1399
XV	secolo	1400-1499
XVI	secolo	1500-1599
XVII	secolo	1600-1699
XVIII	secolo	1700-1799
XIX	secolo	1800-1899
XX	secolo	1900-1999
XXI	secolo	2000-2099

SEDE
→MODO DI DIRE

In separata sede: in privato, a tu per tu.

---

2 insegnamento metodico per far apprendere una tecnica, un'arte, ecc.; *esempi*: *scuola* di musica; *scuola* di cucina.
3 il luogo in cui si insegna e si impara.

scùre *sostantivo femminile*
• strumento con una lama ricurva e un manico di legno; serve per tagliare rami o tronchi.
◆*Sinonimi*: accetta, ascia.

scùro *aggettivo*
1 privo di luce; buio; *esempio*: una notte *scura*.
2 di colore vicino al nero; *esempio*: alla cerimonia è di rigore l'abito *scuro*.
◆*Contrario*: chiaro.

scusàre *verbo transitivo*
1 giustificare qualcuno; *esempio*: *scusarono* il suo ritardo.
2 perdonare, comprendere; *esempio*: vi *scusiamo* perché non l'avete fatto apposta.
📖 indicativo presente 1ª persona singolare: io *scùso*.

sécchio *sostantivo maschile*
• recipiente con manico ricurvo; serve per contenere sostanze liquide.
📖 plurale: *sécchi*. La forma *sécchio* (maschile) è una variante regionale del più corretto *sécchia* (femminile).

sècolo *sostantivo maschile*
• periodo di cento anni; *esempio*: viviamo nel XX *secolo*.

secrezióne *sostantivo femminile*
☞ deriva da una parola latina che significa *separazione*.
• le sostanze prodotte dalle ghiandole; *esempio*: la *secrezione* delle ghiandole salivari è la saliva.

sède *sostantivo femminile*
• luogo, edificio in cui si abita o viene svolta un'attività.
⚠ATTENZIONE: in alcune locuzioni *sede* ha mantenuto il significato antico, non più in uso, di *seggio*; *esempio*: la Santa *Sede* (il soglio papale); *sede* vacante (seggio momentaneamente vacante per la morte del titolare).

sèggio *sostantivo maschile*
1 sedile riservato a personaggi di alto rango; *esempio*: il *seggio* del presidente.
2 posto riservato agli eletti nei consigli rappresentativi.
⚠ATTENZIONE: il **seggio elettorale** è sia il luogo ove si svolge la votazione, sia l'insieme delle persone che compongono

una sede elettorale (presidente, segretario, ecc.).

segnàre *verbo transitivo*
1 annotare, prendere nota; *esempio*: *segno* il tuo numero nell'agenda telefonica.
2 (senso estensivo) lasciare un segno, scalfire.
3 realizzare un punto; *esempio*: *ha segnato* un goal.
📖 indicativo presente 1ª persona singolare: io *ségno*.

segréto *sostantivo maschile*
1 tutto ciò che non si vuole o non si può far conoscere ad altri; *esempio*: fra noi due non ci devono essere *segreti*.
2 mistero; *esempio*: i *segreti* della natura.

seguìre *verbo transitivo*
1 andare o venire dietro a qualcuno.
2 osservare, prestare attenzione; *esempio*: *segui* il mio consiglio.
📖 indicativo presente 1ª persona singolare: io *séguo*.

self-service [pronuncia: *sélf-sèrvis*] *sostantivo maschile invariabile*
☞ è parola inglese composta da *self* (se stesso) e *service* (servizio).
• esercizio pubblico in cui ci si serve da soli.

sèlla *sostantivo femminile*
1 arnese di cuoio che posto sul dorso del cavallo consente di cavalcare in posizione più comoda.
2 (senso estensivo) sedile di motoveicoli e biciclette.

selvàggio *aggettivo*
1 di luogo disabitato, incolto.
2 di popolo primitivo; *esempio*: *tribù selvagge*.
3 (senso estensivo) di persona crudele, disumana.
📖 plurale: *selvàggi*; femminile: *selvàgge*.

semàforo *sostantivo maschile*
• apparecchio che regola il traffico stradale emettendo luci alternativamente di colore giallo, rosso e verde; *esempio*: la luce rossa del *semaforo* indica che non si può passare, quella verde via libera, quella gialla il prossimo passaggio dal verde al rosso.

sembràre *verbo intransitivo*
• avere l'apparenza, dare l'impressione; *esempio*: con la barba *sembri* un altro!
📖 indicativo presente 1ª persona singolare: io *sémbro*.

SEGRETO
→MODI DI DIRE

Portare un segreto nella tomba: morire senza aver rivelato un segreto.
I segreti del talamo: i rapporti personali di una coppia.
Talamo deriva da una parola greca (*thálamos*) che indica la *stanza più interna della casa*.

SELLA
→MODI DI DIRE

Restare in sella: cavarsela in una situazione molto difficile.
Rimettersi in sella: ritornare in buone condizioni economiche.

semaforo

✍ SEMAFORO

Il primo semaforo elettrico fu impiantato a Cleveland (Usa) nel 1914. Aveva solo il rosso e il verde.

séme

✍ SENATO
(Repubblica italiana)

È formato da 315 membri. Vi fanno parte di diritto gli ex presidenti della Repubblica e i senatori a vita di nomina presidenziale.
Per essere eletti senatori bisogna aver compiuto 40 anni.
Dal 1993 funziona un sistema elettorale misto (in parte maggioritario e in parte proporzionale).

✍ SENSI

Vista (occhio)
Udito (orecchio)
Gusto (lingua)
Olfatto (naso)
Tatto (polpastrelli)

SENSO
→MODI DI DIRE

Fare senso: provocare disgusto.
A senso unico: in una sola direzione.

---

sentiero

---

séme *sostantivo maschile*
1 parte del frutto da cui si riproduce un'altra pianta.
2 ognuno dei quattro colori o simboli delle carte da gioco.

sémplice *aggettivo*
☞ deriva da una parola latina che significa *intrecciato una sola volta*.
1 composto di un solo elemento; singolo; *esempio*: una radice *semplice*.
2 facile, piano; *esempio*: si deve iniziare dalle cose più *semplici* per poi imparare quelle più difficili.

sèmpre *avverbio*
• senza termine nel tempo, continuamente; *esempio*: è *sempre* stato così.

senàto *sostantivo maschile*
☞ deriva da una parola latina che significa *assemblea degli anziani*.
• uno dei due rami del Parlamento italiano.

séno (**1**) *sostantivo maschile*
1 il petto, specialmente quello femminile; comunemente le due mammelle; *esempio*: allattare al *seno*.
2 rientranza della costa, insenatura.
📖 *seno* nel significato **1** indica già le due mammelle, quindi non si usa al plurale; si usa invece *i seni* nel significato **2**.

séno (**2**) *sostantivo maschile*
• è termine matematico che indica funzione trigonometrica.

sensazióne *sostantivo femminile*
1 ogni percezione colta dai sensi; *esempio*: una piacevole *sensazione* di calore.
2 impressione, stato d'animo; presentimento; *esempio*: ho la *sensazione* che stia per accadere qualcosa di brutto.

sènso *sostantivo maschile*
1 facoltà di percepire gli stimoli esterni; sensazione; *esempio*: l'uomo ha cinque →*sensi*: l'olfatto, l'udito, la vista, il gusto e il tatto.
2 ripugnanza; *esempio*: alcuni insetti mi fanno *senso*.
3 significato di una parola o di una frase.
4 direzione; *esempi*: *senso* vietato; *senso* unico.

sentièro *sostantivo maschile*
• stradina stretta di campagna o di montagna.
◆**Sinonimo**: viottolo.

sentìre *verbo transitivo*
1 percepire con i sensi; *esempi*: *sentire* un rumore; *sentire* un odore.
2 provare un sentimento; *esempio*: *sentivo* una profonda amicizia per Camillo.
📖 indicativo presente 1ª persona singolare: io *sènto*.

seppellìre *verbo transitivo*
• deporre un cadavere nella tomba.
📖 indicativo presente 1ª persona singolare: io *seppellìsco*. Il participio passato è sia *seppellìto* sia *sepólto*.

seréno *aggettivo*
☞ deriva da una parola greca che significa *secco, asciutto*.
1 privo di nuvole, limpido; *esempio*: il cielo è *sereno*.
2 (senso figurato) tranquillo, senza preoccupazioni; *esempio*: Umberto è una persona *serena*.

sèrie *sostantivo femminile invariabile*
1 successione ordinata di cose simili.
2 categoria di una squadra di calcio; *esempio*: *serie* A.

sèrio *aggettivo*
1 chi è responsabile e coscienzioso; *esempio*: Maurizio è una persona *seria*, ti puoi fidare.
2 severo, austero; *esempio*: mi ha parlato con tono *serio*.
3 grave, che desta preoccupazione; importante.
📖 plurale: *sèri*.

serpènte *sostantivo maschile*
☞ deriva da un verbo latino che significa *strisciare*.
• nome generico di molti rettili senza arti e con il corpo ricoperto di squame.

serratùra *sostantivo femminile*
• congegno che serve per chiudere e aprire porte.

servìzio *sostantivo maschile*
1 attività lavorativa svolta alle dipendenze di altri; *esempio*: essere in *servizio* presso una ditta.
2 articolo di giornale o televisivo su un determinato argomento; *esempio*: un *servizio* di cronaca.
3 istituzione di pubblica utilità; *esempio*: *servizio* postale.
✎ i **servizi igienici** sono l'insieme delle attrezzature che servono per la pulizia della persona (vasca da bagno, water, ecc.); la **stazione di servizio** lungo le autostrade è una zona di assistenza per i veicoli con distributori di carburante e di ristoro con ristorante, ecc.

SERPENTE
→ MODI DI DIRE

Essere un serpente: essere una persona pericolosa e infida.
Variante: **essere un serpente a sonagli**.
Allevare un serpente in seno: fare del bene a qualcuno che potrebbe rappresentare un pericolo futuro.
Viscido come un serpente: essere una persona subdola e ambigua.

TIPI DI SERPENTI

boa

vipera

✎ I SERPENTI PIÙ VELENOSI

Serpente tigre (mortalità alta)
Taipan (mortalità alta)
Serpente corallo (mortalità alta)
Mamba nero (mortalità alta)
Cobra giallo (mortalità alta)
Bushmaster (mortalità alta)
Crotalo (mortalità bassa)
Vipera (mortalità bassa)

sèsso

✍ **SESSO**

Il sesso di un individuo dipende dalla presenza dei cromosomi detti **XX** per la femmina e **XY** per il maschio. I cromosomi (simili a piccoli bastoncini) sono anche i responsabili della trasmissione ereditaria dei caratteri.

SESSO
→MODI DI DIRE

Gentil sesso: (scherzoso) le donne.
Essere senza sesso: avere poca personalità, avere un carattere amorfo.

---

sfinge

SFINGE
→MODI DI DIRE

Essere una sfinge: essere una persona impenetrabile.
Guardo da sfinge: misterioso.

---

sèsso *sostantivo maschile*
• insieme dei caratteri del corpo che distinguono il maschio dalla femmina negli esseri viventi; *esempi*: *sesso* maschile; *sesso* femminile.

séte *sostantivo femminile*
• necessità, bisogno e desiderio di bere.

sètta *sostantivo femminile*
☞ deriva da un verbo latino che significa *seguire*.
• gruppo che segue una determinata dottrina, soprattutto religiosa; *esempio*: i Catari sono una antica *setta* religiosa.

settentrióne *sostantivo maschile*
☞ deriva da una parola latina che significa sette (*septem*) buoi (*triones*), e cioè le sette stelle della costellazione che sembrano un carro tirato da buoi.
1 il Nord, il punto cardinale segnato dalla costellazione dell'Orsa Minore (o Piccolo Carro).
2 parte di un paese situata a nord; *esempio*: Milano è nel *settentrione* d'Italia.

settimàna *sostantivo femminile*
• periodo di sette giorni, generalmente dal lunedì alla domenica successiva.

sfèra *sostantivo femminile*
• corpo rotondo; *esempio*: la Terra è una *sfera* leggermente schiacciata ai poli.

sfida *sostantivo femminile*
• invito a un combattimento o ad una gara; *esempio*: la «*Sfida* all'O.K. Corral» è un famoso film western.

sfilàre (**1**) *verbo intransitivo*
• avanzare, procedere in fila; *esempio*: *sfila* il corteo.
📖 indicativo presente 1ª persona singolare: io *sfilo*.

sfilàre (**2**) *verbo transitivo*
• levare una cosa che è stata infilata.
📖 indicativo presente 1ª persona singolare: io *sfilo*.

sfinge *sostantivo femminile*
• mostro mitologico con il corpo di leone e il volto di donna.
📖 plurale: *sfingi*.
✍ la Sfinge viveva su una rupe vicino a Tebe e uccideva chiunque non sapesse risolvere l'enigma che proponeva: *qual è l'animale che al mattino cammina con quattro gambe,*

a mezzogiorno con due e alla sera con tre? (la risposta è l'uomo che da bambino cammina aiutandosi con le mani e da vecchio con un bastone).

sfortùna *sostantivo femminile*
• mancanza di fortuna; sorte avversa.
◆*Contrario*: fortuna.

sgabèllo *sostantivo maschile*
• sedile di legno senza spalliera e senza braccioli.

sguàrdo *sostantivo maschile*
• occhiata, atto del guardare; *esempio*: *sguardo torvo*.

shaker [pronuncia: *sceiker*] *sostantivo maschile invariabile*
☞ è una parola inglese che significa *che scuote*.
• bicchiere speciale di metallo o di vetro che serve per miscelare vari tipi di liquori.

shampoo [pronuncia: *sciàmpo*] *sostantivo maschile invariabile*
☞ parola inglese derivata dal verbo *to shampoo* (frizionare).
• detergente per capelli.

shock [pronuncia: *sciòk*] *sostantivo maschile invariabile*
☞ è una parola inglese che significa *collisione*.
1 emozione violenta e improvvisa; *esempio*: *lo shock provocato a Laura dall'incidente è stato forte*.
2 in medicina, perdita di coscienza con abbassamento della temperatura; *esempio*: *shock postoperatorio*.

sì (**1**) *avverbio / sostantivo maschile invariabile*
☞ deriva dal latino *sic* (così).
A *avverbio*
• esprime una risposta affermativa.
◆*Contrario*: no.
B *sostantivo maschile invariabile*
• risposta affermativa; *esempio*: *la mia risposta è sì*.

sì (**2**) *avverbio / congiunzione*
A *avverbio*
• tanto, talmente.
B *congiunzione*
• a tal punto.

si (**3**) *pronome personale di 3ª persona singolare e plurale*
1 sé; *esempio*: *Paola si pettina ogni mattina*.
2 a sé; *esempio*: *Stefano si è tolto un dente*.

sgabello

SGUARDO
→MODI DI DIRE

Sguardo di ghiaccio: sguardo freddissimo; sguardo che lascia congelati; anche, cattivo o minaccioso.
Variante: **sguardo di gelo**.
Sguardo d'acciaio: sguardo fermo; anche, penetrante.
Sguardo da pesce bollito: uno sguardo senza espressione; anche lubrico.
Lo sguardo del pesce dopo la cottura diventa bianco.

shaker

si

siepe

✍ SIGARETTA

Yanez [...] fumava flemmaticamente la sua eterna sigaretta.

Salgari
I pirati della Malesia

---

sigaretta

✍ SIGLE

ACI	Automobile Club d'Italia
ARCI	Associazione Ricreativa Culturale Italiana
BOT	Buono Ordinario del Tesoro
CAI	Club Alpino Italiano
CEE	Comunità Economica Europea
CRI	Croce Rossa Italiana
INPS	Istituto Nazionale della Previdenza Sociale
ONU	Organizzazione delle Nazioni Unite
RAI	Radio Audizioni Italiane

---

3 uno, qualcuno; *esempio*: *si* dice che sia infelice.
📖 premesso alla 3ª persona singolare e plurale di un verbo attivo, lo trasforma in passivo; *esempio*: il negozio *si apre* alle nove. Può essere usato con valore rafforzativo e intensivo; *esempio*: non sa più quel che *si* dica (Manzoni).

si (4) *sostantivo maschile*
• l'ultima delle sette note musicali della scala in *do*.
✍ deriva dalle iniziali **S**ancte **J**ohannes dell'inno di Guido di Arezzo a San Giovanni (quarto verso).

sicàrio *sostantivo maschile*
☞ deriva da una parola latina che significa *chi uccide con il pugnale* (*sica*).
• l'esecutore materiale di un delitto che agisce per incarico di altri e a pagamento.
◆**Sinonimo**: killer (inglese).
📖 plurale: *sicàri*.

sièpe *sostantivo femminile*
• riparo di piante spinose per circondare terreni o giardini.

sièro *sostantivo maschile*
1 liquido che rimane dopo che il latte si è rappreso.
2 sostanza ricavata dal sangue di animali, che serve a immunizzare da certe malattie o infezioni; *esempi*: *siero* antivipera; *siero* antirabbico; *siero* antitetanico.

sieropositìvo *aggettivo*
• di chi è portatore di un microrganismo patogeno, in particolare dell'AIDS, sindrome da immunodeficienza acquisita, virus diffuso in tutto il mondo dagli anni '80.

sigarétta *sostantivo femminile*
• piccolo cilindro di carta pieno di tabacco tritato, da fumare.

sìgaro *sostantivo maschile*
• rotolo di foglie di tabacco lavorato, da fumare.

sìgla *sostantivo femminile*
• abbreviazione convenzionale di una o più parole ricavata dalle lettere iniziali; *esempi*: FIAT è la *sigla* di Fabbrica Italiana Automobili Torino; NA è la *sigla* di Napoli.

significàto *sostantivo maschile*
1 senso, valore di una parola o di una frase; *esempio*: sul dizionario trovi il *significato* delle parole.
2 valore, importanza di qualche cosa; *esempio*: quel gesto

ha avuto un grande *significato* per tutti noi.

silènzio *sostantivo maschile*
☞ deriva da un verbo latino che significa *tacere*.
1 mancanza totale di rumore o di suoni.
2 (riferito a una persona) senza parlare; *esempio*: fate *silenzio*!
✎ il **silenzio stampa** è la mancata diffusione di notizie tramite i normali canali di comunicazione.

sìllaba *sostantivo femminile*
☞ deriva da una parola greca che significa *raccogliere insieme*.
• lettera o insieme di lettere pronunciate con una sola emissione di voce; *esempio*: ca-sa ha due *sillabe*.
📖 quando occorre spezzare le parole in fine di riga, bisogna dividerle secondo le sillabe; i dittonghi e i trittonghi non si possono mai dividere poiché costituiscono un'unica sillaba; *esempio*: g**ua**-ri-re.

sìmbolo *sostantivo maschile*
• figura o oggetto concreto che rappresenta un concetto o un'idea; *esempio*: il leone è *simbolo* di forza.

sinagòga *sostantivo femminile*
• edificio religioso degli ebrei.
📖 plurale: *sinagòghe*.

sinfonìa *sostantivo femminile*
• composizione musicale per orchestra.

singhiózzo *sostantivo maschile*
• movimento troppo rapido di espirazione e inspirazione che provoca un caratteristico rumore.

singolàre *aggettivo*
1 forma grammaticale che si riferisce a un singolo individuo; *esempio*: gatto è un nome *singolare*, gatti è plurale.
2 inconfondibile, eccezionale; bizzarro, strano; *esempi*: ha un viso di *singolare* bellezza; Giorgio è un tipo *singolare*.

sinònimo *sostantivo maschile*
• parola che ha lo stesso significato di un'altra; *esempio*: viso è *sinonimo* di volto.

sìntomo *sostantivo maschile*
☞ deriva da una parola greca che significa *fatto fortuito*.
• indizio di una malattia; *esempio*: mal di testa, febbre, mal

---

SILENZIO
→MODI DI DIRE

Passare sotto silenzio: evitare un argomento, non parlare di qualcosa.
Silenzio di tomba: silenzio totale, assoluto.
Cadere nel silenzio: non suscitare alcun interesse.
Vivere nel silenzio: vivere senza far parlare di sé.
Ridurre al silenzio: far tacere; anche, impedire che vengano conosciute le idee di qualcuno.

📖 SILLABA

Le parole, secondo il numero di sillabe che le compongono, si dividono in:
monosillabi: bis, re, do, fa, di
bisillabi: vi-no, ca-ne, a-mo
trisillabi: ta-vo-lo, co-to-ne

DIVISIONE IN SILLABE

Quando non si è sicuri, bisogna evitare di andare a capo con una vocale.

1 una vocale iniziale di parola quando è seguita da una sola consonante costituisce una sillaba: **a**-mo.
2 le vocali formanti un dittongo o un trittongo non si possono separare: l**uo**-go, **buoi**.
3 una consonante fa sillaba con la vocale (o il dittongo) che la segue: **la**-vo-ro.
4 le consonanti doppie si dividono sempre: ca**l**-**l**o, fa**t**-**t**o. Acqua si divide in a**c**-**q**ua (cq = qq).
5 rm e **cn** si dividono sempre: do**r**-**m**i-re, te**c**-**n**i-ca.
6 st, **pr**, **str** non si dividono mai: que-**sta**, **pre**-da, **stra**-da.

sirèna

sirena

⚐ **SIRENA**

Nella mitologia greca le Sirene erano uccelli con artigli e testa di donna. Nel medioevo invece divennero creature metà pesce e metà donna, così come vengono in generale rappresentate.

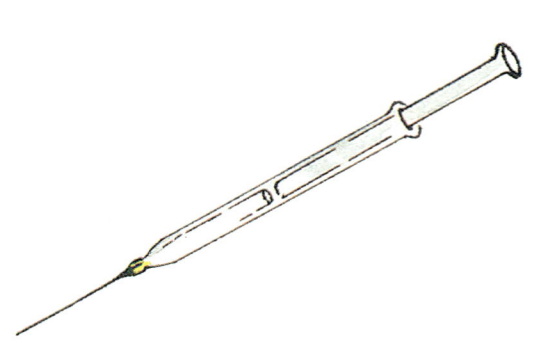

siringa

slitta

di gola, tosse sono i *sintomi* dell'influenza.

sirèna (**1**) *sostantivo femminile*
• creatura fantastica con il corpo di pesce e il volto di donna.
⚐ le mitiche Sirene dell'Odissea vivevano tra gli scogli dell'Italia meridionale e incantavano i naviganti e li facevano naufragare attirandoli con canti irresistibili; Ulisse sfuggì al loro potere tappando le orecchie dei compagni con della cera e facendo legare se stesso all'albero della nave.

sirèna (**2**) *sostantivo femminile*
• apparecchio acustico che produce suoni forti e prolungati: *esempio*: la *sirena* delle autoambulanze.

sirìnga *sostantivo femminile*
☞ è il nome di una ninfa greca che gli dei tramutarono in canna: con essa il dio Pan costruì il suo flauto a sette voci.
• strumento di vetro o di plastica costituito da un tubetto con uno stantuffo per iniettare medicinali liquidi nell'organismo.
📖 plurale: *siringhe*.

skinhead [pronuncia: *skinèd*] *sostantivo maschile*
☞ è una parola inglese che significa *testa rasata*.
• giovane appartenente a un movimento che professa simpatie filonaziste; i membri hanno il cranio rasato a zero.

slìtta *sostantivo femminile*
• veicolo con due lunghi pattini che permettono di scivolare sul ghiaccio o sulla neve.

smog *sostantivo maschile invariabile*
☞ è una parola inglese che significa *fumo e nebbia*.
• nebbia e fumo mescolati a sostanze inquinanti; *esempio*: spesso sui centri industriali ristagna una cortina di *smog*.

smòrfia (**1**) *sostantivo femminile*
☞ deriva forse da una parola greca che significa *aspetto* (faccia) o da un'altra che significa *deformità* (della bocca).
• alterazione del viso che esprime disgusto, dolore, ecc.

smòrfia (**2**) *sostantivo femminile*
☞ deriva dal nome Morfeo, dio dei sogni.
• manuale del gioco del lotto; libro con elenco dei sogni e dei numeri corrispondenti; cabala del lotto.

società *sostantivo femminile invariabile*
1 l'insieme degli individui che vivono in un determinato paese e periodo con leggi e istituzioni comuni; *esempio*: le

società tribali delle zone interne dell'Africa.
2 associazione tra due o più persone che intendono unirsi in una comune attività; *esempio*: una *società* sportiva.

sofà *sostantivo maschile invariabile*
☞ deriva da una parola araba che significa *cuscino*.
• divano imbottito e con soffici cuscini.

soffiàre *verbo intransitivo / verbo transitivo*
A *verbo intransitivo*
1 emettere con forza il fiato dalla bocca.
2 lo spirare con violenza del vento.
B *verbo transitivo*
1 far uscire aria, fiato, ecc.; *esempio*: *soffiare* il fumo della sigaretta.
2 (senso figurato) fare la spia.
📖 indicativo presente 1ª persona singolare: io *sóffio*.

soffióne *sostantivo maschile*
• getto di gas o vapore naturale dal sottosuolo; *esempio*: i *soffioni* boraciferi di Larderello sono getti caldissimi di vapore acqueo da cui si ricava acido borico ed energia termica o elettrica.

soffocàre *verbo transitivo*
1 uccidere qualcuno impedendogli di respirare.
2 (senso figurato) mettere a tacere; *esempio*: i parenti sono riusciti a *soffocare* lo scandalo.
📖 indicativo presente 1ª persona singolare: io *sòffoco*.

software [pronuncia: *sòftuer*] *sostantivo maschile invariabile*
☞ è una parola inglese che significa *componente leggero*.
• l'insieme dei programmi e dei vari linguaggi che si possono trovare in un computer.

soggètto *sostantivo maschile*
1 argomento di un discorso, di un libro, di un film, ecc.
2 in grammatica la persona o la cosa che compie o subisce l'azione espressa dal verbo; *esempio*: nella frase "Caterina ritorna a casa" Caterina è il *soggetto*.

sognàre *verbo transitivo*
1 vedere, immaginare nel sonno, mentre si dorme.
2 (senso figurato) desiderare ardentemente; *esempio*: *sogno* una lunga vacanza in montagna.
3 (senso estensivo) illusione.
📖 indicativo presente 1ª persona singolare: io *sógno*.

sofà

SOFFIARE
→MODO DI DIRE

Soffiare il posto: portare via il posto a qualcuno, in generale in modo subdolo.

SOGNARE
→MODI DI DIRE

Sognare a occhi aperti: farsi trasportare dall'immaginazione, fantasticare.
Non sognarselo nemmeno: non immaginare o non illudersi; anche, non avere la minima intenzione di fare qualcosa.

SOGNARE
→DETTO CELEBRE

Coloro che sognano di giorno sanno molte cose che sfuggono a coloro che sognano soltanto di notte.
Poe

soldàto

soldato (sudista)

✎ **GUERRA DI SECESSIONE AMERICANA (1861-1865)**

Guerra civile tra gli stati del Nord (Unione) e gli stati del Sud (Confederati).

sonnambula

soldàto *sostantivo maschile*
☞ deriva da una parola latina che significa *chi è arruolato a pagamento* (pagato con il soldo).
• militare, chi fa parte di un esercito regolare; *esempio*: nella →Guerra di Secessione americana morirono molti *soldati*.

sóle *sostantivo maschile*
• la stella attorno alla quale ruotano la Terra e gli altri pianeti del sistema solare.
✎ il Sole dista dalla Terra 149,6 milioni di km.

solféggio *sostantivo maschile*
☞ deriva dal nome delle due note *sol* e *fa*.
• esercizio di lettura delle note di un testo musicale.

solidarietà *sostantivo femminile invariabile*
• sentimento di fratellanza, comprensione e partecipazione nei confronti degli altri e dei loro bisogni.

sollético *sostantivo maschile*
• sensazione di leggero fastidio che si prova se vengono sfiorate alcune zone del corpo e che suscita risa convulse.
📖 plurale: *solletichi*.

sollevàre *verbo transitivo*
1 alzare, innalzare verso l'alto.
2 (senso figurato) confortare, aiutare.
📖 indicativo presente 1ª persona singolare: io *sollèvo*.

sólo *aggettivo*
1 di persona che non ha la compagnia di nessuno; *esempio*: non mi piace stare *solo*.
2 di cosa che è semplice; *esempio*: voglio una *sola* risposta: sì o no.

solstìzio *sostantivo maschile*
☞ deriva da una parola latina che significa *sosta del sole*.
• periodo in cui il Sole raggiunge la massima altezza dal piano dell'equatore.
✎ il **solstizio d'inverno** (21 dicembre) è il giorno più corto dell'anno; il **solstizio d'estate** (21 giugno) è il più lungo.

soluzióne *sostantivo femminile*
1 risoluzione di un problema e anche il modo di risolverlo.
2 liquido in cui è disciolta una sostanza.

sonnàmbulo *sostantivo maschile*
• persona che durante il sonno si alza e cammina.

sónno *sostantivo maschile*
• stato di chi dorme, con temporanea sospensione di tutte le attività fisiche e psichiche; *esempio*: →malattia del *sonno*.
→DETTO CELEBRE: il sonno è l'immagine della morte (Cicerone).

sópra *preposizione / avverbio / aggettivo invariabile / sostantivo maschile invariabile*
A *preposizione*
• indica posizione più elevata o anche addosso, dopo, inoltre, intorno a, più di; *esempio*: l'aereo volò *sopra* le nuvole.
◆**Contrario**: sotto.
B *avverbio*
• indica una parte più elevata rispetto a un'altra.
📖 nelle parole composte vuole sempre il raddoppiamento della consonante che segue; *esempio*: *sopravvalutàre*.
C *aggettivo invariabile*
• superiore; *esempio*: il verbo è nella riga *sopra*.
D *sostantivo maschile invariabile*
• la parte più alta; *esempio*: spolverare il *sopra* del tavolo.

sopraccìglio *sostantivo maschile*
• ognuno dei due archi ricoperti di ciglia sopra gli occhi.
📖 plurale: *i sopraccìgli* o *le sopraccìglia* (più comune).
💣 è errato il plurale: *le sopracciglie*.

sopravvìvere *verbo intransitivo*
1 continuare a vivere dopo che persone care sono morte o dopo una grave sciagura.
2 continuare a vivere in condizioni di vita ostili; *esempi*: *sopravvivere* nel deserto; *sopravvivere* nella giungla.
📖 indicativo presente 1ª persona singolare: io *sopravvivo*. Vuole l'ausiliare *essere*.

sórdo *aggettivo*
1 privo dell'udito, che ci sente poco; *esempio*: Stefano è nato *sordo*.
2 cupo, basso, smorzato (di fenomeni acustici); *esempio*: un rumore *sordo*.

sorèlla *sostantivo femminile*
• donna legata da vincolo di parentela con chi ha i genitori in comune con lei.

sorgènte *sostantivo femminile*
• acqua che scaturisce dal sottosuolo; il punto in cui nasce.

sórgere *verbo intransitivo*
1 alzarsi in piedi (di persona).

🔖 **MALATTIA DEL SONNO**

Malattia tropicale causata da un protozoo (*Tripanosoma gambiense*) e trasmessa dalla mosca tze-tze (*Glossina morsitans*).

SONNO
→MODI DI DIRE

Fare tutto un sonno: dormire ininterrottamente.
Cascare dal sonno: avere un bisogno terribile di dormire.
Sonno pesante: sonno molto profondo.
Sonno eterno: la morte.
Perdere il sonno: avere gravi preoccupazioni.
Il sonno del giusto: il sonno sereno e tranquillo di chi non ha da rimproverarsi niente.

SORDO
→PROVERBIO

Non c'è peggior sordo di chi non vuol sentire.

sorgente

sorriso

sorriso

SORRISO
→DETTO CELEBRE

Un sorriso è il veicolo d'elezione per ogni ambiguità.

Melville

SORTE
→MODI DI DIRE

Tentare la sorte: affrontare un rischio per ottenere qualcosa, quasi sfidando il destino.
In generale, è detto in riferimento al gioco d'azzardo.
Variante: **sfidare la sorte**.
Avere in sorte: ottenere qualcosa senza un merito particolare.
Varianti: **ricevere in sorte, toccare in sorte**.
Può essere usato anche in senso ironico.
Tirare a sorte: scegliere tramite il sorteggio.
Variante: **estrarre a sorte**.
La *sorte* era originariamente una tavoletta di legno usata nelle estrazioni. Da sorte deriva la parola *sorteggio*.

---

2 scaturire (di acqua); *esempio*: il Po *sorge* dal Monviso.
3 apparire all'orizzonte (di corpi celesti); *esempio*: il sole *sorge* a Oriente.
📖 indicativo presente 1ª persona singolare: io *sórgo*; passato remoto: io *sórsi*, tu *sorgésti*, egli *sórse*, noi *sorgémmo*, voi *sorgéste*, essi *sórsero*. Vuole l'ausiliare *essere*.

sorrìso *sostantivo maschile*
• riso appena accennato, leggero.

sòrte *sostantivo femminile*
☞ deriva da un verbo latino che significa *disporre in fila* (le tavolette di un sorteggio).
1 forza sconosciuta che determina tutti gli eventi umani.
♦**Sinonimi**: destino, caso, fato, fortuna.
2 evento imprevisto, casuale; *esempio*: estrarre a *sorte*.
📖 plurale: le *sòrti*.

sospettàre *verbo transitivo / verbo intransitivo*
A *verbo transitivo*
1 supporre una persona colpevole in base a semplici indizi, senza prove concrete; *esempio*: è *sospettato* di omicidio.
2 temere qualche danno; *esempio*: *sospetta* una malattia.
B *verbo intransitivo*
• diffidare di persone e di cose; *esempio*: *sospetto* di tutto.
📖 indicativo presente 1ª persona singolare: io *sospètto*.

sospìro *sostantivo maschile*
• lento e profondo respiro che esprime dolore o desiderio.

sostantìvo *sostantivo maschile*
• in grammatica il nome che serve a indicare (da chi parla o scrive) persone, animali, cose.
📖 si chiamano **sostantivi collettivi** quelli che indicano un insieme di persone o cose (*esempio*: *squadra*); **difettivi** quelli che sono o solo singolari (*esempio*: *la sete*) o solo plurali (*esempio*: *i pantaloni*); **sovrabbondanti** quelli che al plurale hanno due forme, una maschile e una femminile (*esempio*: *i diti* e *le dita*).

sostànza *sostantivo femminile*
☞ deriva da un verbo latino che significa *che sta sotto*.
1 qualsiasi cosa materiale non ulteriormente specificata; *esempi*: *sostanza* liquida; *sostanza* dolce.
2 (senso figurato) la parte fondamentale di qualcosa; *esempio*: la *sostanza* del tuo discorso non è chiara.
3 valore nutrizionale di un alimento; *esempio*: ha seguito una dieta povera di *sostanze*.

sostituìre *verbo transitivo*
1 mettere una persona o una cosa al posto di un'altra; *esempio*: Gianluca *ha sostituito* la lampadina.
2 assumere le funzioni di qualcuno; *esempio*: dobbiamo *sostituire* momentaneamente i colleghi assenti.
 indicativo presente 1ª persona singolare: io *sostituìsco*.

sottìle *aggettivo*
☞ deriva da una parola latina che significa *che passa attraverso la tela*.
1 che è di spessore limitato; *esempio*: una lamina *sottile*.
2 esile; *esempio*: Lucia ha capelli molto *sottili*.
3 acuto, penetrante (detto di intelligenza, sensibilità, ecc.).

sótto *preposizione / avverbio / aggettivo invariabile / sostantivo maschile invariabile*
A *preposizione*
• indica posizione inferiore; *esempi*: *sotto* il tavolo; *sotto* terra; *sotto* il livello del mare.
B *avverbio*
• indica posizione più bassa rispetto a un'altra; *esempio*: è più bello *sotto* che sopra.
 non vuole il raddoppiamento della consonante nei suoi composti; *esempio*: *sottopórre*.
C *aggettivo invariabile*
• inferiore; *esempio*: leggi le righe *sotto*.
D *sostantivo maschile invariabile*
• la parte inferiore; *esempio*: il *sotto* del banco.

sottolineàre *verbo transitivo*
1 tracciare una linea sotto una parola o una frase; *esempio*: ho *sottolineato* in rosso alcune frasi importanti.
2 (senso figurato) mettere in rilievo qualcosa; *esempio*: il professore *ha sottolineato* l'importanza della prevenzione.
 indicativo presente 1ª persona singolare: io *sottolineo*.

sottrazióne *sostantivo femminile*
1 operazione matematica con cui si toglie un numero da un altro; *esempio*: 6 - 2 = 4 è una *sottrazione*.
2 il portare via qualcosa a qualcuno; furto; *esempio*: durante la mia assenza c'è stata una *sottrazione* di documenti.

sovràno *sostantivo maschile*
• chi è a capo di una monarchia; re, monarca.

spaccàre *verbo transitivo*
• rompere con violenza in più pezzi.
 indicativo presente 1ª persona singolare: io *spàcco*.

SOSTITUIRE
♦*Sinonimi*

1 cambiare.
2 rimpiazzare, supplire, succedere, subentrare.

SOTTILE
♦*Sinonimi*

1 fine.
2 delicato, gracile, minuto.
3 perspicace, sagace, arguto.

SOTTOLINEARE
♦*Sinonimi*

1 segnare.
2 (senso figurato) evidenziare, accentuare, rimarcare, rilevare, notare, enfatizzare.

GRANDI SOVRANI DI FRANCIA

Carlo Magno	(742-814)
Francesco I	(1494-1547)
Enrico IV	(1553-1610)
Luigi XIV	(1638-1715)
Napoleone I	(1769-1821)

GRANDI SOVRANI DI SPAGNA

Isabella	(1451-1504)
Carlo I (V)	(1500-1558)
Filippo II	(1527-1598)

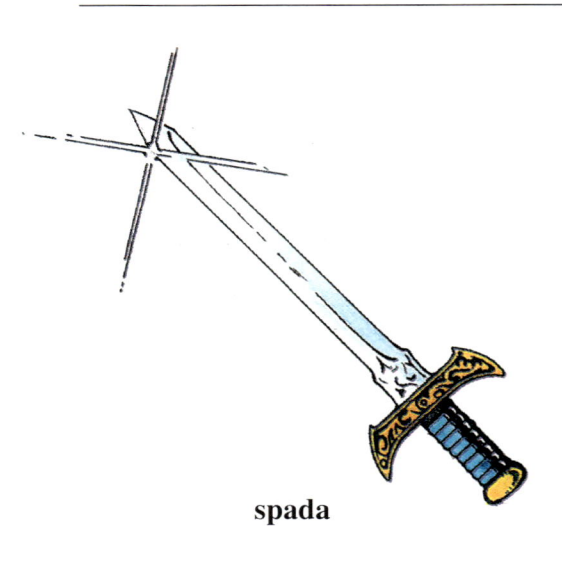

spacciàre *verbo transitivo*
1 vendere merce illegalmente; *esempi*: *spacciare* soldi falsi; *spacciare* droga.
2 far passare per qualcosa che non è; *esempio*: Giacomo *ha spacciato* per autentico un quadro falso.
📖 indicativo presente 1ª persona singolare: io *spàccio*.

spàda *sostantivo femminile*
☞ deriva da una parola greca che significa *larga stecca*.
• arma bianca con lama a doppio taglio; *esempio*: la robusta impugnatura della *spada* si chiama elsa.

spada

spàgo *sostantivo maschile*
• corda sottile fatta generalmente di fili di canapa intrecciati.
📖 plurale: *spàghi*.

spàlla *sostantivo femminile*
• la parte del corpo dal collo all'attaccatura del braccio.
☞ l'etimologia di **spalla** è la stessa di **spada**: il greco *spàthe*.

sparàre *verbo transitivo*
• far partire uno o più colpi d'arma da fuoco.
📖 indicativo presente 1ª persona singolare: io *spàro*.

✍ ESPLORAZIONI NELLO SPAZIO

I primi satelliti artificiali furono messi in orbita dall'Urss (ora CSI) nel 1957: **Sputnik I** e **Sputnik II**.
Nel 1958 andò in orbita il primo satellite USA, l'**Explorer I**, che scoprì le fasce di radiazioni ionizzanti che circondano la Terra.
Il primo uomo a viaggiare nello spazio fu il russo **J. Gagarin** nel 1961.
Il primo satellite per telecomunicazioni fu inviato nel 1962.

spàzio *sostantivo maschile*
1 estensione in cui si collocano e si muovono i corpi; *esempio*: concetto di *spazio* e di tempo.
2 l'universo in cui si muovono gli astri; *esempio*: viaggiare nello *spazio* con una astronave.
3 distanza tra due oggetti; *esempio*: nello *spazio* fra le due case c'è un giardino.
📖 plurale: *spàzi*.

spazzatùra *sostantivo femminile*
• l'immondizia, i rifiuti che vengono rimossi.

spàzzola *sostantivo femminile*
• arnese con supporto di legno su cui sono infissi peli o setole per lucidare, pulire o ravviare i capelli.

speaker [ponuncia: *spìcher*] *sostantivo maschile invariabile*
☞ è una parola inglese che significa *chi parla*.
• annunciatore della televisione o della radio.

spècchio *sostantivo femminile*
☞ deriva da un verbo latino che significa *guardare*.
• superficie liscia di vetro o cristallo che riflette la luce e quindi le immagini.

specchio

speciàle *aggettivo*
• non comune, eccezionale; *esempio*: abbiamo ricevuto un'accoglienza *speciale*.

spedìre *verbo transitivo*
☞ deriva da un verbo latino che significa *togliere via dai piedi*.
• inviare corrispondenza o pacchi tramite il servizio postale.
📖 indicativo presente 1ª persona singolare: io *spedìsco*.

spégnere *verbo transitivo*
1 far cessare di bruciare; *esempio*: *spegni* la sigaretta.
2 (senso figurato) far cessare di funzionare un apparecchio elettrico premendo un interruttore; *esempio*: *spegni* la luce.
📖 indicativo presente: io *spèngo*, tu *spègni*, egli *spègne*, noi *spegniàmo*, voi *spegnéte*, essi *spèngono*; passato remoto: io *spènsi*, tu *spegnésti*, egli *spènse*, noi *spegnémmo*, voi *spegnéste*, essi *spènsero*; congiuntivo presente: che io *spènga*.

spèndere *verbo transitivo*
1 dare del denaro come prezzo per qualcosa.
2 (senso figurato) impiegare, consumare; *esempio*: ha speso il tempo libero dedicandosi al suo hobby.
📖 indicativo presente 1ª persona singolare: io *spèndo*.

speràre *verbo transitivo*
• aspettare con fiducia un evento favorevole; *esempio*: *speravo* che tu arrivassi per la mia festa.
📖 indicativo presente 1ª persona singolare: io *spèro*.

spésa *sostantivo femminile*
1 l'acquisto di qualcosa; *esempio*: abbiamo dovuto affrontare una forte *spesa* per l'acquisto della casa.
2 al plurale, indica il costo per un determinato servizio; *esempi*: le *spese* postali; le *spese* del viaggio.

spessóre *sostantivo maschile*
• distanza tra le due superfici esterne di un oggetto appiattito.
♦ **Sinonimo**: grossezza.

spettàcolo *sostantivo maschile*
1 rappresentazione teatrale, cinematografica, televisiva o sportiva che si svolge di fronte a un pubblico.
2 tutto ciò che si presenta alla vista; *esempio*: i colori del bosco autunnale sono uno *spettacolo* affascinante.

spèttro *sostantivo maschile*
☞ deriva da un verbo latino che significa *guardare*.

SPERARE
→DETTI CELEBRI

Chi vive sperando muore digiuno.
Franklin

Le cose che non speri accadono più spesso di quelle che speri.
Plauto

SPESA
→MODI DI DIRE

Spese pazze: fare spese eccessive e assurde.
A proprie spese: raggiungere uno scopo contando solo sulle proprie capacità e sopportando sacrifici e disagi.
Togliersi dalle spese: rendersi indipendenti dal punto di vista economico.
Essere sulle spese: doversi mantenere quando si è in viaggio o comunque fuori di casa. Detto in genere riferito a rappresentanti e simili.

SPETTRO

Uno spettro celebre fu quello che apparve a **Bruto** la notte prima della battaglia di *Filippi* (42 a.C.). La battaglia fu perduta e Bruto si uccise.
Plinio il Giovane descrive una casa di Atene in cui, di notte, si sentivano spaventosi rumori che precedevano l'apparizione di uno spettro orrendo sotto forma di vecchio magrissimo con ceppi e catene ai piedi e alle mani. Era lo spettro di un vecchio, morto anni prima senza essere stato sepolto.

SPIAGGIA
→MODO DI DIRE

Ultima spiaggia: ultima speranza, ultima possibilità di salvezza.
È il titolo di un film del 1959 del regista S. Kramer, dove le spiagge dell'Australia sono l'ultima zona non contaminata dalle radiazioni diffuse sulla Terra da una guerra atomica.

bulbo e frutto con spicchi

✍ SPIGA

La spiga di grano era nella civiltà classica simbolo di crescita e di prosperità. **Cerere**, la dea dell'agricoltura, era rappresentata con un mazzo di spighe in mano. Era anche l'emblema del dio egizio **Osiride**. Per gli Indiani delle praterie americane la spiga di mais era **Atira**, la madre che dà il soffio della vita, ed era figlia del Cielo e della Terra.

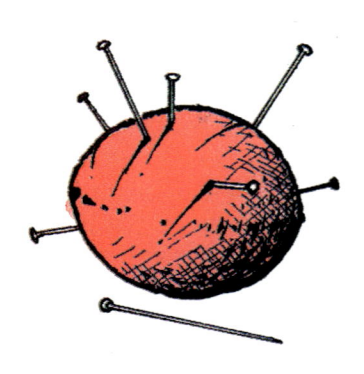

spilli

---

1 fantasma, ombra di una persona morta; *esempio*: la casa stregata era abitata da *spettri*.
2 (senso figurato) grave pericolo che incombe; *esempio*: lo *spettro* della guerra.
3 (senso figurato) persona molto magra e denutrita.
◆*Sinonimo* : larva.

spèzie *sostantivo femminile plurale invariabile*
• aromi per insaporire i cibi; *esempio*: il pepe, la noce moscata, la cannella, i chiodi di garofano sono *spezie*.

spìa *sostantivo femminile*
1 chi riferisce cose segrete (militari o industriali o politiche) o i fatti di altri talvolta dietro compenso.
2 dispositivo di controllo del funzionamento di macchinari; *esempi*: *spia* della benzina; *spia* dell'olio.

spiàggia *sostantivo femminile*
• fascia di terra lungo il mare o i laghi, pianeggiante, sabbiosa o ghiaiosa.
📖 plurale: *spiàgge*.

spìcchio *sostantivo maschile*
☞ deriva da una parola latina che significa *punta*.
• ciascuna parte in cui si dividono naturalmente alcuni frutti (agrumi) e alcuni bulbi come l'aglio; *esempio*: uno *spicchio* d'arancia.
📖 plurale: *spìcchi*.

spiegazióne *sostantivo femminile*
1 chiarimento di qualcosa di difficile e oscuro; soluzione; *esempio*: la *spiegazione* dell'indovinello.
2 giustificazione; *esempio*: dammi una valida *spiegazione*.
☞ATTENZIONE: le **spiegazioni per l'uso** sono le istruzioni per usare uno strumento.

spìga *sostantivo femminile*
☞ deriva da una parola latina che significa *punta, estremità* (di una pianta).
• infiorescenza costituita da fiori a grappolo; *esempio*: la *spiga* del grano.
📖 plurale: *spìghe*.

spìgolo *sostantivo maschile*
• angolo appuntito e che sporge all'esterno.

spìllo *sostantivo maschile*
• sottile asticella di metallo appuntita ad un'estremità e

con una piccola capocchia all'altra.
📖 in alcune locuzioni è più usato **spilla** (*sostantivo femminile*) come **spilla di sicurezza** o da **balia**: uno spillo piegato con una chiusura che trattiene e ricopre la punta.

spìna *sostantivo femminile*
1 parte legnosa e aguzza di alcune piante; esempio: i rovi sono pieni di *spine*.
2 aculeo di alcuni mammiferi; esempio: le *spine* dei ricci.
3 (senso figurato) dolore, affanno; esempio: stare sulle *spine* in attesa di una notizia importante.
4 dispositivo che introdotto in apposite prese di corrente consente un collegamento elettrico.
ATTENZIONE: la **birra alla spina** è la birra fatta uscire (spillata) direttamente dalla botte.

spìngere *verbo transitivo*
1 esercitare una pressione, premere con forza su qualcosa perché cambi direzione; esempio: *spingere* a mano l'auto.
2 (senso figurato) stimolare, indurre; esempio: *sono stato spinto* da un momento di rabbia.
📖 indicativo presente 1ª persona singolare: io *spìngo*; passato remoto: io *spìnsi*, tu *spingésti*, egli *spìnse*, noi *spingémmo*, voi *spingéste*, essi *spìnsero*.

splèndere *verbo intransitivo*
• avere una luce intensa; brillare.
📖 indicativo presente 1ª persona singolare: io *splèndo*; passato remoto: io *splendètti* o *splendéi*, tu *splendésti*, egli *splendètte* o *splendé*, noi *splendémmo*, voi *splendéste*, essi *splendèttero* o *splendérono*.

spónda *sostantivo femminile*
1 striscia di terra che fiancheggia un corso d'acqua.
2 bordo, margine laterale di una superficie; esempi: la *sponda* del letto; le *sponde* di una nave.

spòrco *aggettivo*
1 sudicio, non pulito, imbrattato.
2 (senso figurato) disonesto; esempio: uno *sporco* affare.
📖 plurale maschile: *spòrchi*.

spòrt *sostantivo maschile invariabile*
☞ è una parola inglese dal francese *déport*; entrambe derivano da un verbo latino che significa *andare in giro qua e là* (*se deportare*). In italiano è rimasto *diporto* (svago).
• insieme di attività ginniche svolte per divertirsi o per sviluppare la forza del corpo.

✎ SPILLO

I primi spilli di cui si ha notizia sono quelli trovati in Egitto e risalenti al 4000 a.C.: erano spilli di rame usati per fermare le vesti. Fino al 1820 gli spilli erano fabbricati a mano: fu l'americano **Lemnel Wright** che ideò una macchina per produrli.

SPINA
→MODI DI DIRE

Stare sulle spine: essere in ansia, agitarsi.
Avere una spina nel fianco: avere un motivo di grande preoccupazione che dura a lungo nel tempo.

SPORCO
→MODO DI DIRE

Sporco come le stalle di Augia: molto sporco.
Secondo il mito greco il re dell'Elide **Augia**, aveva stalle immense, ricche di bestiame e di tesori e a nessuno permetteva di entrarvi, neppure per pulirle. L'eroe **Ercole** si assunse il compito di pulirle (una delle sue dodici fatiche): deviò il corso di due fiumi, l'Alfeo e il Penteo che, penetrando violentemente nelle stalle, le ripulirono perfettamente.

sport

sportèllo

SPUGNA

Il tipo dei **Poriferi** (cui appartengono le Spugne) comprende circa 5000 specie. Si riproducono sia sessualmente sia asessualmente (per gemmazione).
Le Spugne non hanno sistema nervoso, né muscoli, né organi di senso. Per molto tempo furono considerate una via di mezzo fra le piante e gli animali (zoofiti). Vivono nell'acqua, soprattutto in quella del mare, in cui svolgono una funzione purificatrice dei batteri. Private delle parti molli, si prestano a molti usi e ultimamente sono anche oggetto di studio per le loro proprietà farmaceutiche.
Si dividono in tre classi:
Calcispongie (= spugne calcaree), piccole e di colore chiaro; **Demospongie**, le più numerose e varie; **Ialospongie** (= spugne vitree) il cui scheletro è formato da elementi silicei detti spicole: vivono nei fondali dei mari a notevoli profondità.

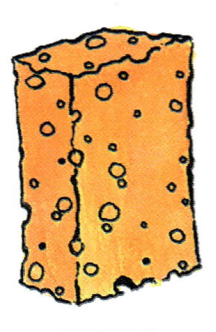

spugna

SPUGNA
→ MODO DI DIRE

Gettare la spugna: arrendersi.
Nel pugilato, il secondo di un pugile in difficoltà poteva lanciare la spugna per interrompere l'incontro. Oggi, si usa l'asciugamano.

sportèllo *sostantivo maschile*
1 imposta girevole per chiudere un vano; *esempio*: lo *sportello* di un armadio.
2 portiera di un veicolo; *esempio*: non aprire lo *sportello* prima che il treno sia fermo.
3 in un ufficio, apertura in una parete attraverso la quale gli impiegati possono comunicare col pubblico.
lo **sportello automatico** è un impianto posto all'esterno di un istituto bancario mediante il quale un cliente può eseguire operazioni di prelievo o di versamento di denaro, facendo uso di una apposita tessera magnetica (bancomat).

sposàre *verbo transitivo*
1 prendere per moglie o per marito.
2 unire in matrimonio; *esempio*: li *ha sposati* un frate.
3 (senso figurato) sostenere, aderire, difendere; *esempio*: *ho sposato* la causa della libertà.
indicativo presente 1ª persona singolare: io *spòso*.

spostàre *verbo transitivo*
1 rimuovere, trasferire da un posto a un altro.
2 (senso estensivo) rinviare, differire; *esempio*: puoi *spostare* l'orario della visita?
indicativo presente 1ª persona singolare: io *spòsto*.

spot [pronuncia: *spòt*] *sostantivo maschile invariabile*
☞ è una parola inglese che significa propriamente *luogo*.
• breve spazio pubblicitario televisivo.

spray [pronuncia: *sprèi*] *sostantivo maschile invariabile*
☞ è una parola inglese che significa *spruzzo*.
• piccolo contenitore che spruzza sostanze liquide sotto forma di schiuma o di nebbiolina.

sprèmere *verbo transitivo*
• premere, schiacciare qualcosa per farne uscire il liquido; *esempio*: *spremi* un'arancia e bevi il succo.
indicativo presente 1ª persona singolare: io *sprèmo*.

spùgna *sostantivo femminile*
1 animale marino dei Poriferi con uno scheletro formato di carbonato di calcio o di silice.
2 scheletro di un Porifero che, lavorato e ridotto a sostanza elastica ed assorbente, serve a vari usi domestici.
3 (senso estensivo) tessuto di cotone soffice e assorbente.

sputàre *verbo transitivo*
• mandar fuori, espellere dalla bocca.

📖 indicativo presente 1ª persona singolare: io *spùto*.

squàdra (**1**) *sostantivo femminile*
• strumento da disegno a forma di triangolo rettangolo.

squàdra (**2**) *sostantivo femminile*
• gruppo di atleti che gareggiano insieme o di persone che svolgono la stessa attività.

squàlo *sostantivo maschile*
• pescecane; ha il corpo fusiforme ed è molto vorace.

stàdio *sostantivo maschile*
☞ deriva da una parola greca che indicava una misura di lunghezza pari a circa 185 metri.
1 luogo molto ampio e attrezzato per competizioni sportive.
2 (senso estensivo) fase di un processo di sviluppo; *esempio*: sono allo *stadio* iniziale del lavoro.
📖 plurale: *stàdi*.

stàffa *sostantivo femminile*
☞ deriva da una parola longobarda che significa *pedata*.
• finimento di metallo, a forma di anello, che pende dalla sella e sostiene il piede del cavaliere; *esempio*: infilato il piede nella *staffa*, montò a cavallo.
📖 plurale: *stàffe*.
→MODO DI DIRE: perdere le staffe (inquietarsi).

stagióne *sostantivo femminile*
☞ deriva da un verbo latino che significa *stare*.
1 ciascuno dei quattro periodi, di tre mesi ciascuno, in cui si suddivide l'anno a seconda della posizione del Sole; *esempio*: le quattro *stagioni* sono primavera, estate, autunno e inverno.
2 (senso estensivo) periodo adatto a una certa attività; *esempio*: la *stagione* delle vacanze.

stàgno (**1**) *sostantivo maschile*
• metallo di colore bianco, malleabile, con simbolo Sn; *esempio*: lo *stagno* è uno dei costituenti del bronzo.

stàgno (**2**) *sostantivo maschile*
• piccola distesa d'acqua non corrente e poco profonda; *esempio*: le ninfee sono fiori tipici dello *stagno*.

stàlla *sostantivo femminile*
☞ è una parola di origine germanica *(stalla)*.
• fabbricato per il ricovero di animali domestici come cavalli, buoi, ecc.

squalo

📖 STAFFA

La staffa comparve in India nel II secolo a. C. e il cavaliere, a piedi nudi, vi infilava l'alluce.
I Cinesi, nel III secolo d.C. la perfezionarono in modo che si adattasse al piede calzato.
In Europa giunse nell'VIII secolo. Nelle battaglie la staffa fu una vera rivoluzione perché consentiva al cavaliere una maggiore stabilità sul cavallo ed era allora determinante la cavalleria con le sue cariche.
Solo con l'avvento delle armi da fuoco (XIII secolo) prevalse la fanteria.

📖 STAGIONE

Il fenomeno delle stagioni dipende dall'inclinazione dell'eclittica sull'equatore celeste. Per l'emisfero boreale la primavera inizia il 21 marzo, l'estate il 21 giugno, l'autunno il 23 settembre, l'inverno il 21 dicembre: sono i giorni in cui il Sole passa per i punti degli equinozi e dei solstizi.

stàmpa

✎ STAMPA

In Italia l'arte della stampa ricevette impulso notevole grazie al medico **Panfilo Castaldi** (Feltre 1398-Venezia 1479). Lavorò dal 1471 alla corte di Milano presso il duca Galeazzo Maria Sforza. Gli stampatori più famosi furono però i veneziani della scuola di **Aldo Manuzio** (1450-1516) che adottò un alfabeto corsivo detto *corsivo italico* o *aldino*.
Un altro celebre stampatore fu **Giambattista Bodoni** (1740-1813) con i suoi famosi caratteri bodoniani.

stampella

✎ STARNUTIRE

L'usanza di augurare buona salute a chi ha appena starnutito deriva dall'antica credenza che uno starnuto potesse provocare la morte.

---

stàmpa *sostantivo femminile*
1 procedimento che consente di riprodurre uno scritto in un gran numero di copie; *esempio*: la *stampa* è un'invenzione di J. G. Gutenberg (1400-1468).
2 l'insieme di giornali e periodici; *esempio*: la notizia è stata diffusa dalla *stampa*.
✎ in Cina dal 1324 a.C. si conoscevano caratteri incisi e stampabili con inchiostro; il primo libro stampato noto è un libro sacro del buddismo, la *Sutra del Diamante* del IX secolo d.C. Il primo libro invece stampato in Europa da Gutenberg nel 1451 è la *Grammatica latina* di Donato.

stampatèllo *sostantivo maschile*
• tipo di scrittura a mano che imita il carattere della stampa.

stampèlla *sostantivo femminile*
• bastone che aiuta a sostenere chi non può camminare bene.

stànco *aggettivo*
1 che è sfinito; *esempio*: sono *stanco* di camminare.
2 che è infastidito; *esempio*: sono *stanco* dei tuoi continui capricci.
📖 plurale maschile: *stànchi*.

stàre *verbo intransitivo*
1 fermarsi in un luogo; *esempio*: io *sto* qui e non ti seguo.
2 trovarsi in una certa posizione o situazione o condizione; *esempi*: *stare* in piedi; *stare* calmo; *stare* male.
3 essere situato; *esempio*: la chiesa *sta* ai piedi del monte.
4 dipendere; *esempio*: *sta* a te decidere.
📖 indicativo presente 1ª persona singolare: io *sto* (sempre senza accento), tu *stài*, egli *sta* (sempre senza accento), noi *stiàmo*, voi *stàte*, essi *stànno*; passato remoto: io *stètti*, tu *stésti*, egli *stètte*, noi *stémmo*, voi *stéste*, essi *stèttero*; congiuntivo presente: che io *stìa*, imperfetto: che io *stéssi*; imperativo: *stài* o *sta* o *sta'*.
Vuole l'ausiliare *essere*.
⚫ sono **gravi errori** *stàssi* per *stéssi*, *stàsse* per *stésse*.

starnutìre *verbo intransitivo*
• atto involontario, che consiste nel mandare fuori aria dal naso a causa di un'irritazione della mucosa nasale.
📖 indicativo presente 1ª persona singolare: io *starnutìsco*.

stàto *sostantivo maschile*
• organizzazione politica di un insieme di persone che risiedono in un territorio e sono governate dalle stesse leggi; *esempio*: lo *Stato* italiano.

stàtua *sostantivo femminile*
☞ deriva da un verbo latino che significa *collocare*.
• opera di scultura in marmo, bronzo o legno che rappresenta figure umane o animali o altri oggetti.

statùra *sostantivo femminile*
• altezza di una persona misurata dalla testa ai piedi.

stazióne *sostantivo femminile*
1 luogo ove sostano mezzi di trasporto; *esempi*: *stazione* ferroviaria; *stazione* marittima.
2 luogo dotato e attrezzato per svolgere determinati servizi; *esempio*: una *stazione* di servizio sull'autostrada.
3 osservatorio scientifico; *esempio*: *stazione* meteorologica.

stélla *sostantivo femminile*
1 corpo celeste che brilla di luce propria; *esempio*: →*Stella* Polare.
2 (senso figurato) artista famoso.
⚠ ATTENZIONE: la **stella filante** è una striscia di carta colorata che si lancia a carnevale e in altre feste; la **stella cadente** è un piccolo corpo celeste che se penetra nella nostra atmosfera fa attrito con l'aria, brucia e diventa visibile come una striscia luminosa.

stèlo *sostantivo maschile*
1 fusto, gambo dei fiori e delle piante.
2 (senso estensivo) qualsiasi oggetto di forma sottile e allungata; *esempio*: lampada a *stelo*.

stèndere *verbo transitivo*
1 disporre un oggetto in tutta la sua estensione.
2 allungare secondo tutta l'estensione; *esempio*: *stendere* le gambe sotto il tavolo.
3 mettere a giacere; *esempio*: lo *stese* sulla barella.
📖 indicativo presente 1ª persona singolare: io *stèndo*.

stéppa *sostantivo femminile*
• estesa zona pianeggiante con vegetazione costituita da erbe e arbusti; *esempio*: le *steppe* del nord dell'Europa.

stereofonìa *sostantivo femminile*
☞ è composta di due parole greche: *stereós* (fermo, solido, ma anche spaziale) e *foné* (suono, voce).
• tecnica di registrazione e di diffusione del suono in modo che venga percepito come proveniente da due parti separate.

stèrile *aggettivo*
1 infecondo; che non dà frutti; che non può riprodursi.

stella

📖 STELLA POLARE

La **Stella Polare** è la stella più luminosa della costellazione dell'Orsa Minore. Fin dall'antichità è stata considerata una stella di riferimento, essendo situata sempre molto vicina al Polo Nord celeste (quel punto del cielo verso il quale è diretta l'asse di rotazione della Terra).

📖 STEPPA

La steppa è presente nei climi in cui si susseguono un breve periodo di piogge e uno ben più lungo di grande siccità.
La vegetazione è formata da un tappeto erboso a Graminacee perenni e da arbusti nani.
Le steppe che vanno dal Mar Nero alle montagne dell'Asia Centrale furono occupate da popolazioni nomadi di ceppi differenti: indoeuropei, sciti, unni, mongoli.
I popoli delle steppe che entrarono in contatto con la Cina ne ereditarono lo stile animalistico che divenne lo stile caratteristico dell'arte della steppa.

STILI DEI MOBILI ITALIANI

Rinascimento	1400-1500
Classicismo/Manierismo	1500-1600
Barocco	1600-1650
Barocchetto	1650-1700
Rocaille	1700-1750
Neoclassicismo	1750-1800
Impero	1800-1815
Impero/Restaurazione	1815-1830
Eclettismo/Revival	1830-1880
Stile floreale/Liberty	1880-1920

STIMA
→DETTI CELEBRI

Stimare tutti è lo stesso che non stimare nessuno.

Molière

Gli uomini hanno poca stima degli altri, ma non ne hanno molta neanche di se stessi.

Trotskij

stirare

◆*Sinonimo*: infruttuoso. ◆*Contrari*: fecondo, fertile.
2 asettico; *esempio*: il chirurgo usa solo strumenti *sterili*.

sterzàre *verbo transitivo*
• manovrare lo sterzo di un veicolo per cambiare direzione; *esempi*: *sterzare* all'improvviso; *sterzare* a destra.
indicativo presente 1ª persona singolare: io *stèrzo*.

stìle *sostantivo maschile*
☞ deriva da una parola latina che significa la *bacchetta* usata per scrivere.
1 carattere personale dell'espressione di un autore o di un'opera; *esempio*: lo *stile* inconfondibile di Pascoli.
2 modo di espressione artistica che corrisponde a un'epoca; *esempi*: *stile* barocco; *stile* impero.
3 (senso estensivo) modo abituale di comportarsi di una persona; *esempio*: è una persona dallo *stile* impeccabile.
→DETTI CELEBRI: lo stile è l'uomo (Buffon); parole giuste al posto giusto, questa è la vera definizione dello stile (Swift); lo stile è dimenticare tutti gli stili (Jules Renard).

stìma *sostantivo femminile*
1 valutazione di qualcosa per determinarne il prezzo.
2 opinione positiva che si ha di qualcuno; *esempio*: ho una grande *stima* di te.

stìmolo *sostantivo maschile*
1 incitamento, spinta a fare qualcosa; *esempio*: la tua approvazione è per me un forte *stimolo*.
2 sensazione, bisogno; *esempio*: lo *stimolo* della fame.

stipèndio *sostantivo maschile*
☞ deriva da una parola latina che significa *pagamento in denaro*.
• retribuzione, pagamento periodico, di solito mensile, corrisposto al lavoratore dipendente.

stiràre *verbo transitivo*
• togliere le pieghe agli abiti passando il ferro caldo.
indicativo presente 1ª persona singolare: io *stìro*.

stìrpe *sostantivo femminile*
☞ deriva da una parola latina che significa *radice*.
• prima origine di una famiglia; *esempio*: nobile *stirpe*.
◆*Sinonimi*: casato, ramo.

stivàle *sostantivo maschile*
☞ deriva da una parola dell'antico francese che significa *gambo*;

probabilmente dal latino *tibiale* (fascia intorno alla tibia).
• calzatura che arriva al ginocchio.

stòmaco *sostantivo maschile*
☞ deriva da una parola greca che significa *orifizio*, che a sua volta deriva da *stòma*, bocca.
• organo fondamentale dell'apparato digerente: è un piccolo sacco in cui termina l'esofago.
📖 plurale: *stòmachi* o *stòmaci*.
→MODO DI DIRE: avere lo stomaco di uno struzzo (digerire qualunque cosa, alludendo all'abitudine degli struzzi di ingoiare pietre, oggetti metallici, ecc.).

stòp [pronuncia: *stòp*] *sostantivo maschile invariabile*
☞ deriva dal verbo inglese *to stop*, fermare.
1 segnale stradale che obbliga all'arresto; generalmente è posto negli incroci e avverte di dare la precedenza a chi viene da destra e da sinistra.
2 fanalino posteriore dei veicoli che segnala la frenata.

stòria *sostantivo femminile*
☞ deriva da una parola greca che significa *ricerca*.
1 narrazione unitaria dei fatti umani realmente accaduti e meritevoli di ricordo (politici, culturali, civili, sociali, ecc.).
2 racconto di una vicenda vera o inventata.
3 cosa non vera; *esempio*: tu racconti un sacco di *storie*!

stórmo *sostantivo maschile*
☞ deriva da una parola germanica che significa *assalto* (di un gruppo di soldati).
1 gruppo di persone (in origine gruppo di soldati).
2 (senso estensivo) uccelli che volano; *esempio*: gli *stormi* di rondini annunciano la primavera.
3 gruppo di aerei militari sotto un unico comando.

strabìsmo *sostantivo maschile*
☞ deriva da una parola greca che significa *con gli occhi storti* (infatti le pupille risultano convergenti o divergenti).
• difetto della vista che consiste nella deviazione di uno o di entrambi gli occhi della direzione dello sguardo.

stràda *sostantivo femminile*
1 tratto di terreno spianato, regolare, anche asfaltato, che serve come via di comunicazione.
2 ambiente malfamato; *esempio*: ragazzi di *strada*.
3 cammino da percorrere; *esempio*: è la *strada* più breve.
4 (senso figurato) mezzo, modo per raggiungere uno scopo; *esempio*: non è la *strada* giusta per convincere Aldo.

stivali

✍ STOMACO

Il processo della digestione inizia nella bocca, prosegue nell'esofago e nello stomaco e termina nell'intestino. Lo stomaco ha forma tubolare, è lungo circa 25 cm e largo 10-12. La sua funzione è quella di trasformare il cibo, già masticato e ridotto a bolo, in una pasta semiliquida (chimo gastrico). I vari milioni di ghiandole gastriche delle pareti dello stomaco secernono il succo gastrico che, agendo chimicamente sugli alimenti, li scompone in sostanze semplici. Grazie ai movimenti delle pareti, il cibo così mescolato con il succo gastrico può infine passare nell'intestino. La produzione del succo gastrico inizia con la semplice assunzione del cibo e talvolta anche alla semplice vista o all'odore del cibo.

STORIA
→DETTI CELEBRI

Ciò che l'esperienza e la storia insegnano è questo: che uomini e governi non hanno mai imparato nulla dalla storia, né mai agito in base a principi da essa dedotti.

Hegel

La storia è una galleria di quadri dove ci sono pochi originali e molte copie.

Tocqueville

STREGA

Nel XVI secolo si scatenò in tutta Europa una vera e propria caccia alle streghe. Tra il 1560 e il 1630 si pensa siano state mandate al rogo con l'accusa di stregoneria circa 20.000 persone. Da notare che neppure uno di questi processi fu mai celebrato a Roma! Il testo principale della lotta contro le streghe è il *Malleus maleficarum* (il martello delle streghe) pubblicato nel 1487 da due domenicani tedeschi, Heinrich Institor e Jakob Sprenger. Il libro era un vero manuale per i giudici del tribunale dell'Inquisizione. Le accuse più frequenti rivolte alle streghe erano quelle di aver fatto patti di fedeltà a Satana, di partecipare ai riti satanici (sabba) e di colpire uomini e animali con terribili malefici e incantesimi che causavano la morte delle vittime.

strega

STRESS
◆*Sinonimi*

Logorio, fatica, affaticamento.

---

5 indirizzo, scelta di vita; *esempio*: ha scelto la sua *strada*.

stràge *sostantivo femminile*
• uccisione di molte persone o animali; *esempi*: il lupo ha fatto *strage* di pecore; nella battaglia di Solferino vi è stata una grande *strage* di soldati.
◆*Sinonimi*: sterminio, carneficina, massacro.

stranièro *aggettivo*
• che è di un'altra nazione; *esempio*: lingua *straniera*.

strappàre *verbo transitivo*
1 levare, togliere con violenza; *esempio*: Fulvio mi ha *strappato* il libro dalle mani.
2 stracciare, fare a pezzi; *esempio*: Carla *strappò* la lettera in piccoli pezzi.
3 (senso figurato) riuscire a ottenere a fatica; *esempio*: ho *strappato* alla mamma il permesso di uscire.
indicativo presente di 1ª persona singolare: io *stràppo*.

stràscico *sostantivo maschile*
1 parte di un abito che striscia per terra; *esempio*: oggi, solo qualche abito da sposa ha lo *strascico*.
2 (senso figurato) conseguenza; *esempio*: la bronchite ha lasciato uno *strascico*.
plurale: *stràscichi*.

stratagèmma *sostantivo maschile*
☞ deriva da una parola greca che significa *astuzia di guerra*.
• accorgimento astuto e geniale per cogliere di sorpresa un nemico; *esempio*: Ulisse era maestro negli *stratagemmi*.
plurale: *stratagèmmi*.

stràto *sostantivo maschile*
1 quantità di una sostanza distesa uniformemente su una superficie; *esempio*: uno *strato* di polvere.
2 distesa di nuvole basse.
3 (senso figurato) ceto, classe sociale; *esempio*: gli *strati* più poveri della popolazione.

stréga *sostantivo femminile*
☞ deriva da una parola greca che significa *uccello notturno*.
• donna ritenuta fornita di poteri magici, in grado di compiere incantesimi, sortilegi, ecc.
plurale: *stréghe*.

stress [pronuncia: *strès*] *sostantivo maschile invariabile*
☞ è una parola inglese che significa *tensione*.

• tensione nervosa, dovuta a una alterazione dell'equilibrio organico sia fisiologico sia psicologico.

strìngere *verbo transitivo*
1 impugnare, tenere serrato tra le dita o tra le braccia; *esempio*: *stringere* una spada tra le mani.
3 unire fra loro due parti di una cosa.
4 premere contro qualcosa.
5 rendere più stretto; *esempio*: *stringere* un abito.
📖 indicativo presente 1ª persona singolare: io *strìngo*; passato remoto: io *strìnsi*, tu *stringésti*, egli *strìnse*, noi *stringémmo*, voi *stringéste*, essi *strìnsero*.

strìscia *sostantivo femminile*
1 pezzo di materia lunga e stretta; *esempi*: una *striscia* di stoffa; una *striscia* di terreno.
2 riga; *esempio*: un tessuto a *strisce*.
📖 plurale: *strìsce*.

strùzzo *sostantivo maschile*
• grosso uccello degli Struzioniformi: non vola, ma nella corsa supera in velocità il cavallo.

stùcco *sostantivo maschile*
☞ deriva da una parola longobarda che significa *intonaco*.
1 impasto di calce, gesso, polvere di marmo usato per decorazioni o restauri o per otturare fessure.
2 (senso estensivo) decorazione fatta con lo stucco.
📖 plurale: *stùcchi*.

studiàre *verbo transitivo*
1 applicare la mente per apprendere una o più discipline.
2 approfondire un argomento; *esempio*: *studiare* il fenomeno delle stelle cadenti.
3 (senso assoluto) frequentare un corso di studi.
4 esaminare con cura una cosa per darne un giudizio fondato; *esempio*: gli esperti *stanno studiando* il caso.
📖 indicativo presente 1ª persona singolare: io *stùdio*.

stùpido *aggettivo*
☞ deriva da un verbo latino che significa *restare stupito*.
• che rivela poca intelligenza.

subàcqueo *aggettivo / sostantivo maschile*
A *aggettivo*
• che è, che si fa sott'acqua; *esempio*: pesca *subacquea*.
B *sostantivo maschile*
• chi pratica uno sport subacqueo come la pesca subacquea.

✍ STRUZZO

Lo Struzzo (*Struthio camelus*) costituisce una sola famiglia e una sola specie. È l'uccello più grande oggi vivente, con i suoi 100 kg di peso e un'altezza di circa 2,5 metri. Il maschio ha un piumaggio vistoso nero su fondo bruno; le femmine invece sono di un bruno uniforme meno appariscente. Sono gli unici uccelli ad avere solo due dita nel piede. Gli struzzi vivono in branchi nelle savane africane e tutta la loro corporatura è adattata alla corsa veloce, unico mezzo per sfuggire gli avversari. Le ali infatti non servono agli struzzi per volare, ma per le brusche frenate o come bilancieri nella corsa veloce. La loro dieta comprende ogni specie di vegetale, ma è nota anche la loro innata curiosità che li spinge a ingoiare qualunque oggetto capiti a tiro. Nella cova delle uova, il padre e la madre seguono turni precisi dividendosi i compiti e la fatica: di sera e di notte cova il padre, per il resto del tempo cova la femmina.

struzzo

STUCCO
→MODO DI DIRE

Restare di stucco: rimanere imbambolati, immobili per lo sbalordimento, come statue di gesso.

SUBITO
◆*Sinonimi*

Adesso, immediatamente, istantaneamente, prontamente, presto, immantinente (letterario).

◆*Contrari*

Poi, dopo, in seguito, più tardi, successivamente, lentamente.

POLO SUD
(esplorazioni)

1895	L. Kristensen
1902-04	R. F. Scott
1908-09	E. Shackleton
1911	R. Amundsen
1912	R. F. Scott
1928	H. Wilkins (in aereo)
1929	R. E. Byrd (in aereo)
1934-37	J. Rymill
1935	L. Ellsworth (in aereo)
1946-47	spedizione USA
1946-48	F. Ronne
1958	E. C. Thiel
1963	il più lungo volo non-stop di un aereo USA
1964	rilevamenti topografici di un gruppo neozelandese
1989	V. Murden, S. Metz: prime donne a raggiungere il Polo Sud via terra.

SUDARE
→MODO DI DIRE

Sudare freddo: (senso figurato) provare una forte paura di fronte a un pericolo, ma riuscire a controllarla. L'emissione di sudore freddo capita quando si ha la frebbe molto alta per qualche malattia, ma può anche capitare di fronte a una forte emozione.

subìre *verbo transitivo*
• sopportare qualcosa di dannoso o di spiacevole; *esempio*: Giorgio *ha subito* una terribile ingiustizia.
📖 indicativo presente 1ª persona singolare: io *subìsco*.

sùbito *avverbio*
• all'istante; *esempio*: torno *subito*.

succèdere *verbo intransitivo*
1 accadere, avvenire (di un fatto); *esempio*: è *successo* un fatto curioso!
2 prendere il posto di un altro in una carica; *esempio*: a Carlo V *successe* il figlio Filippo II.
3 venire dopo; *esempio*: all'inverno *succede* la primavera.
📖 indicativo presente 1ª persona singolare: io *succèdo*.
Vuole l'ausiliare *essere*.

succèsso *sostantivo maschile*
• esito, la fase conclusiva di un processo; *esempio*: quel film ha avuto un discreto *successo*.

sùcco *sostantivo maschile*
1 liquido contenuto nella frutta o negli ortaggi; *esempio*: *succo* di albicocca.
2 liquido secreto dai tessuti animali; *esempio*: i *succhi* gastrici sono essenziali alla digestione.
3 (senso figurato) contenuto, sostanza, parte essenziale di qualcosa; *esempio*: arrivare al *succo* del discorso.
📖 plurale: *sùcchi*.

sud *sostantivo maschile invariabile*
1 direzione opposta al nord; *esempio*: →Polo *Sud*.
2 (senso estensivo) parte meridionale di una regione.

sudàre *verbo intransitivo*
1 emettere sudore; *esempio*: *sudare* per la fatica.
2 (senso estensivo) lavorare molto; *esempio*: ha sempre *sudato* sui libri per avere dei buoni voti.
📖 indicativo presente 1ª persona singolare: io *sùdo*.
Vuole l'ausiliare *avere*.

sufficiènte *aggettivo*
1 che soddisfa un bisogno; *esempio*: il dolce è appena *sufficiente* per tutti.
2 giudizio scolastico che corrisponde a sei decimi.

suffràgio *sostantivo maschile*
☞ deriva da una parola latina che significa *fragore*.

1 voto, diritto di voto; *esempio*: il *suffragio* è universale quando il diritto di voto è riconosciuto a tutti i cittadini senza distinzione di sesso e di patrimonio.
2 in senso religioso preghiera, opera di carità; *esempio*: una Messa in *suffragio* dei defunti.
📖 nel mondo antico i voti venivano espressi mettendo in una cassetta un pezzo di coccio (suffragio).

suggerìre *verbo transitivo*
1 dire a bassa voce a qualcuno che non ricorda; *esempio*: i compagni gli *suggerivano* le risposte.
2 (senso estensivo) consigliare; *esempio*: non gradisco che tu mi *suggerisca* che cosa devo dire.
📖 indicativo presente 1ª persona singolare: io *suggerìsco*.

suicìda *sostantivo maschile e femminile*
• chi uccide se stesso, chi si toglie volontariamente la vita.
📖 plurale maschile: *suicìdi*.

suòno *sostantivo maschile*
1 vibrazione prodotta da un corpo elastico; *esempio*: il *suono* può essere grave o acuto.
2 (senso estensivo) timbro di uno strumento o della voce umana; *esempio*: il *suono* del flauto.

supèrbia *sostantivo femminile*
• opinione esagerata di sé; convinzione della propria superiorità; *esempio*: la *superbia* è uno dei sette vizi capitali.

superfìcie *sostantivo femminile*
1 estensione in larghezza e lunghezza; *esempio*: una *superficie* piana.
2 parte esterna di un corpo; *esempio*: la *superficie* del tavolo non è lucida.
📖 plurale: *superfici* o *superficie*.

superlatìvo *aggettivo*
1 eccezionale, ottimo, straordinariamente grande; *esempio*: abbiamo disputato una partita *superlativa*.
2 in grammatica il grado più alto di un aggettivo; *esempio*: ottimo è il *superlativo* di buono.
📖 il **superlativo relativo** è quello confrontato con altri (*esempio*: il giorno *più lungo*): può essere di maggioranza e di minoranza; il **superlativo assoluto** è quello senza confronti e si forma aggiungendo la desinenza *-issimo* alla radice dell'aggettivo (*esempio*: *bravissimo*), oppure facendo precedere l'aggettivo da avverbi (*oltremodo, assai, molto, enormemente, straordinariamente*) o da prefissi

---

SUICIDA
→DETTO CELEBRE

Il suicida è il prigioniero che, vedendo rizzare un patibolo in cortile crede che sia destinato a lui, durante la notte evade dalla cella, scende nella corte e s'impicca da solo.

Kafka

SUPERBIA
→PROVERBIO

La superbia mostra l'ignoranza: chi meno sa, più presume di sapere.

📖 SUPERLATIVO

Alcuni superlativi sono in **-èrrimo** e **-éntissimo**, per influsso del latino:

acre	acerrimo
celebre	celeberrimo
integro	integerrimo
misero	miserrimo
salubre	saluberrimo
benefico	beneficentissimo
benevolo	benevolentissimo
maledico	maledicentissimo
malevolo	malevolentissimo
munifico	munificentissimo

Alcuni **superlativi**, detti **organici**, seguono il modello latino e hanno una forma autonoma:
buono che diventa *il migliore* (superlativo relativo) e *ottimo* (assoluto); *cattivo* diventa *il peggiore* e *pessimo*; *grande* diventa *il maggiore* e *massimo*; *piccolo* diventa *il minore* e *minimo*; *molto* diventa *il più*.

supplènte

(*extra-*, *iper-*, *arci-*, *stra-*) o ripetendo l'aggettivo o rinforzandolo con un altro.

supplènte *sostantivo maschile* e *femminile*
• chi sostituisce temporaneamente una persona nella sua carica; *esempio*: la maestra è assente e al suo posto c'è una *supplente*.

surf [pronuncia: *sèrf*] *sostantivo maschile invariabile*
☞ è una parola inglese che propriamente significa *risacca*.
• tavola lunga su cui si sta in piedi facendosi trascinare dalle onde del mare: è un nuovo sport acquatico (surfing) nato nel Nordamerica e praticato sulle coste del Pacifico.

svegliàre *verbo transitivo*
1 destare dal sonno.
2 (senso figurato) spingere ad agire, rimuovere dall'indolenza; *esempio*: Massimo è pigro: dovremmo *svegliarlo*.
📖 indicativo presente 1ª persona singolare: io *svéglio*.

svèlto *aggettivo*
1 che agisce velocemente; *esempio*: Donatella è *svelta* nel suo lavoro.
2 affrettato, frettoloso; *esempio*: camminare a passo *svelto*.
3 (senso figurato) pronto, vivace (di ingegno).

svenìre *verbo intransitivo*
• perdere momentaneamente i sensi.
📖 indicativo presente 1ª persona singolare: io *svèngo*.

sviluppàre *verbo transitivo*
1 trattare ampiamente un argomento; *esempio*: dobbiamo *sviluppare* l'argomento dell'arte gotica.
2 (senso estensivo) far aumentare, far progredire; *esempio*: stiamo cercando di *sviluppare* il settore turistico.
3 (senso estensivo) far nascere; provocare; *esempio*: una scintilla può *sviluppare* un incendio.
4 in algebra risolvere un'espressione.
5 in fotografia, rendere visibile l'immagine impressa su una pellicola.
📖 indicativo presente 1ª persona singolare: io *svilùppo*.

svuotàre *verbo transitivo*
• togliere tutto il contenuto da un contenitore.
📖 indicativo presente: io *svuòto*, tu *svuòti*, egli *svuòta*, noi *svotiàmo*, voi *svotàte*, essi *svuòtano*.
In generale, nella coniugazione si ha *uo* quando la *o* è accentata, si ha soltanto *o* quando non lo è.

surf

✎ SVILUPPARE
(in fotografia)

Daguerre scoprì nel 1839 un procedimento di sviluppo rivoluzionario: una lastra di rame ricoperta d'argento e resa fotosensibile con un trattamento di vapori di iodio. La lastra veniva immersa, per lo sviluppo, in vapori di mercurio e infine fissata con sale comune (dagherrotipia). Il *dagherrotipo* consentiva una immagine nitida, ma molto delicata e doveva essere protetta da vetro. **Talbot** quasi contemporaneamente, brevettò un altro sistema di sviluppo, la *calotipia*, che dava immagini meno nitide, ma più durature e riproducibili. Nel 1851 il sistema detto *a lastra umida* di **Scott Archer** soppiantò sia la dagherrotipia sia la calotipia: le immagini erano nitide e riproducibili in infinite copie. Alla lastra umida seguirono lastre secche fino alla pellicola flessibile di **Kodak** nel 1888.
I tempi di sviluppo delle prime macchine fotografiche (la prima vera fotografia è del 1827 e ancora oggi è conservata) richiedevano circa 8 ore di esposizione; oggi lo sviluppo è istantaneo.

t T *sostantivo femminile* o *maschile invariabile*
• ventesima lettera dell'alfabeto italiano; consonante.

tabàcco *sostantivo maschile*
☞ deriva da una parola degli indigeni di Haiti che significa la *pipa* con cui fumare.
• pianta delle Solanacee le cui foglie vengono essiccate e conciate per farne sigari e sigarette da fumo.
📖 plurale: *tabàcchi*.

tabù o **tàbu** *sostantivo maschile invariabile*
☞ deriva da una parola polinesiana.
• ciò che è sacro e intoccabile presso le religioni animistiche.
💣 sarebbe più corretto **tàbu**, anche se non usato.

tacchìno *sostantivo maschile*
☞ è parola onomatopeica dalla voce del tacchino: *tac-tac*.
• uccello da cortile dei Gallinacei, di origine americana.

tàcco *sostantivo maschile*
• rialzo della scarpa; 📑*esempio*: *tacchi* a spillo.

tacére *verbo intransitivo*
• stare zitto, non parlare; non rispondere.
📖 indicativo presente 1ª persona singolare: io *tàccio*; passato remoto: io *tàcqui*.
Vuole l'ausiliare *avere*.

tàglia *sostantivo femminile*
1 misura di abiti; 📑*esempio*: vestito *taglia* 42.
2 premio a chi collabora per la cattura di un malvivente.

tagliàre *verbo transitivo*
1 dividere in due o più parti; 📑*esempio*: *tagliare* il pane.

T NEGLI ALTRI ALFABETI

egizio	cuneiforme
fenicio	greco
arabo	ebraico
sanscrito	russo

tacchino

talismano

◢ TANGENTOPOLI

Termine giornalistico per indicare quei luoghi (propriamente significa *città delle tangenti*) in cui sono scoppiati episodi di corruzione tra amministratori, politici e imprenditori.
Il caso è iniziato nel febbraio del 1992 in seguito all'inchiesta giudiziaria avviata dalla procura della repubblica di Milano.
Le indagini, condotte dal cosiddetto *pool di Mani pulite*, portarono all'arresto di politici e imprenditori. Il 1° grande processo (caso Enimont, ottobre 1993) è stato condotto dall'allora sostituto procuratore **Antonio Di Pietro**.

tappeto

2 (senso assoluto) essere tagliente; *esempio*: il coltello non *taglia* bene.
📖 indicativo presente 1ª persona singolare: io *tàglio*.

talismàno sostantivo maschile
☞ deriva da una parola greca che significa *cosa consacrata*.
• oggetto con figure particolari che conferisce a chi lo possiede poteri soprannaturali.
◆*Sinonimo*: amuleto.

tallóne sostantivo maschile
• la parte posteriore del piede.
☞ATTENZIONE: per indicare il punto debole di qualcuno si dice *il suo tallone di Achille* alludendo all'eroe greco che era vulnerabile solo nel tallone.

tàlpa sostantivo femminile
• piccolo mammifero degli Insettivori che vive sottoterra dove scava lunghe gallerie e cunicoli.

tambùro sostantivo maschile
☞ deriva da una parola araba per uno *strumento musicale a corde*.
• strumento musicale a percussione costituito da una cassa cilindrica con due membrane su cui si batte con bacchette.

tàna sostantivo femminile
☞ deriva da una parola latina che significa *che sta sotto*.
• cavità nel terreno o nel tronco degli alberi dove si rifugiano gli animali selvatici.

tangènte sostantivo femminile
1 elemento geometrico che tocca in un punto un altro elemento.
2 somma di denaro, percentuale estorta in cambio di illeciti favori; pizzo (gergale).

tànto aggettivo indefinito / pronome indefinito
A aggettivo indefinito
1 così grande, molto, altrettanto; *esempi*: non c'è *tanto* tempo da perdere; vi faccio *tanti* auguri.
2 in correlazione con *quanto* per indicare un'uguaglianza fra due termini; *esempio*: *tanto* bella quanto intelligente.
B pronome indefinito
• (al plurale) molte persone; *esempio*: è uno dei *tanti*.

tappéto sostantivo maschile
• tessuto spesso, per lo più di lana, colorato e lavorato a disegni di vario tipo; si stende sul pavimento o sul tavolo.

tàppo *sostantivo maschile*
• oggetto che serve a chiudere bottiglie o damigiane.

tàra *sostantivo femminile*
☞ deriva da una parola araba che significa *sottrazione*.
• il peso del contenitore della merce; esempio: la *tara* va sottratta al peso lordo per ottenere il peso netto.

taràntola *sostantivo femminile*
• grosso ragno comune nell'Italia meridionale, specialmente nella zona di Taranto, da cui prende il nome.

tàrdi *avverbio*
1 in ritardo; esempio: sei arrivato troppo *tardi*.
2 a tarda ora; esempio: Giulia si è svegliata *tardi*.

tàrga *sostantivo femminile*
• piccola lastra di metallo con iscrizione; esempio: la *targa* automobilistica riporta il numero dell'auto.
📖 plurale: *tàrghe*.

tàrlo *sostantivo maschile*
• nome generico di insetti coleotteri le cui larve vivono nel legno e lo rodono danneggiando alberi e mobili.

tàrma *sostantivo femminile*
• piccola farfalla la cui larva rode i tessuti di lana.
◆ **Sinonimo**: tignola.
ATTENZIONE: spesso **tarlo** e **tarma** si confondono; il tarlo vive nel legno, la tarma nei tessuti e nei frutti.

tartarùga *sostantivo femminile*
☞ deriva da una parola greca che significa *demone del Tartaro* (Inferno) ove Zeus precipitò la ninfa Chelona.
• rettile dei Cheloni, acquatico e con il corpo ricoperto da una robusta corazza.
ATTENZIONE: comunemente si usa tartaruga anche per il rettile simile terrestre che invece si chiama **testuggine**.

tàsca *sostantivo femminile*
• sacchetto cucito all'interno o all'esterno degli abiti.
📖 plurale: *tàsche*.
→MODO DI DIRE: avere le tasche vuote (essere senza soldi).

tàssa *sostantivo femminile*
• quota da versare allo Stato o al Comune o a un altro ente pubblico per il godimento di un servizio; esempi: *tasse* scolastiche; *tassa* di circolazione.

tarantola

TARANTOLA
→MODO DI DIRE

Avere la tarantola: non riuscire a stare fermi, essere agitati.
La **Tarantola** è un ragno velenoso anche se non mortale. Si dice che per curare gli effetti del suo veleno sia stata inventata una lunga danza frenetica chiamata appunto **tarantella**.

tartaruga

TARTARUGA
→MODO DI DIRE

Essere una tartaruga: essere molto lento.

tàsto

TATTO
→ MODO DI DIRE

Avere il tatto di un elefante: mancare di delicatezza.

TAVOLO
→ MODO DI DIRE

Finire sotto il tavolo: ubriacarsi, tanto da cadere dalla sedia.

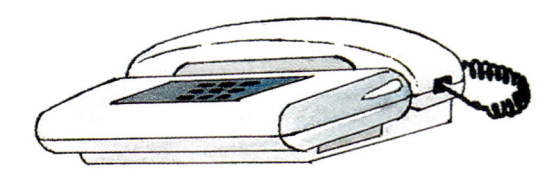

---

telefono

✍ TELEFONO

Apparecchio inventato da **Antonio Meucci** nel 1871 e perfezionato da **Alexander Graham Bell**, in grado di trasformare i suoni in correnti elettriche e viceversa.
L'italiano Meucci, emigrato negli Stati Uniti, aveva brevettato il suo apparecchio nel 1871 ma le precarie condizioni economiche gli avevano impedito di rinnovare il brevetto.
Così quando Bell, uno scozzese trasferitosi in America, depositò il suo brevetto (1876) divenne ufficialmente l'inventore.
La controversia fu risolta dalla Corte Suprema a favore dell'italiano solo nel 1886 ma ormai il telefono di Bell si era imposto sul mercato.

☞ ATTENZIONE: l'**imposta** invece è una quota per servizi di pubblico interesse; *esempio*: *imposta* sui terreni.

tàsto *sostantivo maschile*
• ciascuna delle leve di uno strumento che, toccata, produce un suono (se è uno strumento musicale) o una lettera (se è una macchina per scrivere, la tastiera di un computer, ecc.).

tàtto *sostantivo maschile*
• l'organo di senso che permette di individuare alcune caratteristiche dei corpi per mezzo della pelle.

tàvolo *sostantivo maschile*
• mobile costituito da un piano orizzontale sostenuto da tre o quattro gambe o da una gamba centrale.

tàxi [pronuncia: *tàcsi*] *sostantivo maschile invariabile*
☞ abbreviazione del francese *taximètre* (vettura con tassametro, dal greco *táxis*, tassa e *métron*, costo e quindi *che misura il costo*).
• autovettura per il trasporto a pagamento di persone.
📖 accettabili le voci italianizzate *tassì*, *tassìsta*, *tassàmetro*.

tè *sostantivo maschile invariabile*
☞ è una parola cinese (*té*).
• arbusto delle Teacee e la bevanda che si ricava dalle foglie.
💣 **errate** le forme *thè*, *thea*, *tea*, *thé*.

teàtro *sostantivo maschile*
☞ deriva da un verbo greco che significa *guardare come spettatore*.
• luogo in cui vengono rappresentati spettacoli scenici; *esempio*: la Scala è uno dei più famosi *teatri* italiani.

tècnica *sostantivo femminile*
1 insieme di norme che si devono seguire per esercitare in modo pratico un'attività manuale o intellettuale.
2 attività che mette in pratica le conoscenze scientifiche per creare oggetti o strumenti.
📖 plurale: *tècniche*.

telèfono *sostantivo maschile*
• apparecchio che consente di trasmettere la voce a distanza tramite dei fili.

telenovèla *sostantivo femminile*
• teleromanzo a puntate, originario dell'America Latina.
📖 plurale: *telenovèle*.

telescòpio *sostantivo maschile*
☞ è composto da due parole greche e significa *che vede lontano*.
• strumento ottico che permette di osservare oggetti a grande distanza; è usato per le osservazioni astronomiche.
📖 plurale: *telescòpi*.

televisióne *sostantivo femminile*
• sistema per trasmettere immagini a distanza.
↪ATTENZIONE: il **televisore** è l'apparecchio ricevente.

tèma *sostantivo maschile*
☞ deriva da una parola greca che significa *cosa stabilita*.
• argomento di un discorso o di uno scritto, in particolare componimento scolastico.

temére *verbo transitivo / verbo intransitivo*
A *verbo transitivo*
1 avere paura; ▸*esempio*: *temo* le malattie.
2 aspettare con ansietà un avvenimento sgradevole; ▸*esempio*: Barbara *temeva* di essere bocciata.
B *verbo intransitivo*
• preoccuparsi; ▸*esempio*: *temiamo* per la sorte di Teresa.
📖 indicativo presente 1ª persona singolare: io *témo*.

temperatùra *sostantivo femminile*
☞ deriva da un verbo latino che significa *mescolare in proporzione* (riferito alla lavorazione dei metalli).
• grado di calore di un corpo; anche clima.

tempèsta *sostantivo femminile*
☞ deriva da una parola latina che significa *tempo* (cattivo).
• burrasca, maltempo con forte vento, temporali, piogge torrenziali e sconvolgimento delle acque del mare.

tèmpio *sostantivo maschile*
☞ deriva da una parola latina che significa *spazio celeste circoscritto* (in cui osservare il volo degli uccelli per divinazione).
• edificio consacrato a una divinità.
📖 plurale: *tèmpli* (o *tèmpi*).
↪ si usa soprattutto per gli edifici sacri delle religioni pagane (*tempio pagano*), ma anche per qualche particolare Chiesa (▸*esempio*:*Tempio* di Gerusalemme, da cui anche l'Ordine dei *Cavalieri Templari* o *del Tempio*).

tèmpo *sostantivo maschile*
☞ deriva da una parola latina che propriamente significa

telescopio

⚞ TELEVISIONE

I primi tentativi di trasmettere immagini a distanza per via elettrica sono del 1875.
Ma solo con l'invenzione del tubo catodico (1897) di **F. Braun** si fecero notevoli progressi. Nel 1926 ci fu la prima dimostrazione di **J. L. Baird**.
Nel 1928 iniziarono delle trasmissioni sperimentali negli Stati Uniti ma solo nel 1935 una società tedesca (Fernseh) realizzò un programma televisivo. Nel 1940 ci furono negli Usa trasmissioni a colori giornaliere che furono però perfezionate solo nel 1953.
Nel 1979 fu inventato il primo televisore tascabile.

televisore

tenàglia

tentacolo

termometro

Terra

✎ DIMENSIONI DELLA TERRA

Raggio massimo	6.378 km
Raggio minimo	6.356 km
Circonferenza	40.076 km
Superficie	510.101.000 km²
Volume	1.083.319.780.000 km³

frazione, *attimo* del corso di ogni epoca.
1 il succedersi di istanti; ▻*esempio*: il *tempo* scorre.
2 periodo, arco di tempo; ▻*esempio*: molto *tempo* fa.
3 epoca, età (al plurale); ▻*esempio*: ai *tempi* di Omero
4 condizioni atmosferiche e meteorologiche; clima.

tenàglia *sostantivo femminile*
• arnese formato da due bracci incrociati attorno a un perno.
📖 plurale: *tenàglie*.

tenére *verbo transitivo*
1 stringere tra le mani; ▻*esempio*: *tenere* un gelato.
2 mantenere qualcosa in una posizione; ▻*esempio*: *tenere* le mani in tasca.
📖 indicativo presente 1ª persona singolare: io *tèngo*; futuro: io *terrò*; passato remoto: io *ténni*; imperativo: *tièni*.

tènnis *sostantivo maschile invariabile*
☞ voce inglese che deriva dal grido francese *tenez* (prendete) che accompagnava il lancio della palla.
• gioco di origine inglese tra due o quattro giocatori muniti di racchetta con cui si rimandano una pallina.

tentàcolo *sostantivo maschile*
☞ deriva da un verbo latino che significa *sondare*.
• appendice mobile di alcuni molluschi per muoversi e afferrare la preda; ▻*esempio*: il polpo, il calamaro, la seppia sono muniti di *tentacoli*.

teorìa *sostantivo femminile*
☞ deriva da un verbo greco che significa *osservare*.
• insieme di regole e norme che guidano la realizzazione pratica; ▻*esempi*: la *teoria* copernicana; la *teoria* tolemaica.

termòmetro *sostantivo maschile*
• strumento che misura la temperatura: è un tubetto di vetro ermeticamente chiuso con mercurio all'interno che si dilata con il calore; ▻*esempio*: il primo *termometro* fu costruito da Galileo Galilei nel 1592.
✎ un curioso **termometro a rana** per misurare la temperatura corporea era formato da un tubo pieno di liquido freddo in cui galleggiavano alcune palline di vetro di diversa densità: applicato al braccio del malato le palline più dense andavano a fondo; dal loro numero si deduceva l'intensità dello stato febbrile.

tèrra *sostantivo femminile*
1 il nostro pianeta, il terzo del sistema solare; ▻*esempio*: il

nome del nostro pianeta, *Terra*, si scrive con T maiuscola.
2 suolo, terreno (solo singolare); *esempio*: i rettili strisciano a *terra*.
3 il materiale che costituisce la crosta terrestre; *esempi*: coltivare la *terra*; le piante hanno bisogno di *terra*.
4 proprietà agricola, podere, pezzo di terreno.
5 regione, paese; *esempio*: Giuseppe ritorna nella sua *terra*.

terréno *sostantivo maschile*
1 lo strato più superficiale della superficie terrestre.
2 estensione più o meno ampia di terra; *esempi*: *terreno* fabbricabile; *terreno* fertile; *terreno* a pascolo.

terrìbile *aggettivo*
1 che provoca grande spavento; *esempio*: è scoppiato un incendio *terribile*.
2 (senso figurato) eccezionale; *esempio*: un caldo *terribile*.

terróre *sostantivo maschile*
• grande spavento; *esempio*: Luciana ha *terrore* del buio.
✎ è chiamato **Terrore** il periodo della rivoluzione francese che va dal 3 giugno 1793 al 27 luglio del 1794 dominato dalla dittatura di Robespierre.

tèssera *sostantivo femminile*
☞ deriva da una parola greca che significa *con quattro* (*tèssares*) *angoli*, cioè dado, tavoletta quadrata.
• cartoncino con le generalità e talvolta la fotografia di una persona; dà diritto a particolari servizi; *esempi*: la *tessera* del tram; la *tessera* ferroviaria; la *tessera* del club.

test [ponuncia: *tèst*] *sostantivo maschile invariabile*
☞ è una voce inglese dal latino *testa* (vaso per saggiarvi i metalli).
• prova o insieme di prove; *esempio*: *test* attitudinale.

tèsta *sostantivo femminile*
• parte superiore del corpo degli uomini o degli animali.
◆**Sinonimo**: capo (in genere solo riferito all'uomo).

testaménto *sostantivo maschile*
• documento scritto in cui una persona dispone dei propri beni e stabilisce chi li eredierà dopo la sua morte.
✐ATTENZIONE: le due parti della Bibbia, **Antico** e **Nuovo Testamento**, significano antica e nuova **Alleanza**.

tèsto *sostantivo maschile*
1 contenuto di uno scritto; *esempio*: il *testo* della lettera.

TERRENO
→MODI DI DIRE

Tastare il terreno: cercare di capire le intenzioni di qualcuno o le condizioni di una certa situazione.
Terreno minato: situazione pericolosa.
Restare sul terreno: morire in battaglia.
Sentirsi mancare il terreno sotto i piedi: sentirsi perduti.

testa

TESTA
→MODI DI DIRE

A testa alta: con la coscienza tranquilla.
A testa bassa: senza guardare.
Avere la testa tra le nuvole: essere molto distratti.
Fare una testa così: insistere su un determinato argomento in modo ossessivo.
Testa quadra: persona testarda.
Testa di rapa: persona sciocca.
Testa calda: persona impulsiva.
Piegare la testa: sottomettersi.
Lavata di testa: rimprovero.

tétto

2 opera letteraria di valore; esempio: i *testi* sacri.

tétto *sostantivo maschile*
1 copertura di un edificio; esempio: *tetto* a cupola.
2 (senso estensivo) parte superiore di qualcosa; esempio: il *tetto* dell'auto.

tìfo *sostantivo maschile*
☞ deriva da una parola greca che significa *febbre inebriante*.
1 grave malattia infettiva, spesso letale.
2 entusiasmo per una squadra sportiva o un campione.

tìgre *sostantivo femminile*
• mammifero carnivoro dei Felini che vive in Asia meridionale e in India.

tìmbro *sostantivo maschile*
1 strumento che serve per imprimere bolli; il bollo stesso; esempio: i francobolli sono annullati dal *timbro* postale.
2 intonazione della voce; esempio: un *timbro* roco di voce.

tìmido *aggettivo*
☞ deriva da un verbo latino che significa *temere*.
• di persona che è incerta, insicura, esitante.

timóne *sostantivo maschile*
• dispositivo che consente alle imbarcazioni e ai velivoli la direzione voluta; nelle navi è generalmente posto a poppa.

tìngere *verbo transitivo*
• dare un colore diverso da quello precedente.
📖 indicativo presente 1ª persona singolare: io *tìngo*; passato remoto: io *tìnsi*, tu *tingésti*, egli *tìnse*, noi *tingémmo*, voi *tingéste*, essi *tìnsero*.

tìpo *sostantivo maschile*
☞ deriva da una parola greca che significa *impressione*.
1 forma esemplare; impronta da cui derivano le copie successive; esempio: il *tipo* di una moneta.
2 modello astratto cui ricondurre determinati oggetti; esempio: lavori di *tipo* artigianale.
3 persona di una categoria particolare; esempio: Giacomo è il *tipo* del bugiardo.

tiràre *verbo transitivo / verbo intransitivo*
A *verbo transitivo*
1 attrarre verso di sé; esempio: *tirare* i remi in barca.
2 trascinare, trainare; esempio: il carro *era tirato* da buoi.

tigre

🐾 TIGRE

La Tigre (*Panthera tigris*) ha un mantello caratteristico e unico tra i Felini: a striature più o meno lunghe. Il colore varia molto secondo l'habitat in cui vive (Asia centrale, Sumatra, Borneo, Siberia orientale). Predilige comunque zone boschive e umide, vicino ai corsi di grandi fiumi. La **Tigre siberiana**, con mantello chiaro e folto in inverno, è la sottospecie più grossa e il più grande dei Felini: alcuni esemplari possono raggiungere i 300 kg e misurare dalla testa al tronco quasi 3 m.

TIRARE
→MODI DI DIRE

Tirare le somme: arrivare a una conclusione.
Tirarsi indietro: cambiare idea, rimangiarsi una promessa.

3 lasciar cadere; ☞*esempio*: *tirare* i dadi per giocare.
B *verbo intransitivo*
1 procedere, continuare; ☞*esempio*: *tiriamo* avanti.
2 si dice del vento che soffia; ☞*esempio*: *tira* un forte vento.

tìtolo *sostantivo maschile*
1 nome di un libro, di un film, ecc.
2 appellativo che spetta di diritto a qualcuno per merito; ☞*esempi*: *titolo* professionale; *titolo* nobiliare.

toast [pronuncia: *tòst*] *sostantivo maschile invariabile*
☞ deriva da un verbo inglese che significa *abbrustolire*.
• pane tostato e farcito con prosciutto e formaggio.

toccàre *verbo transitivo*
1 accostare la mano a qualcosa e sfiorare leggermente.
2 raggiungere un punto con una estremità; ☞*esempio*: qui l'acqua del lago è bassa, Paolo *tocca* il fondo.
3 (senso estensivo e specialmente in frasi negative) usare; ☞*esempio*: non *toccare* i miei libri.
📖 indicativo presente 1ª persona singolare: io *tócco*.

tògliere *verbo transitivo*
1 spostare, rimuovere, portare via.
2 sottrarre, detrarre; ☞*esempio*: da 12 devi *togliere* 6.
📖 indicativo presente 1ª persona singolare: io *tòlgo*.

tómba *sostantivo femminile*
• luogo di sepoltura; sepolcro, loculo, fossa; ☞*esempio*: Stefano è stato sepolto nella *tomba* di famiglia.

tómbola *sostantivo femminile*
• gioco che consiste nell'estrarre a sorte dei numeri compresi tra 1 e 90 da segnare su apposite cartelle; ☞*esempio*: fare *tombola* significa riempire tutte le caselle della cartella.

tonnellàta *sostantivo femminile*
☞ deriva da una parola spagnola che significa *barile* (*tónel*), unità di misura del peso delle navi.
• misura di peso pari a 1.000 chilogrammi.

tónno *sostantivo maschile*
• grosso pesce di mare degli Scombridi.

tòno *sostantivo maschile*
☞ deriva da una parola greca che significa *tensione di una corda, suono*.
1 volume del suono della voce.

TOGLIERE
→PROVERBI

Dove non ce n'è, nessuno toglie.
A chi non ha niente, il Re non può togliere niente.

TOMBA
→MODI DI DIRE

Essere una tomba: detto di locale lugubre (riferito a una stanza); non parlare (riferito a una persona).
Seguire nella tomba: morire poco tempo dopo qualcuno.

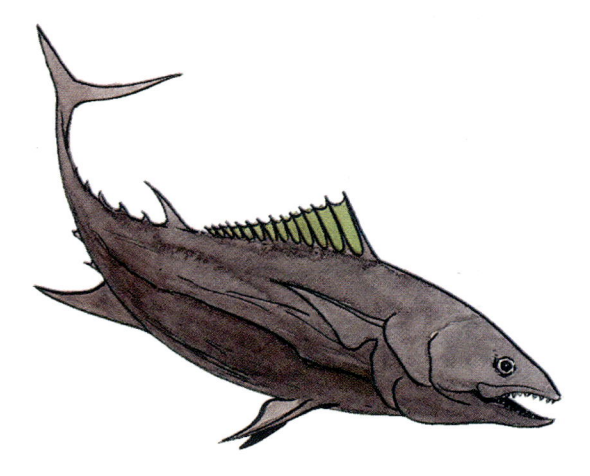

tonno

TONNO
→MODO DI DIRE

Fare la figura del tonno: rimanere fregato stupidamente; anche, essere una persona molto ingenua.

topo

Toro (segno zodiacale)

TORTURA
→DETTO CELEBRE

Il mezzo sicuro di assolvere i robusti scellerati, e di condannare i deboli innocenti.

Cesare Beccaria

TORTA
→MODO DI DIRE

Fare una torta: accordarsi con qualcuno per dividere vantaggi, spesso illeciti.
Dividersi la torta: dividersi guadagni (soprattutto illeciti); spartirsi il potere (in modo poco onesto).
Variante: **spartirsi la torta**.

---

2 modulazione, espressione della voce; *esempio*: mi parlò con *tono* cortese e gentile.
3 colore, sfumatura di colore.

tòpo *sostantivo maschile*
• nome generico di molti piccoli roditori dei Muridi.

tòrcia *sostantivo femminile*
• grossa fiaccola di funi intrisa di resina.
📖 plurale: *tòrce*.

tornàre *verbo intransitivo*
1 andare di nuovo nel luogo da cui si è partiti.
2 ripresentarsi, ricomparire; *esempio*: gli *è tornata* la febbre.
📖 indicativo presente 1° persona singolare: io *tórno*.

tornèo *sostantivo maschile*
• gara con prove eliminatorie; *esempio*: *torneo* di scacchi.
✎ nel Medioevo era uno spettacolo d'armi con combattimento fra cavalieri.

tòro *sostantivo maschile*
1 maschio della mucca destinato alla riproduzione.
2 secondo segno dello Zodiaco (21 aprile-21 maggio).

tórre *sostantivo femminile*
• costruzione alta e stretta eretta a scopo di difesa.

torrènte *sostantivo maschile*
• corso d'acqua montana con portata variabile nel corso dell'anno perché alimentato dalle piogge.

torróne *sostantivo maschile*
• dolce duro e croccante con miele, mandorle, zucchero.

tórta *sostantivo femminile*
☞ deriva forse da un verbo latino (*torquere*) che significa *torcere*, e quindi *pasta ritorta*.
• dolce rotondo cotto al forno.

tortùra *sostantivo femminile*
☞ deriva da un verbo latino (*torquere*) che significa *torcere*.
• tormento fisico che si infliggeva agli imputati per farli confessare.

tósse *sostantivo femminile*
• espirazione violenta per irritazione delle vie respiratorie.

tòssico (1) *aggettivo*
☞ deriva da una parola greca che significa *freccia* perché si intendeva *sostanza velenosa per la freccia*.
• nocivo, velenoso; *esempio*: la nicotina è *tossica*.

tòssico (2) *sostantivo maschile*
• drogato, tossicomane.
📖 è accorciativo e voce gergale per tossicodipendente; femminile: *tòssica*; plurale maschile: *tòssici*.

totàle *aggettivo / sostantivo maschile*
A *aggettivo*
• intero, completo; *esempio*: è stata una *totale* sconfitta.
B *sostantivo maschile*
• il risultato di un'addizione; somma.

tòtem *sostantivo maschile invariabile*
☞ voce algonchina (tribù di indigeni nordamericani).
• animale, pianta o oggetto ritenuto sacro in quanto capostipite della tribù.

tràccia *sostantivo femminile*
1 serie di impronte lasciate sul terreno da qualcuno.
2 (senso figurato) segno, indizio; *esempio*: l'assassino non ha lasciato alcuna *traccia*.
📖 plurale: *tràcce*.

tradiménto *sostantivo maschile*
☞ deriva da un verbo latino che significa *consegnare* (*al nemico*).
• il venire meno a un impegno o a un dovere.
⚠ ATTENZIONE: nella Costituzione italiana è **alto tradimento** qualsiasi atto che attenti alla sicurezza della Patria.

tradizióne *sostantivo femminile*
☞ deriva da un verbo latino (lo stesso di tradimento, *tradere*) che significa *consegnare* (*ai posteri*).
• insieme di usanze e costumi tramandati nel tempo; *esempio*: è tradizione gettare chicchi di riso agli sposi.

tradùrre *verbo transitivo*
☞ deriva da un verbo latino che significa *far passare*.
• volgere un testo o un discorso da una lingua all'altra.
📖 indicativo presente 1ª persona singolare: io *tradùco*.

tràffico *sostantivo maschile*
1 commercio illecito; *esempio*: *traffico* di droga.
2 movimento di veicoli e di persone.

totem

TRADIMENTO
→DETTO CELEBRE

Amo il tradimento ma odio il traditore.
Cesare

TRADURRE / TRADUTTORE
→DETTI CELEBRI

Non è necessario conoscere una lingua per tradurla, perché si traduce solo per persone che non la conoscono.
Diderot

I traduttori sono pagati male e traducono peggio.
Gramsci

trafóro *sostantivo maschile*
• opera di scavo di una galleria in una montagna; *esempi*: il *traforo* del Sempione; il *traforo* del Cenisio.

tragèdia *sostantivo femminile*
☞ deriva da una parola greca che significa canto (*odè*) del capro (*tràgos*).
1 opera teatrale drammatica.
2 (senso estensivo) avvenimento luttuoso; *esempio*: la guerra è sempre una *tragedia*.
✍ la **tragedia** nacque in Grecia nel VI secolo a.C. come genere sacro legato soprattutto al culto del dio Dioniso.

traghétto *sostantivo maschile*
• imbarcazione speciale che trasporta da una sponda all'altra passeggeri, veicoli e talvolta carrozze ferroviarie.

tragìtto *sostantivo maschile*
• percorso, cammino da compiere.
◆**Sinonimi**: strada, viaggio, via.

traguàrdo *sostantivo maschile*
• linea d'arrivo di una gara; *esempio*: tagliare il *traguardo*.

tram *sostantivo maschile invariabile*
☞ deriva dall'inglese *tram* (veicolo) e *way* (via).
• veicolo su rotaie per il trasporto di persone.
📖 è la forma abbreviata di *tranvai*.

tràma *sostantivo femminile*
1 insieme dei fili che compongono l'orditura di un tessuto.
2 (senso figurato) l'insieme dei fatti di un romanzo, di un racconto, di un film.

tramontàna *sostantivo femminile*
• vento freddo che soffia dal Nord.
→MODO DI DIRE: perdere la tramontana (non raccappezzarsi più), secondo l'uso antico di seguire, nella navigazione, la Stella Polare, detta *tramontana* perché segna il Nord.

tramónto *sostantivo maschile*
• il momento in cui il Sole cala al di sotto dell'orizzonte.

trampolìno *sostantivo maschile*
• pedana per prendere lo slancio e tuffarsi.

tranèllo *sostantivo maschile*
• azione compiuta deliberatamente per trarre in inganno.

TRAGEDIA
→DETTI CELEBRI

Tutte le tragedie finiscono con una morte, tutte le commedie con un matrimonio.
Byron

Ammazzare il tempo è forse l'essenza della commedia, mentre l'essenza della tragedia è ammazzare l'eternità.
Unamuno

Una tragedia non basta ad occupare le ore troppo lunghe, ci vuole dopo la farsa.
Nievo

✍ TRAM

Il primo servizio pubblico di vetture fu istituito a Parigi nel 1600 da Nicolas Sauvage. Serviva per trasportare i pellegrini al santuario di Saint Fiacre de Brie. Pochi anni dopo il filosofo e scienziato Blaise Pascal ottenne di poter allestire alcune vetture pubbliche per trasportare i cittadini da un quartiere all'altro della città. Alle vetture fu dato il nome di omnibus, parola latina che significa *per tutti*. Nella seconda metà del secolo XIX vennero introdotte rotaie per dare agli omnibus una propria via di scorrimento: furono chiamate tranvie. I primi tentativi per trainare gli omnibus con la forza vapore iniziarono negli Stati Uniti nel 1870.

TRAMPOLINO
→MODO DI DIRE

Trampolino di lancio: piccolo successo che può costituire un punto di partenza per migliorare una situazione.

◆*Sinonimi*: trappola, trabocchetto, gherminella.

trànne *preposizione*
• eccetto, all'infuori di, salvo; *esempio*: tutti, *tranne* Stefano, furono invitati alla festa di compleanno di Silvio.

tranquìllo *aggettivo*
1 che è calmo e silenzioso; *esempio*: una strada *tranquilla*.
2 che non presenta problemi; *esempio*: un lavoro *tranquillo*.

transatlàntico *sostantivo maschile*
• grossa nave mercantile per viaggi oceanici.

transitìvo *aggettivo*
• verbo la cui azione si compie su un oggetto; *esempio*: io leggo un libro; leggere è un verbo *transitivo* e l'azione di leggere si compie sul libro.

tràpano *sostantivo maschile*
• strumento con punta durissima in acciaio per forare legno, metallo, pietra, ecc.

trapèzio *sostantivo maschile*
☞ deriva da una parola greca che significa *tavoletta*.
1 figura geometrica di quattro lati di cui due sono paralleli tra loro (le basi).
2 attrezzo per esercizi acrobatici.
📖 plurale: *trapèzi*.

trapiantàre *verbo transitivo*
1 estrarre una pianta con tutte le sue radici dal vivaio e collocarla nel terreno.
2 trasportare un organo da una persona ad un'altra o un tessuto da una parte all'altra dell'organismo; *esempi*: *trapiantare* il cuore; *trapiantare* un rene.
📖 indicativo presente 1ª persona singolare: io *trapiànto*.

tràrre *verbo transitivo*
1 portare, condurre; *esempio*: venne *tratto* in inganno.
2 cavare, estrarre; *esempio*: *trasse* la mano di tasca.
3 ricavare; *esempio*: ho *tratto* un discreto guadagno.
📖 indicativo presente: io *tràggo*, tu *trài*, egli *tràe*, noi *traiàmo*, voi *traéte*, essi *tràggono*; passato remoto: io *tràssi*, tu *traésti*, egli *tràsse*, noi *traémmo*, voi *traéste*, essi *tràssero*.

trascinàre *verbo transitivo*
1 tirare una cosa facendola strisciare per terra; *esempio*: *trascinare* una grossa scatola.

📖 **TRANSITIVO**

Nella frase *Giorgio beve una birra* l'azione del verbo (beve) si completa nel complemento oggetto (una birra). Tutti i verbi che possono avere tali complementi si chiamano *transitivi* (dal latino *transire*, passare) poiché l'azione passa dal soggetto al complemento oggetto che la riceve.

TRANQUILLO
◆*Sinonimi*

1 impassibile, pacifico, placido, pacato, posato, quieto, sereno.
2 semplice, facile, riposante, comodo.

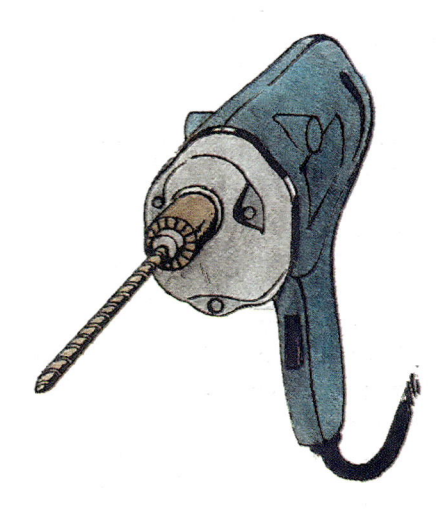

trapano

TRAPEZIO

Nel **trapezio isoscele** sono uguali i lati non paralleli (obliqui); nel **trapezio rettangolo** uno di essi è perpendicolare alla base.

trascórrere

trattore

TREMARE
◆ *Sinonimi*

Rabbrividire, battere i denti (per freddo o paura), sussultare, fremere, palpitare (significato figurato), avere paura, spaventarsi, tremolare (di luce), essere mosso (di aria), vibrare (di cosa), essere discontinuo (di suono), appannarsi (di vista), tremolare (per il vento).

TREMARE
→ MODI DI DIRE

Tremare come una foglia: tremare intensamente per il freddo o la paura. Variante: **tremare come una canna**.
Far tremare: incutere grande timore.

---

2 (senso figurato) conquistare; *esempio*: le sue parole hanno il potere di *trascinare* gli ascoltatori.
📖 indicativo presente 1ª persona singolare: io *trascìno*.

trascórrere *verbo intransitivo*
• il passare del tempo; *esempio*: il tempo *trascorre* veloce.
📖 indicativo presente 1ª persona singolare: io *trascórro*. Vuole l'ausiliare *essere*.

trascrìvere *verbo transitivo*
• copiare uno scritto; *esempio*: *trascrivi* il compito in bella.
📖 indicativo presente 1ª persona singolare: io *trascrìvo*.

trascuràre *verbo transitivo*
1 non curare, non darsi pensiero; *esempio*: non trascurare lo studio della geografia!
2 tralasciare, omettere; *esempio*: in quel conto *hai trascurato* il calcolo dei decimali.
📖 indicativo presente 1ª persona singolare: io *trascùro*.

trasfusióne *sostantivo femminile*
• immettere nelle vene di una persona sangue e plasma.

trasparènte *aggettivo*
• corpo che lascia passare la luce; *esempi*: cristallo *trasparente*; vetro *trasparente*.

trattàre *verbo transitivo*
1 discutere, parlare o scrivere di un argomento; *esempio*: il medico, alla conferenza, *ha trattato* della droga.
2 comportarsi in un certo modo con una persona; *esempio*: mi *hanno trattato* veramente male.
📖 indicativo presente 1ª persona singolare: io *tràtto*.

trattóre *sostantivo maschile*
• veicolo con ruote speciali o cingoli che può trainare altri veicoli, specialmente macchine agricole.

tràuma *sostantivo maschile*
☞ deriva da una parola greca che significa *ferita*.
• lesione violenta e improvvisa provocata da una causa esterna; *esempio*: *trauma* cranico.
📖 plurale: *tràumi*.
✐ il **trauma psichico** è una alterazione della mente dovuta a una forte emozione.

tremàre *verbo intransitivo*
• essere scosso da brevi movimenti nervosi causati da freddo,

paura o emozioni.
📖 indicativo presente 1ª persona singolare: io *trèmo*.

trèno *sostantivo maschile*
• convoglio di carrozze e carri ferroviari trainati sui binari da una locomotiva.

triàngolo *sostantivo maschile*
• figura geometrica con tre lati e tre angoli.

tribù *sostantivo femminile invariabile*
• gruppo sociale di più famiglie legate da vincoli di sangue.
✎ la suddivisione in tribù era tipica delle popolazioni antiche e di alcune culture primitive moderne.

tricolóre *aggettivo / sostantivo maschile*
A *aggettivo*
• che ha tre colori.
B *sostantivo maschile*
• la bandiera italiana.

trifòglio *sostantivo maschile*
• pianta delle Papilionacee con foglie composte ognuna di tre foglie.

trìste *aggettivo*
1 che non è lieto; malinconico, addolorato.
2 che provoca tristezza e malinconia; *esempio*: un paesaggio *triste* e malinconico.

trómba *sostantivo femminile*
• strumento musicale a fiato, costituito da un tubo di ottone con valvole e pistoni.
☞ATTENZIONE: la **tromba d'aria** è una violenta tempesta con una nube a forma di imbuto: se si abbatte sul mare forma una colonna di acqua detta **tromba marina**; la **tromba delle scale** è il vano attorno a cui ruota la scala di un edificio a più piani; la **tromba di Eustachio** è un condotto dell'orecchio; le **trombe di Falloppio** sono un condotto dell'utero.

tròno *sostantivo maschile*.
• seggio per sovrani, papi, imperatori.

tròpico *sostantivo maschile*
☞ deriva da una parola greca che significa *rivolgimento* (circolo del rivolgimento).
• ciascuna delle due linee immaginarie poste una al di sopra e l'altra di sotto dell'equatore.

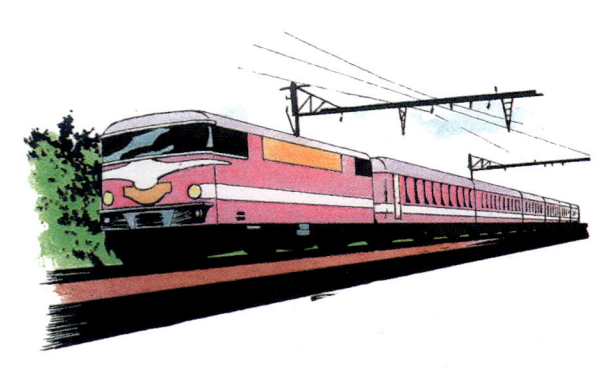

treno

✎ TRENO

La prima locomotiva a vapore fu costruita in Inghilterra nel 1803 da **Richard Trevithick**.

tromba

✎ TROPICO

Il **tropico del Cancro** è al di sopra dell'Equatore e il **tropico del Capricorno** è al di sotto.

tuffarsi

tuta da ginnastica (casacca)

tròta *sostantivo femminile*
• pesce dei Salmonidi che vive nei fiumi e nei laghi.

trovàre *verbo transitivo*
1 ritrovare, scovare dopo una ricerca qualcosa di nascosto.
2 escogitare qualcosa; *esempio*: *ho trovato* il rimedio!
3 conseguire; *esempio*: non *ho trovato* soddisfazione.
📖 indicativo presente 1ª persona singolare: io *tròvo*.

tuffàrsi *verbo riflessivo*
• lanciarsi in acqua con un balzo; *esempio*: Giancarlo *si tuffò* dal trampolino.
📖 indicativo presente 1ª persona singolare: io *mi tùffo*.

tulipàno *sostantivo maschile*
☞ deriva da una parola turca che significa *turbante* (per la somiglianza della forma).
• pianta delle Gigliacee dai fiori di vari colori.
✎ il tulipano, originario dell'Oriente, fu introdotto in Europa nel sec. XVI.

tuòno *sostantivo maschile*
• il fragore che accompagna il fulmine, dovuto all'urto delle masse d'aria separate con forza dalle scariche elettriche dell'atmosfera.
ATTENZIONE: il tuono e il fulmine si producono contemporaneamente, ma il tuono si sente un po' dopo per la diversa velocità del suono (331 m al secondo) rispetto alla luce (300.000 km al secondo).

tuòrlo *sostantivo maschile*
☞ deriva da una parola latina che significa *protuberanza*.
• la parte giallo-rossa dell'uovo, ricca di sostanze nutritive.
ATTENZIONE: la parte bianca in cui è immerso il tuorlo si chiama **albume**.

tùta *sostantivo femminile*
• indumento composto di camicia e pantaloni, talvolta uniti in un solo pezzo, che si indossa per attività di lavoro o sportive; *esempi*: *tuta* mimetica; *tuta* da ginnastica.

tùtto *aggettivo indefinito / pronome indefinito*
A *aggettivo indefinito*
• riferito a un sostantivo singolare indica la totalità; a uno plurale la totalità di persone o cose nel loro insieme.
B *pronome indefinito*
• ogni cosa, la totalità delle persone (con valore neutro e indeterminato); *esempio*: erano tutti *presenti*.

TUTTO
→ MODO DI DIRE

Pensarle tutte: pensare e cercare di mettere in pratica tutte le soluzioni possibili, anche le più azzardate, per uscire da una situazione difficile.
Variante: **inventarle tutte**.

u U *sostantivo femminile* o *maschile invariabile*
• ventunesima lettera dell'alfabeto italiano; vocale.

ubbidìre o **obbedìre** *verbo intransitivo*
• eseguire gli ordini, ascoltare i comandi o i suggerimenti.
📖 indicativo presente 1ª persona singolare: io *ubbidìsco*.

ubriàco o **ubbriàco** *aggettivo*
• che ha bevuto troppo vino o alcolici.
◆**Sinonimi**: ebbro, brillo, sbronzo, avvinazzato.

uccèllo *sostantivo maschile*
• animale con il corpo ricoperto di piume e penne, provvisto di becco e ali che gli permettono di volare; *esempio*: gli →*Uccelli* appartengono alla classe dei Vertebrati.

uccìdere *verbo transitivo*
☞ deriva da un verbo latino che significa *fare a pezzi*.
1 privare della vita. *esempio*:*uccidere* un nemico in guerra.
2 (senso figurato) distruggere, rovinare.
📖 indicativo presente di 1ª persona singolare: io *uccìdo*.

udìto *sostantivo maschile*
• uno dei cinque sensi, con il quale si percepiscono i suoni; *esempio*: l'orecchio è un organo dell'*udito*.

ufficiàle (**1**) *aggettivo*
1 di cosa autorizzata e convalidata da un ufficio o da persona che ha l'autorità per farlo; *esempio*: la notizia è *ufficiale*.
2 che avviene in modo solenne e pubblico; *esempio*: una premiazione *ufficiale*.

ufficiàle (**2**) *sostantivo maschile*
1 militare che ricopre un grado.

U

Ū NEGLI ALTRI ALFABETI

egizio	cuneiforme
fenicio	greco
arabo	russo

Uccelli

ufficio

UFO

☞ **UFO**

È la sigla dell'inglese **U**(nidentified) **F**(lying) **O**(bject), cioè oggetto volante non identificato.
Lo studio di questo fenomeno si chiama **ufologia**.

ultrà

UNGHIA
→MODO DI DIRE

Avere le unghie lunghe: essere un ladro.

2 chi ricopre un incarico pubblico; *esempi*:*ufficiale* giudiziario; *ufficiale* sanitario; *ufficiale* postale.

ufficio *sostantivo maschile*
1 la carica di un funzionario; *esempio*:*ufficio* di pretore.
2 il locale in cui si svolge una determinata attività; *esempio*: papà nel suo *ufficio* ha due segretarie.

ÙFO *sostantivo maschile*
• oggetto volante, presumibilmente alieno, non identificato.

uguàle *aggettivo*
• che non si differenzia da un altro; *esempio*: i due gemelli sono *uguali* anche nel modo di parlare.
◆**Sinonimo**: identico. ◆**Contrario**: differente.

ùltimo *aggettivo*
☞ deriva dal superlativo del latino *ultra* (al di là).
1 che viene dopo tutti gli altri; *esempio*: l'*ultimo* giorno dell'anno è il 31 dicembre.
2 recente, nuovissimo; *esempio*: le *ultime* notizie.

ultrà *sostantivo maschile* e *femminile*
• tifoso, sostenitore fanatico (prima indicava un estremista politico).
📖 plurale: *ùltra* o *ultrà* o *ultràs*.
✎ è l'abbreviazione di *ultra-royaliste*, termine con cui si chiamavano in Francia, nel periodo della Restaurazione (1815-1830), i sostenitori fanatici della monarchia assoluta.

ùmile *aggettivo*
☞ deriva da una parola latina che significa *terra* (*humus*).
• modesto, semplice, che non pecca di superbia.

umóre *sostantivo maschile*
1 liquido presente negli organismi viventi; *esempio*: la linfa delle piante è un *umore*.
2 stato d'animo, indole; *esempio*: è di buon *umore*.
✎ l'antica medicina riteneva presenti nell'uomo **quattro umori** fondamentali (sangue, bile gialla, bile nera, flegma), responsabili della salute e del carattere di ciascuno.

ùngere *verbo transitivo*
• spalmare, cospargere di olio o altra materia grassa.
📖 indicativo presente 1ª persona singolare: io *ùngo*.

ùnghia *sostantivo femminile*
• parte dura, cornea, che riveste l'estremità delle dita.

ùnico *aggettivo*
1 che, nel suo genere, è solo; esempi: è un esemplare *unico*; figlio *unico*.
2 che non ha l'uguale per valore: eccezionale; esempio: è uno scrittore davvero *unico*.
📖 plurale maschile: *ùnici*.

unifórme (1) *aggettivo*
• che ha la stessa forma in ogni sua parte; esempio: una superficie *uniforme*.

unifórme (2) *sostantivo femminile*
• abito uguale per tutti i membri di una categoria; divisa; esempi: *uniforme* dei carabinieri; *uniforme* dei marinai.

unióne *sostantivo femminile*
1 collegamento di più cose.
2 (senso figurato) intesa; esempio: l'*unione* fa la forza.
3 accordo per collaborare, collaborazione; esempio: *unione* monetaria europea.

unità *sostantivo femminile*
1 qualità o condizione di ciò che è uno, indivisibile.
2 insieme di più individui in un tutto omogeneo; esempio: l'*unità* della famiglia.
3 grandezza assunta come paragone rispetto alla quale vengono misurate altre grandezze della stessa specie; esempi: *unità* di tempo; *unità* di peso; *unità* di volume.

università *sostantivo femminile invariabile*
• scuola superiore, il più alto grado degli studi.

univèrso *sostantivo maschile*
• l'insieme di tutte le cose esistenti; il cosmo.

uòmo *sostantivo maschile*
1 essere umano; esempio: l'*uomo* è un mammifero.
2 individuo di sesso maschile, adulto.
📖 plurale: *uòmini*.

uòvo *sostantivo maschile*
• cellula tondeggiante, deposta dagli uccelli, dai pesci e da altri animali (Ovipari), da cui si sviluppa un nuovo organismo.
📖 plurale: *le uòva* (diventa femminile).

uragàno *sostantivo maschile*
☞ è il nome del dio del mare per gli indigeni delle Antille.
• bufera con violente raffiche di vento, oltre i 100 km orari.

🕮 UNITÀ DI MISURA

fondamentali

	simbolo
metro (lunghezza)	m
chilogrammo (massa)	kg
secondo (tempo)	s
ampere (corrente elettrica)	A
kelvin (temperatura)	K
mole (quantità di sostanza)	mol
candela (intensità luminosa)	cd

derivate

metro quadrato (area)	m^2
metro cubo (volume)	m^3
metro al secondo (velocità)	m/s
watt (potenza)	W
grado Celsius (temperatura)	°C
volt (potenziale elettrico)	V
cavallo-vapore (potenza)	CV
grammo (massa)	g
litro (volume)	l
newton (forza)	N
pascal (pressione)	Pa
joule (lavoro; energia)	J
ohm (resistenza elettrica)	Ω
micron (lunghezza)	μm
chilometro orario (velocità)	km/h

UOVO
→MODO DI DIRE

Rompere le uova nel paniere: rovinare i progetti di qualcuno.

uovo

urgènte

232

USCIRE
→ MODO DI DIRE

Uscire dai gangheri: arrabbiarsi. Immagine che ricorda la porta che esce dai suoi sostegni. I *gangheri* sono gli arpioni di ferro che rendono scorrevole una porta.

uva

✍ TIPI DI UVA
(vitigni)

Aglianico (Campania)
Barbera (Piemonte)
Brunello di Montalcino (Toscana)
Cabernet (Trentino)
Cannonau (Sardegna)
Dolcetto (Piemonte)
Freisa (Piemonte)
Grignolino (Piemonte)
Lambrusco (Emilia)
Malvasia punteggiata (Lazio)
Nebbiolo (Piemonte)
Pinot (Trentino)
Prosecco (Veneto)
Tocai (Friuli)

Dal nome di questi *vitigni* (varietà di vite coltivata in una determinata zona) derivano spesso i nomi dei vini.

---

urgènte *aggettivo*
• che deve essere fatto subito.
◆ *Sinonimi*: sollecito, immediato.

urlàre *verbo intransitivo*
• lanciare forti grida; gridare; *esempio*: urlare per la rabbia.
📖 indicativo presente 1ª persona singolare: io *ùrlo*. Talvolta lo si usa come *transitivo* con il senso di *cantare a voce piena* o *dire a voce molto alta*.
Vuole l'ausiliare *avere*.

uscìre *verbo intransitivo*
1 andare o venire fuori da un luogo chiuso.
2 fuoriuscire di cosa; *esempio*: l'acqua *esce* dalla vasca.
3 venire pubblicato; *esempio*: la rivista *esce* ogni settimana.
4 risolvere una situazione difficile come una malattia.
📖 indicativo presente: io *èsco*, tu *èsci*, egli *èsce*, noi *usciàmo*, voi *uscìte*, essi *èscono*; passato remoto: io *uscìi*; come regola le voci con il tema accentato fanno *esc-*, quelle con l'accento sulla desinenza fanno *usc-*.
Vuole l'ausiliare *essere*.

usignòlo *sostantivo maschile*
• piccolo uccello dei Passeriformi dal canto melodioso.

usùra (1) *sostantivo femminile*
• eccessivo interesse richiesto sui prestiti di denaro.

usùra (2) *sostantivo femminile*
• consumo, logorio dovuto all'uso continuato di un oggetto.

utensìle *sostantivo maschile*
• qualsiasi attrezzo usato per lavoro; *esempio*: le pinze, il martello, il trapano, il cacciavite sono *utensili*.
● è errore: *utènsile* (tollerato da alcuni grammatici solo se usato come aggettivo).

utènte *sostantivo maschile*
☞ è il participio presente del verbo latino *uti* (usare).
• chi si serve di un determinato servizio, per lo più pubblico; *esempio*: chi ha un telefono è *utente* della Telecom (ex Sip).

ùtile *aggettivo*
1 che può servire in caso di bisogno.
2 vantaggioso; *esempio*: mi hai dato un consiglio *utile*.

ùva *sostantivo femminile*
• frutto a grappolo della vite.

V

v V *sostantivo femminile o maschile invariabile*
• ventiduesima lettera dell'alfabeto italiano; consonante (fino al XVI secolo era una semiconsonante, variante grafica della *u*).
✍ simboli: **V** (volt); **v** (volume); **v** (verso); **V** (Città del Vaticano); **v** (vedi, confronta).

vacànza *sostantivo femminile*
☞ deriva da un verbo latino che significa *essere vuoto* o *libero*.
• periodo in cui non si lavora e scuole e uffici sono chiusi; *esempio*: le *vacanze* di Natale.

vaccinazióne *sostantivo femminile*
☞ deriva dal francese *vaccination*, dal verbo *vacciner* (vaccinare).
• inoculazione nell'organismo di batteri o virus che rendono immuni da determinate malattie infettive; *esempio*: *vaccinazione* antitetanica.

valànga *sostantivo femminile*
• massa di neve che si stacca dalle vette e precipita lungo il pendio ingrossandosi e travolgendo ciò che incontra.
📖 plurale: *valànghe*.

valìgia *sostantivo femminile*
☞ forse da una parola araba che significa *sacco per il grano*.
• cassetta da viaggio portatile con serrature e cinghie.
📖 plurale: *valìgie* o *valìge*.

valóre *sostantivo maschile*
1 prezzo, costo; *esempio*: un oggetto di poco *valore*.
2 abilità, bravura di qualcuno; *esempio*: è un medico di grande *valore*.
3 eroismo, soprattutto in guerra; *esempio*: meritare una medaglia al *valore*.

V NEGLI ALTRI ALFABETI

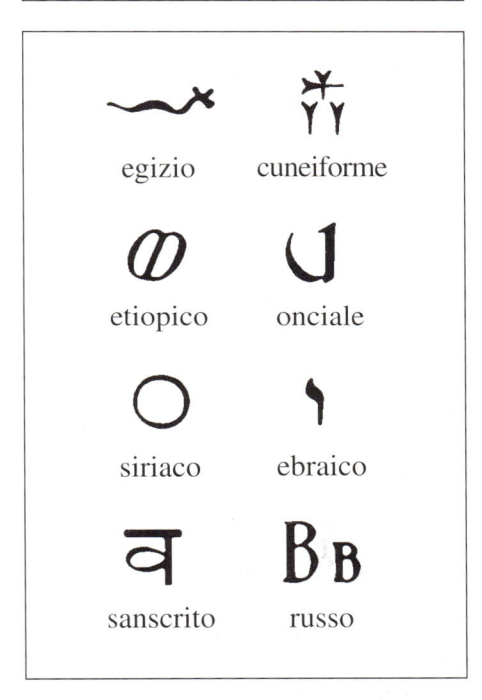

egizio	cuneiforme
etiopico	onciale
siriaco	ebraico
sanscrito	russo

valigie

vampìro

vampiro

📖 **VAMPIRO**
(film mitici)

Nosferatu (1922)
Dracula (1931)
Vampyr (1932)
L'orrore di Dracula (1958)
Nosferatu, il principe della notte (1979)

☞ **VANGELO**

Deriva dal greco *euanghélion* (buona novella). I Vangeli sono 4: **Matteo**, **Marco**, **Luca**, **Giovanni**. I primi tre sono detti *sinottici* (hanno cioè elementi comuni).

---

vela

---

4 importanza di qualche cosa; *esempio*: i *valori* più alti sono quelli dell'amicizia e della libertà.

vampìro *sostantivo maschile*
1 pipistrello americano con denti taglienti e aguzzi.
2 nelle credenze popolari spettro, che durante la notte ritorna in vita e si nutre del sangue delle sue vittime che divengono a loro volta vampiri; *esempio*: il romanzo più celebre sul *vampiro* è *Dracula il vampiro* di Bram Stoker (del 1897).

Vangèlo *sostantivo maschile*
• ciascuno dei quattro libri che narrano la vita e la dottrina di Gesù; il complesso dei quattro libri.

vapóre *sostantivo maschile*
• stato aeriforme che si sviluppa da un liquido in ebollizione o in seguito a evaporazione; *esempi*: il *vapore* acqueo si sviluppa dall'acqua in ebollizione; caldaia a *vapore* è una caldaia che produce *vapore* acqueo.

vàso *sostantivo maschile*
• recipiente di forma varia, generalmente con apertura in alto, destinato a molteplici usi; *esempi*: *vaso* da fiori; *vaso* igienico da notte (o pitale); *vaso* dipinto.
☞ATTENZIONE: in anatomia **i vasi sanguigni** sono condutture in cui scorre il sangue.

vedére *verbo transitivo*
1 percepire con gli occhi, mediante la vista.
2 (senso estensivo) immaginare, avere una visione.
3 (senso estensivo) esaminare, considerare.
📖 indicativo presente 1ª persona singolare: io *védo*; passato remoto: io *vìdi*, tu *vedésti*, egli *vìde*, noi *vedémmo*, voi *vedéste*, essi *vìdero*.
Vuole l'ausiliare *avere*.

vegetàle *aggettivo / sostantivo maschile*
A *aggettivo*
• che riguarda le piante; *esempio*: il regno *vegetale*.
B *sostantivo maschile*
• pianta, organismo vivente non animale.

véla *sostantivo femminile*
• ampia tela che applicata all'albero di un'imbarcazione la fa muovere sfruttando la forza del vento.

veléno *sostantivo maschile*
1 sostanza che, a contatto con l'organismo, provoca danni

gravissimi e talvolta la morte; esempi: il pericoloso *veleno* della vipera; il curaro è un *veleno* mortale.
2 (senso estensivo) sostanza nociva alla salute; esempio: l'alcol è un *veleno*.

véna *sostantivo femminile*
1 vaso sanguigno, conduttura che porta il sangue al cuore: esempio: il sangue povero d'ossigeno circola nelle *vene*, quello ricco d'ossigeno nelle arterie.
2 (senso figurato) ingegno, estro; esempio: *vena* poetica.
3 (senso estensivo) canale sotterraneo; filone; esempi: *vena* d'acqua; *vena* aurifera.

véndere *verbo transitivo*
• dare qualcosa a un determinato prezzo.
indicativo presente 1ª persona singolare: io *véndo*; passato remoto: io *vendètti* o *vendéi*, tu *vendèsti*, egli *vendètte* o *vendé*, noi *vendémmo*, voi *vendéste*, essi *vendèttero* o *vendérono*.

ventàglio *sostantivo maschile.*
• oggetto di seta o carta per farsi vento.

ventiquatt'óre o **ventiquattróre** *sostantivo femminile invariabile*
• caratteristica valigetta da viaggio.

vènto *sostantivo maschile*
• spostamento di masse d'aria; esempi: i *venti periodici* sono quelli che spirano secondo le stagioni e le ore (brezze e monsoni); i *venti variabili* non seguono alcuna regola (libeccio, maestrale, tramontana, bora); i *venti costanti* spirano tutto l'anno con la stessa direzione (alisei).

vèrbo *sostantivo maschile*
• parte variabile del discorso che indica un'azione o uno stato o un modo di essere di cosa o persona.
ATTENZIONE: nel linguaggio ecclesiastico il **Verbo** è la Parola di Dio trasmessa agli uomini da Cristo; *verbo* come *parola* è arcaico: oggi si usa solo in alcune frasi negative.

vèrgine *sostantivo femminile*
1 ragazza non sposata
la Vergine per eccellenza è la Madonna.
2 sesto segno dello Zodiaco (24 agosto-23 settembre).

verità *sostantivo femminile invariabile*
1 esattezza, autenticità; esempio: la *verità* della notizia.
2 ciò che è vero, la realtà; esempio: dimmi la *verità*.

VELOCITÀ DEL VENTO
(scala di Beaufort)

0	calma	meno di 1 km/h
1	bava di vento	1-5 km/h
2	brezza leggera	6-11
3	brezza tesa	12-19
4	vento moderato	20-28
5	vento teso	29-38
6	vento fresco	39-49
7	vento forte	50-61
8	burrasca moderata	62-74
9	burrasca forte	75-88
10	burrasca fortissima	89-102
11	fortunale	103-117
12	uragano	118-133
13-17	uragano (tipi di)	134-220

ventaglio

Vergine (segno zodiacale)

vèrme

VERME
→ MODI DI DIRE

Strisciare come un verme: comportarsi in maniera servile.
Essere un verme: essere una persona spregevole.
Fare i vermi: marcire.
Avere il verme solitario: mangiare in continuazione.

Il *verme solitario* è il nome comune dei parassiti del genere Tenia (*Tenia Solium*), che nel corpo dell'uomo può raggiungere circa 8 metri. Si crede popolarmente che il verme solitario sottragga nutrimento al suo ospite e lo costringa così a mangiare in modo sovrabbondante.

VETRO
→ MODO DI DIRE

Tenere sotto vetro: proteggere con molta cura; custodire gelosamente.

LE VETTE PIÙ ALTE DEL MONDO
(scelta)

Everest (Asia)	8.846 m
K2 (Asia)	8.611 m
Kanchenyunga (Asia)	8.585 m
Lhotse (Asia)	8.501 m
Annapurna (Asia)	8.078 m
Aconcagua (America)	6.960 m
McKinley (America)	6.194 m
Kilimangiaro (Africa)	5.895 m
Elbrus (Europa-Asia)	5.642 m
Vinson (Antartide)	5.140 m
Monte Bianco (Europa)	4.810 m

vèrme *sostantivo maschile*
1 correntemente, ogni animale invertebrato, con corpo molle cilindrico o piatto, senza zampe; *esempi*: il *verme* solitario è la Tenia; il *verme* di terra è il lombrico.
2 (senso figurato) persona vile, spregevole, disgustosa.

versàre *verbo transitivo*
1 fare uscire un liquido da un recipiente.
2 (senso estensivo) spargere; *esempio*: versare lacrime.
📖 indicativo presente 1ª persona singolare: io *vèrso*.

vèrtebra *sostantivo femminile*
☞ deriva da un verbo latino che significa *girare*.
• ciascuno dei nodi ossei che costituiscono la colonna vertebrale; *esempio*: l'uomo ha 33 *vertebre*.

vèspa *sostantivo femminile*
• insetto degli Imenotteri simile all'ape.

veterinàrio *sostantivo maschile*
☞ deriva da una parola latina che significa *vecchio*.
• il medico degli animali

vétro *sostantivo maschile*
• materiale solido, trasparente, molto fragile, formato da un miscuglio di sabbia, potassio, soda, carbonato di calcio.

vétta *sostantivo femminile*
☞ deriva da una parola latina che significa *benda* (si mettevano attorno alle tempie, la parte superiore della testa).
• la parte superiore; cima, sommità; *esempi*: la *vetta* di un monte; la *vetta* del campanile.

vìa *sostantivo femminile*
1 spazio percorribile da veicoli e pedoni; strada.
2 percorso, cammino, itinerario da percorrere.
3 (senso figurato) mezzo per raggiungere uno scopo.
📖 il sinonimo **strada** non sostituisce *via* in tutti i significati: si usa sempre *via* nei toponimi (*via Aurelia, via Roma*) o per indicare un passaggio naturale, una pista, un varco, un'entrata.

vicìno *aggettivo*
☞ deriva da una parola latina che significa *villaggio* (quindi, che è dello stesso villaggio).
1 che si trova a poca distanza, non lontano.
2 imminente, prossimo; *esempio*: l'estate è *vicina*.
3 (senso figurato) simile, somigliante, affine; *esempio*: le

tue proposte sono abbastanza *vicine* alle mie.

vìdeo (**1**) *sostantivo maschile*
• schermo televisivo o di un computer.
📖 plurale: *vìdeo*.

vìdeo- (**2**) *primo elemento di parole composte*
• indica apparecchiature o immagini utilizzate nei sistemi televisivi di trasmissione; *esempio*: *videogame*.

vìno *sostantivo maschile*
• bevanda alcolica che si ottiene dall'uva.

viòla *sostantivo femminile / sostantivo maschile invariabile/ aggettivo invariabile*
A *sostantivo femminile*
• pianta e fiore delle Violacee.
B *sostantivo maschile invariabile*
• il colore viola tra il turchino e il rosso.
C *aggettivo invariabile*
• che ha un colore simile ai fiori della viola.

violìno *sostantivo maschile*.
• strumento musicale a quattro corde e ad arco.

vìpera *sostantivo femminile*
• rettile dei Viperidi, velenoso e con testa triangolare.

vìrgola *sostantivo femminile*
☞ deriva da una parola latina che significa *bastoncino*.
• segno grafico che indica una breve pausa del discorso.

vìrus *sostantivo maschile*
☞ è una parola latina che significa *veleno*.
• microrganismo che provoca malattie infettive; *esempi*: il *virus* dell'influenza; il *virus* del raffreddore.

vìta *sostantivo femminile*
1 l'insieme delle caratteristiche della materia vivente come nascita, sviluppo, riproduzione, morte.
2 periodo compreso tra la nascita e la morte; *esempio*: la primavera della *vita* è la giovinezza.

vìte (**1**) *sostantivo femminile*
• pianta rampicante delle Vitacee che produce l'uva.

vìte (**2**) *sostantivo femminile*
• cilindretto metallico con un rilievo ad elica.

violino

vipera

📖 **VIRGOLA**

L'uso è alquanto soggettivo. In generale si mette: prima e dopo il vocativo (Per favore, Anna, calmati!); nelle enumerazioni (uno, due, tre), per separare gli incisi (Roma, capitale d'Italia, è una delle città più belle del mondo).

vite

✍ VIVISEZIONE

All'impiego di animali nella ricerca scientifica si oppongono decisamente i sostenitori dei diritti degli animali.
Dal punto di vista scientifico, non esistono prove che dimostrino l'utilità di questi esperimenti per l'uomo.
D'altra parte, ammesso che si riesca a ottenere un certo vantaggio, è giusto sacrificare gli animali in nome della scienza?

volpe

✍ VULCANI ATTIVI

Tupungatito (Cile)	6.550 m
Guallatiri (Cile)	6.060 m
Cotopaxi (Ecuador)	5.897 m
Lascar (Cile)	5.592 m
Ruiz (Colombia)	5.400 m
Kljuci (Russia)	4.750 m
Mauna Loa (Hawaii)	4.169 m
Tacaná (Guatemala)	4.093 m
Camerun (Camerun)	4.070 m
Erebus (Antartide)	3.794 m
Etna (Italia)	3.323 m
Redoubt (Alaska)	3.108 m
Asama (Giappone)	2.529 m
Hekla (Islanda)	1.491 m
Stromboli (Italia)	924 m

vittòria *sostantivo femminile*
• il vincere in guerra o in una competizione sportiva; *esempio*: avere la *vittoria* in pugno.
→ MODO DI DIRE: vittoria di Pirro (vittoria ottenuta a caro prezzo): il re dell'Epiro Pirro vinse a Eraclea contro i Romani nel 280 a.C. ma con gravissime perdite.

visezióne *sostantivo femminile*
• operazione chirurgica compiuta su animali vivi a scopo di studio; *esempio*: la *vivisezione* è una pratica barbara.

vocabolàrio *sostantivo maschile*
• raccolta in ordine alfabetico delle parole di una lingua con la spiegazione del loro uso e significato.
◆**Sinonimo**: dizionario.

vocàbolo *sostantivo maschile*
• parola, termine di una lingua; *esempio*: un *vocabolo* nuovo è detto neologismo.

vocàle *sostantivo femminile*
• lettera dell'alfabeto con suono proprio senza bisogno di appoggio a una consonante; *esempio*: in italiano le *vocali* sono a, e, i, o, u; sono toniche (con accento) o atone (senza).

vóce *sostantivo femminile*
1 suono emesso con la bocca per parlare o cantare.
2 notizia imprecisa; diceria; *esempio*: corre *voce* che...

volàre *verbo intransitivo*
1 sostenersi e muoversi nell'aria; *esempio*: le aquile *volano* alte e solitarie.
2 viaggiare su un aeroplano; *esempio: ho volato* per ore.
📖 indicativo presente 1ª persona singolare: io *vólo*. L'ausiliare è *avere* quando l'azione è considerata in sé, *essere* se considerata nella distanza fra partenza e arrivo.

volére *verbo transitivo*
1 esigere, pretendere; *esempio*: *voglio* che tu sia promosso.
2 desiderare intensamente, essere deciso.
📖 indicativo presente 1ª persona singolare: io *vòglio*.

vólpe *sostantivo femminile*
• mammifero carnivoro dei Canidi dalla lunga coda.

vulcàno *sostantivo maschile*
• apertura della crosta terrestre da cui fuoriescono lava infuocata, ceneri, lapilli, gas caldi.

w W *sostantivo femminile* o *maschile invariabile*
• ventitreesima lettera dell'alfabeto italiano; nome per esteso: **vu doppia** o **vu doppio**, **doppia vu** o **doppio vu**.

wafer [pronuncia: *uèifer*] *sostantivo maschile invariabile*
☞ è una parola inglese di origine germanica.
• biscotto ripieno di cioccolato o crema; vafer (italianizzato).

walkie-talkie [pronuncia: *uòki-tòki*] *sostantivo maschile invariabile*
☞ è voce inglese che significa *che parla mentre cammina*.
• radio telefono portatile che riceve e trasmette.

walkman [pronuncia: *uòlkmen*] *sostantivo maschile invariabile*
☞ è voce inglese da *walk* (passeggio) e *man* (uomo).
• apparecchio portatile per l'ascolto di cassette registrate.

water [pronuncia: *uòter*] *sostantivo maschile invariabile*
☞ è una parola inglese che significa *acqua*.
• vaso del gabinetto con sciacquone; vater (italianizzato).

week-end [pronuncia: *uik-ènd*] *sostantivo maschile invariabile*
☞ è una parola inglese da *week* (settimana) e *end* (fine).
• fine settimana; vacanza settimanale.

western [pronuncia: *uèstern*] *aggettivo invariabile*
☞ è una parola inglese che significa *occidentale*.
• detto di film ambientato nel Far West (lontano Ovest).

würstel [pronuncia: *vùrstel*] *sostantivo maschile invariabile*
☞ è una parola tedesca che significa *piccola salsiccia*.
• salsiccia di carne bovina affumicata e finemente tritata.

W NEGLI ALTRI ALFABETI

tibetano   cuneiforme

wafer

walkie-talkie

water

XY

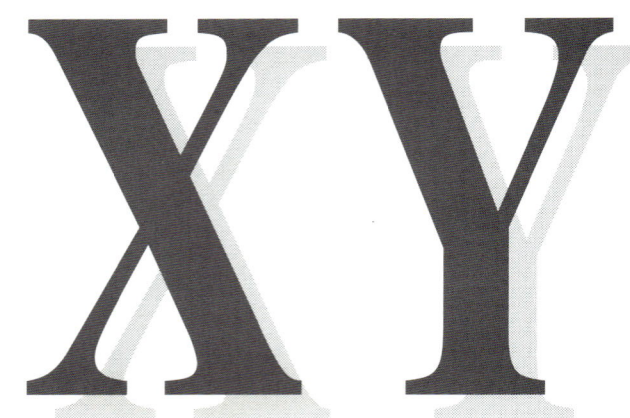

x X *sostantivo femminile* o *maschile invariabile*
• ventiquattresima lettera dell'alfabeto italiano.

xenòfobo *sostantivo maschile*
• chi odia gli stranieri e tutto ciò che è straniero.

xerografia *sostantivo femminile*
• procedimento di stampa a secco, senza acidi né inchiostri, usato per riprodurre documenti, disegni, stampati.

xilòfono *sostantivo maschile*
• strumento musicale composto da lamine, che si suona con due martelletti di legno.

y Y *sostantivo femminile* o *maschile invariabile*
• venticinquesima lettera dell'alfabeto italiano; si legge **ìpsilon**.

yacht [pronuncia: *iòt*] *sostantivo maschile invariabile*
☞ è una parola inglese di origine danese (*battello da caccia*).
• imbarcazione privata a vele o a motore.

yèti *sostantivo maschile*
☞ è una parola tibetana che significa *animale sconosciuto*.
• creatura leggendaria che vive sulle cime dell'Himalaya.

yòga *sostantivo maschile invariabile*
☞ è una parola sanscrita che significa *unione*.
• dottrina filosofica e religiosa indiana che, mediante pratiche di meditazione e esercizi, tende a raggiungere la completa serenità e beatitudine.

yògurt *sostantivo maschile*
☞ è una parola turca.
• latte fatto coagulare da speciali fermenti (bacillo bulgaro).

X NEGLI ALTRI ALFABETI

| fenicio | greco |

Y NEGLI ALTRI ALFABETI

| pali | sanscrito |

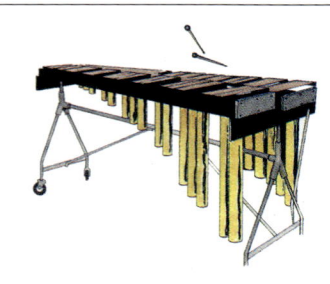

xilofono

yeti

z Z *sostantivo femminile* o *maschile invariabile*
- ventiseiesima e ultima lettera dell'alfabeto italiano; consonante.

📖 la zeta ha due suoni: la **z sorda** (o aspra) che si pronuncia /ts/ (zucchero, azione, marzo) e la **z sonora** (o dolce) che si pronuncia all'incirca /ds/ (zero, garza, azzardo).

✎ simboli: **z** (simbolo matematico); **Z** (lo stato africano dello Zambia); **Zn** (simbolo chimico dello Zinco); **Zr** (simbolo chimico dello Zirconio); **ZW** (lo stato africano dello Zimbabwe).

→ MODO DI DIRE: dall'a alla z (dal principio alla fine).

zabaióne *sostantivo maschile*
☞ deriva da una parola latina che significa *birra*.
- crema fatta con zucchero, tuorli d'uovo e marsala.

zac o **zàcchete** *interiezione*
- suono onomatopeico che riproduce il rumore di un colpo secco o di un taglio rapido e netto.

zafferàno *sostantivo maschile*
☞ deriva dalla parola araba (*za'faran*) che vuol dire croco.
- polvere aromatica di colore giallo estratta dal croco, pianta delle Iridacee; *esempio*: risotto allo *zafferano*.

zaffìro *sostantivo maschile*
- pietra preziosa color azzurro turchino trasparente.
💣 da evitare la pronuncia *zàffiro*.

zàino *sostantivo maschile*
- sacco di tela, con cinghie, da portare sulle spalle; è tipico di alpinisti, militari, turisti.
✎ lo **zainetto** è uno zaino di dimensioni ridotte usato dai giovani per portare libri o effetti personali.

Z NEGLI ALTRI ALFABETI

egizio	cuneiforme
fenicio	greco
arabo	ebraico
siriaco	etrusco

zainetto

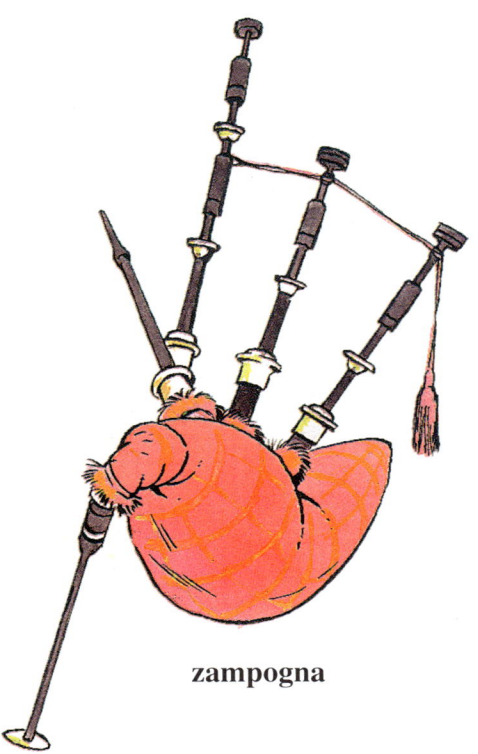

zàmpa *sostantivo femminile*
• ciascuno degli arti degli animali; esempio: i quadrupedi hanno quattro *zampe*, i bipedi come gli uccelli due.

zampillàre *verbo intransitivo*
• sgorgare, scaturire; esempio: l'acqua *zampilla* dalla fonte.
 indicativo presente 1ª persona singolare: io *zampìllo*.

zampiróne *sostantivo maschile*
☞ deriva dal nome dell'inventore e produttore, Zampironi.
• spirale al piretro per scacciare le zanzare.

zampógna *sostantivo femminile*
☞ deriva da una parola greca che significa *concerto*.
• strumento musicale a fiato fatto con un otre di pelle.

zànna *sostantivo femminile*
☞ deriva da una parola longobarda che significa *dente*.
• ciascuno dei due denti lunghi e curvi di alcuni animali; esempio: elefanti, trichechi e cinghiali hanno le *zanne*.

zanzàra *sostantivo femminile*
• insetto dei Ditteri la cui femmina punge l'uomo e gli animali per succhiarne il sangue.

zàppa *sostantivo femminile*
• strumento agricolo costituito da una lama di ferro fissata ad un manico di legno; serve per lavorare la terra.

zapping [pronuncia: *zàpping*] *sostantivo maschile*
☞ deriva da un verbo inglese che significa *andare come il fulmine* (*to zap*).
• cambiare velocemente un canale televisivo dopo l'altro con il telecomando.

zar *sostantivo maschile invariabile*
☞ deriva dal nome latino *Caesar* (nel senso di imperatore).
• imperatore della Russia; esempio: l'ultimo *zar* è stato Nicola II.
 femminile: *zarìna*.

zàttera *sostantivo femminile*
• galleggiante di fortuna costituito da una serie di tronchi legati insieme.

zavòrra *sostantivo femminile*
• materiale pesante che si mette nelle stive delle navi o sui dirigibili per renderli più stabili.

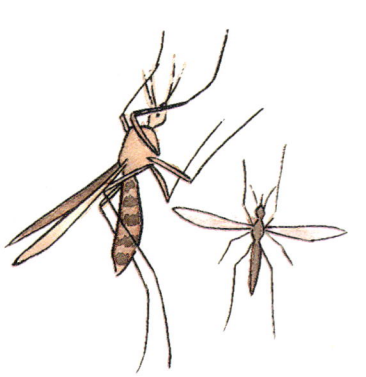

zampogna

zanzare

zattera

zèbra *sostantivo femminile*
• mammifero dei Perissodattili, simile al cavallo, con il manto a strisce bianche e nere.

zécca (**1**) *sostantivo femminile*
☞ deriva dalla parola longobarda: *zekka*.
• animale parassita degli Acari.
📖 plurale: *zécche*.

zécca (**2**) *sostantivo femminile*
☞ deriva da una parola araba che significa *moneta*.
• officina in cui sono coniate le monete.
→MODO DI DIRE: nuovo di zecca (nuovissimo, recentissimo).

zèlo *sostantivo maschile*
• fervido impegno nello svolgere un'attività; *esempio*: si impegna con *zelo* nello studio.
◆**Sinonimi**: diligenza, premura. ◆**Contrario**: noncuranza.

zerbìno *sostantivo maschile*
• tappetino che si mette davanti alla porta di casa.
● propriamente è voce del dialetto lombardo; meglio *stuoìno*.

zèro *sostantivo maschile*
☞ deriva da una parola araba (*sifr*) che significa *vuoto, zero*.
1 cifra che indica assenza di quantità, un valore nullo e posto a destra di un numero lo moltiplica per 10.
2 punto di partenza convenzionale di una scala, di una serie, di una successione; *esempio*: il termometro segna *0*.
⚠ATTENZIONE: lo **zero assoluto** indica una temperatura di 273 gradi sotto zero, con cui cessa ogni movimento delle molecole della materia. **Cifra** ha la stessa etimologia di zero, ma diverso significato: esprime il segno numerico in generale. La parola **zero** si incontra in italiano per la prima volta in un trattato di matematica del 1307 di un tale Iacopo.

zibellìno *sostantivo maschile*
• piccolo mammifero carnivoro dei Mustelidi.

zìgomo *sostantivo maschile*
☞ deriva dal greco e significa *ciò che serve ad aggiogare*.
• ognuna delle due sporgenze ossee del volto.

zìngaro *sostantivo maschile*
• chi appartiene a popoli nomadi forse di origine orientale, che si diffusero in Europa dal XII secolo.

zòccolo *sostantivo maschile*
1 grossa unghia del cavallo o dei bovini, delle pecore, ecc.

zebra

ZERO
→MODI DI DIRE

Partire da zero: cominciare dal nulla.
Essere uno zero: non valere nulla.
Sparare a zero: aggredire qualcuno con critiche esagerate.

zingara

Zodìaco

✎ ZODIACO

Il vero Zodiaco, inteso come circolo di animali, è lo **Zodiaco cinese**, composto tutto da figure di animali: Topo, Bue, Tigre, Lepre, Drago, Serpente, Cavallo, Capra, Scimmia, Gallo, Cane, Cinghiale.
I dodici segni del nostro Zodiaco si dividono in quattro gruppi di tre: **segni di fuoco**: Ariete, Leone, Sagittario; **segni di terra**: Toro, Vergine, Capricorno; **segni di aria**: Bilancia, Acquario, Gemelli; **segni di acqua**: Cancro, Scorpione, Pesci.

✎ ZOMBI

Nel **Vudu** haitiano, sono le anime dei morti di morte violenta, che continuano a vivere sotto forma di fantasmi per tutto il tempo che avrebbero ancora dovuto vivere.
In generale però rappresenta un morto che uno stregone ha riportato a una sorta di vita vegetale e lo ha reso totalmente schiavo. Il cinema ci ha fornito sempre una visione deformata di questi esseri, come se fossero mostruosi morti-viventi, assetati di sangue. In realtà, sarebbero esseri privi di volontà, totalmente sottomessi al loro padrone.

zucca

2 calzatura di legno o con suola di legno.

Zodìaco *sostantivo maschile*
☞ deriva da una parola greca che significa *piccolo animale*.
• fascia immaginaria del cielo con le dodici costellazioni, la maggioranza delle quali ha il nome di un animale (Ariete, Toro, Gemelli, Cancro, Leone, Vergine, Bilancia, Scorpione, Sagittario, Capricorno, Acquario, Pesci).

zólfo *sostantivo maschile*
• minerale giallo dall'odore pungente, facilmente infiammabile; *esempio*: lo *zolfo* è un potente insetticida.

zòlla *sostantivo femminile*
• pezzo di terra sollevata dall'aratro.

zómbi o **zómbie** *sostantivo maschile* e *femminile invariabile*
1 morto vivente; cadavere riportato in vita con riti magici.
2 (significato figurato) persona priva di interessi, abulica.

zòo *sostantivo maschile invariabile*
☞ deriva da una parola greca che significa *essere vivente*.
• luogo dove sono custoditi, in un ambiente simile a quello naturale, animali esotici non domestici.
📖 è l'abbreviazione di giardino zoologico.

zòtico *aggettivo*
• chi è rozzo, ignorante, grossolano nei modi.
📖 plurale: *zòtici* (*zotichi* è forma arcaica).

zùcca *sostantivo femminile*
• pianta rampicante delle Cucurbitacee con grossi frutti polposi e commestibili.
📖 purale: *zùcche*.

zùcchero *sostantivo maschile*
• sostanza dolce (saccarosio) che si ricava dalla canna da zucchero o dalla barbabietola.
✎ ATTENZIONE: il **fruttosio** è lo zucchero presente nella frutta e nel miele; il **glucosio** è lo zucchero dell'uva detto anche **destrosio**.

zùppa *sostantivo femminile*
• minestra con pezzi di pane tostato; *esempi*: *zuppa* di cipolle; *zuppa* di ceci; *zuppa* di pesce.

zuzzurellóne o **zuzzerellóne** *sostantivo maschile*
• persona adulta che scherza come un bambino.

Stampato da:
Valprint - Brugherio (MI)